칙센트미하이의
몰입과 진로

Becoming Adult

by Mihaly Csikszentmihalyi and Barbara Schneider

becoming
ADULT

칙센트미하이의
몰입과 진로

청소년의 행복한 미래를 위한 진로 교육의 핵심

미하이 칙센트미하이, 바버라 슈나이더 지음

이희재 옮김

*일러두기
이 책은 2003년에 출간된 『칙센트미하이의 어른이 된다는 것은』의 표제와 제본을 변경하여
재출간한 도서입니다.

감사의 말

우리는 공동 연구를 이끌어준 찰스 비드웰 교수와 래리 헤지스 교수의 도움에 크나큰 감사를 드린다. 연구가 진행된 지난 6년 동안 줄곧, 그들은 우리의 작업에 뜻깊고 소중한 기여를 했다. 우리의 연구가 결실을 맺은 것은 그들의 지원과 학자적 열정 덕분임을 밝히면서 다시 한 번 감사드린다.

들어가는 말

1991년 앨프리드 슬론 재단은 청소년들의 직업 의식을 조사하기 위한 연구비를 시카고 대학에 제공했다. 찰스 비드웰, 미하이 칙센트미하이, 래리 헤지스, 바버라 슈나이더로 구성된 연구팀은 미국 전역의 6학년, 8학년, 10학년, 12학년 학생을 대상으로 장기적인 조사를 실시하기로 했다.

예비 연구는 1991~1992년에 실시되었고 본격적인 연구는 1992년 가을에 시작되어 1997년까지 계속되었다. 취업 지도와 직업 교육 분야에서 학자들이 흔히 연구해 온 문제에 대해 교육학자, 심리학자, 사회학자 같은 다양한 전문가들에게 공동 연구의 장을 제공했다는 점에서 그것은 좀처럼 보기 드문 기회였다.

다양한 접근법을 통해 연구팀은, 앞으로 어떤 학교에 들어가고 어떤 직업을 가질 것인지에 대한 아이들의 생각이 도대체 어떻게 형성되는지를 이해하기 위해서는 아이들이 가진 포부만이 아니라 그들이 가정, 또래 집단, 학교, 공동체에서 받는 영향도 고려해야 한다는 사실을 알아냈다. 이런 폭넓은 관점을 통해 요즘 아이들이 미래를 어떻게 생각하고 있으며 그들이 미래를 설계하는 데 다른 사람들이 어떤 영향을 미치는지에 대해서 새로운 통찰을 얻을 수 있을 것으로 생각했다.

청소년의 직업 의식을 장기적으로 추적 조사한 연구는 아주 드물다. 대부분의 연구는 단발으로 그치기 때문에 아이들의 직업적 포부와 일에 대한 생각이 시간의 흐름 속에서 어떻게 변화하는지 확인하기 어렵다. 중학생을 대상으로 한 이런 종류의 연구는 거의 없지만 어린 시절에 가졌던 일에 대한 생각이 나중에 어른이 되어서도 일을 접하는 태도나 가치관에 영향을 미친다고 말할 수 있는 근거는 얼마든지 있다.

우리의 연구는 그동안 직업 교육 분야에서 소홀히 다루어져 온 인구 집단에 초점을 맞추었다. 지금까지의 연구 대상은 주로 남자였다. 하지만 일하는 여성이 늘어나고 고등 교육을 받는 여성이 늘어나는 상황에서 우리는 표본 집단 속에 여자아이도 똑같은 수를 집어넣어야 한다고 생각했다. 저소득 가정이나 소수 민족 출신의 아이도 지금까지의 연구에서는 무시되어 왔다. 따라서 우리는 인종적·민족적으로 소수 집단에 속하거나 저소득 가정에서 자란 아이들도 골고루 반영될 수 있도록 모집단을 신중하게 설정했다.

우리는 십대 청소년의 삶에서 일이 갖는 의미를 이해하기 위해서는 통상적인 직업 교육 연구에서 쓰이는 것과는 다른 연구 방법을 동원할 필요가 있다고 판단했다. 개인적 특성을 토대로 직업 선택 방향을 예측하는 연구도 있지만 우리가 알고 싶었던 것은 다양한 직업과 직업적 관심에 대한 지식을 넓힐 수 있는 조건이 무엇인가 하는 것이었다.

그것을 알아내기 위해 우리는 경험 추출법(ESM)을 써서 학생들이 하루의 시간을 어떻게 보내고 있으며 순간순간 어떤 감정을 느끼고 있는지 매일매일 보고받았다. 우리는 또 직업의 세계에 대해서 더 많은 지식을 가진 학생이 어떤 학생이고, 그런 차이를 낳은 요인이 무엇인지를 알아내기 위해 직업 인식 척도(COS)를 독자적으로 고안했다. 이 조사는 직업에 대한 지식을 독특한 방식으로 측정하고 특정한 직업 선택에 관련된 청소년의 경험과 활동을 탐구한다. 직업에 대한 지식에 다른 사람들이 끼치는 영향을 이해하기 위해서 우리는 또한 장래를 결정하는 문제에서 청소년이 가장 신뢰하는 조언자가 누구인지 밝히는 또래 사회 관계 설문지를 개발했다.

이 책은 처음 몇 년 동안 수집한 자료 중에서 청소년이 스스로 보고한 경험을 소개한다. 상급학교에 진학할 것인지 취업할 것인지 학생이 내리는 결정과 고등학교 시절의 경험이 어떤 관련을 맺고 있는지 알아보기 위해 기준 연도의 고등학교 졸업생에 대한 장기 연구 자료를 활용했다. 면담, 설문 조사, 시간별로 기록된 일지 같은 다양한 자료원을 통해 드러나는 그림에서 우리는 청소년이 하루의 시간을 어떻게 보내고 부모와 친구와의 관계에서 어떤 감정을 느끼고 일과 자신의 장래에 대해서 어떤 생각을 갖고 있는지 알 수 있었다.

이 책은 세 부분으로 구성되어 있다. 1부에서는 어른이 하는 일의 성격이 어떻게 달라졌고, 어른의 일을 보는 아이의 시각이 어떻게 형성되고, 어른의 일을 아이가 어떻게 상상하는지를 논의한다. 2부에서는 청소년이 일과 놀이를 어떻게 구별하는지, 일을 즐겁게 만드는 요인이 무엇인지, 가정이 일에 대한 아이의 관념에 어떤 영향을 미치는지, 학생들이 앞으로 자기가 살아가는 데 가장 큰 도움이 될 거라고 생각하는 활동이 무엇인지를 설명한다. 3부는 고등학교가 학생의 졸업 후 진로에 어떤 영향을 주는지, 학생 개개인의 진로는 왜 달라지는지, 그리고 청소년이 창조적인 문제 해결 방법을 습득하고 미래에 보람찬 삶을 꾸려갈 수 있도록 도전적이고 매력적인 활동을 찾을 수 있는 능력을 키워주는 데 부모와 학교가 어떤 도움을 줄 수 있는지를 알아본다.

네 명의 대표 연구자가 따로 장을 맡았고, 때에 따라서는 공동으로 집필했다. 칙센트미하이 교수는 1, 3, 4, 5장을 맡았고, 슈나이더 교수는 2장과 8장을 맡았다. 칙센트미하이 교수와 슈나이더 교수는 6, 7, 9, 10장을 함께 썼다. 유타 대학교의 케빈 라툰드 교수는 6장에서 중요한 역할을 했다.

이런 복잡한 연구를 진행하려면 다각도의 협력이 필요하다. 네 사람의 대표 연구자들은 긴밀하게 협조하면서 자료를 설계하고 편성하고 분석했다. 그러나 연구의 주역은 시카고 대학에서 인류학, 교육학, 인력 계발, 사회학을 공부하는 대학원생들이라고 할 수 있다. 그들은 엄청난 노력과 정력으로 다방면에서 연구를 지원해 주었다. 슬론 재단도 시카고 대학 대학원생을 끌어들여서 연구해 달라고 처음부터 요청했다.

미국여론조사센터의 탁월한 시설과 인력은 이 연구에 참여한 학생을 훈련시키기 위해 준비한 자료와 자료 수준 유지 체계를 차질 없이 처리해 주었다. 이 훈련은 아주 유익한 것으로 드러났다. 예비 연구와 연구 첫해에 나온 데이터를 바탕으로 2편의 학사 논문과 3편의 석사 논문, 4편의 박사 논문이 쓰여진 것이다. 우리는 이를 자랑스럽게 생각한다.

이 중 두 학생에게 특히 감사한다. 제니퍼 슈미트 박사는 우리 연구팀의 보배였다. 현장에서 쓸 매뉴얼을 만들고 학생들을 훈련시키고 설문

항목을 개발하는 일부터 데이터를 분석하고 보고서를 작성하는 일까지 연구의 모든 단계에서 핵심적이고 중추적인 역할을 맡았다. 사소한 것 하나도 놓치는 법이 없었고 연구의 성패가 기밀 유지에 달려 있다는 사실을 어느 누구보다도 잘 알고 있었기에 그녀는 '데이터의 파수꾼' 역할을 톡톡히 해냈다. 여러 해에 걸친 연구 기간 동안에 그녀는 동료이면서 명실상부한 지휘자 노릇을 했다. 그녀의 협동심과 정성은 연구팀에 큰 보탬이 되었다.

리자 훅스트라에게도 고맙다는 말을 해야겠다. 그녀는 내부 편집자로서 원고를 다듬는 역할을 했다. 사소한 오류도 그녀는 놓치지 않았다. 이 두 사람의 헌신적인 노력 덕분에 우리의 원고는 삐걱거리는 불협화음이 아니라 일관된 목소리를 낼 수 있게 되었다.

우리의 연구를 진행하는 데 도움을 준 사람은 헤아릴 수 없이 많다. 끝없는 질문 공세에 시달리면서 자신들의 생활 속으로 우리가 비집고 들어갈 수 있도록 허락해 준 고마운 학생들과 교육감, 교장, 교사, 학부모 여러분께 감사드린다. 학생과 학교 측은 기대 이상의 협조를 해주었다. 그들의 헌신적인 도움에 깊이 감사드린다. 학생과 접촉하고 자료 수집을 체계화할 수 있도록 도움을 준 각 학교 운영위원에게도 이 자리를 빌어 감사드린다. 우리는 여러 지방 기업과 전문대학의 인사 담당자와도 여러 차례 면담을 가졌다. 지역 사회의 정보 자료가 경력 형성에 어떤 영향을 미치는지 우리가 이해할 수 있도록 귀중한 시간을 내주신 그분들께 진심으로 고마움을 전한다.

이 연구의 유관 분야에서 협조해 준 동료들의 중대한 기여도 짚고 넘어가지 않을 수 없다. 유타 대학의 케빈 라툰드 교수는 여러 해 동안 여름 방학마다 우리와 함께 가족 자료를 분석했다. 6장의 논리적 골격은 라툰드 교수의 분석에 바탕을 두고 있다. 사우스플로리다 대학의 캐스린 보먼 박사는 여름 방학 동안 새로운 민족지 연구 기법에 대해 우리에게 강의해 주었다. 그녀의 지혜는 우리가 현장 관찰 규약을 정하는 데 도움이 되었다. 설문지도 그녀와 협의하여 개발한 것이다.

예비 연구 기간에는 시카고 대학 체이핀홀 아동센터 선임연구원이었던 새뮤얼 훼일런 박사가 학생들에게 ESM 훈련을 시키고 COS를 개발하는 데 상당한 시간과 정성을 쏟아주었다. 미네소타 대학의 제일런 모티머 교수는 청소년 분야의 최신 연구 성과를 우리에게 들려주었고, 조사를 준비하는 데 유익한 조언을 해주었다.

우리는 특히 연구의 초기 단계에서 여러 분야의 전문가들로 구성된 자문단으로부터 값진 조언을 들었다. 하버드 대학의 로렌스 보보 박사, 캘리포니아 대학 어바인 캠퍼스의 엘렌 그린버거 박사, 캔자스 대학의 케네스 호이트 박사, 듀크 대학의 앨런 커코프 박사에게 감사드린다. 우리는 표본을 선택하는 과정에서 자문단의 참신한 제안을 통해 적잖은 도움을 받았다. 자문단은 예비 연구에서 나온 자료를 새롭게 해석해 주었고, 그것은 본격적인 조사를 설계하는 데 아주 유용했다.

앤서니 버클리, 조지프 허마노위츠, 제니 힐드레드, 로리 힐, 마이클 카레시, 대니얼 맥펄랜드, 로렌 송, 조지 웜벌리 같은 대학원생도 현장에서 부지런히 일해 주었다. 현장 작업의 조직을 도와준 셰릴 서덜랜드와 자료 수준 유지 체계의 질을 꼼꼼히 관리해 준 니콜 쿠처에게 특별히 감사한다. 연구의 전 과정에서 우리는 학부생도 여러 명 고용했다. 제니퍼 팔스와 소냐 가이스에게 고마움을 전한다. 시카고 대학을 비롯한 여러 연구소의 대학원 과정을 최근에 마친 연구자도 면접원, 기록원으로 고용했다. 바버라 캠프, 스티븐 카스, 제니퍼 클로디어스 박사, 크리스토퍼 팔스, 엘레노어 홀 박사, 마이클 카멘, 레베카 카멘, 한 램, 마릴리 풀러, 미구엘 레몬, 필립 와이스에게 감사드린다.

우리는 시카고 대학 교육사회학 워크숍을 비롯하여 교육학, 인력 계발, 사회학 분야의 대학원 수업에서도 자주 의견을 교환했다. 유익한 논평을 해준 모든 분께 감사드린다.

이 연구는 미국여론조사센터에서 진행되었다. 그곳 임직원들은 우리가 자료를 준비하는 데 아낌없는 지원을 해주었다. 방대한 작업을 추진하는 데 많은 분들이 지속적으로 도움을 주었다. 특히 현장에서 날라오는 수백 장의 영수증을 처리해 준 이사벨 가르시아 여사에게 감사드린다. 또 연구팀이 지리적으로 분산되어 있었음에도 불구하고 차질 없이 연구가 진행될 수 있도록 조력을 아끼지 않는 데보라 컬류킨 기획실장과 함께 일할 수 있었던 것도 행운이었다. 처음부터 끝까지 지원을 아끼지 않았고, 2000년대에 들어가서도 장기 조사를 계속할 수 있도록 배려해 준 미국여론조사센터 소장 필립 드포이 박사와 조사 담당 부소장 노먼 브래드번 박사의 호의에도 감사드린다.

이 중요한 연구를 우리에게 맡겨준 앨프리드 슬론 재단에도 고마움을 전한다. 특히 우리 연구를 총괄한 허시 코헨 부이사장에게 감사드린다. 코헨 박사는 우리가 궤도에서 이탈하지 않도록 늘 자극을 주었으며 우리의 전제에 도전했다. 그는 우리에게 방향성을 제시했을 뿐 아니라 대학원생들이 조사해 온 내용을 유심히 들어주었다. 이 책에는 그 현장의 목소리가 반영되어 있다.

차례

1부 청소년이 생각하는 일

2부 일을 접하고 배우고 선택하기

3부 몰입할 수 있는 일과 행복한 미래

부록

becoming
ADULT

1부

—

청소년이
생각하는 일

1

일은 변하기 마련이다

이 책은 직업적 목표와 기대를 이루는 것과 관련하여 십대 청소년의 태도가 어떻게 발전하고 그에 필요한 기술을 어떻게 습득하는 가를 주로 다룬다. 1992년부터 1997년까지 우리 연구팀은 미국 전역의 13개 학군에서 뽑은 천여 명의 학생들이 자라면서 변하는 과정을 추적 했다.

이 학생들 중에는 별다른 어려움 없이 전문직을 가질 수 있을 것으로 예상되는 부잣집 아이도 있었고, 실업과 범죄가 만연한 도심의 빈민가 에서 자라는 아이도 있었다. 과학적 재능이 가장 뛰어난 아이들만을 뽑 아서 가르치는 특수 과학고등학교에 다니는 아이도 있었고, 전문대학을 지망하는 평범한 아이도 있었다.

학생들은 조사자가 예고 없이 불쑥 연락했을 때 그 순간 무엇을 하고 있었고 어떤 감정을 느끼고 있었는지를 기록했다. 또 가족 사항, 학교 생활, 교우 관계, 직업에 대한 포부를 묻는 설문 조사에 응했다. 심층 면담 시간에는 자기가 어떻게 살아가는지 기탄없이 털어놓았다. 우리는 이 학생들의 친구, 부모, 교사와도 면담했다. 대학원생들은 학교와 지역 사정을 충분히 익힌 상태에서 교사 및 학교 내 상담가와, 학교의 교육 목표와 학생의 장래성을 놓고 대화를 나누었다.

이 조사에서 얻은 자세한 결과는 우리 사회를 보는 하나의 창을 제공한다. 그리고 그 창을 통해 우리는 오늘날의 청소년이 장래를 위해 어떤 준비를 하고 있는지를 엿볼 수 있다.

이 모든 것은 우리가 시급히 파악해야 할 지식이다. 아이들을 가르치는 어른들의 생각은 전통의 틀에서 벗어나지 못하는데 아이들이 직면해야 하는 현실은 빠르게 변하고 있기 때문이다. 오늘날의 가정은 한 세대 전처럼 안정되어 있지 않다. 지금 사회에서 남부럽지 않게 살아가는 데 필요한 정보는 40년 전에 필요했던 정보와는 판이하게 달라졌다. 앞으로 10년 뒤에 어떤 종류의 직업을 얻을 수 있을지 쉽게 상상할 수도 없고, 그것을 예측하기란 더더욱 어렵다.

그런데도 가정, 학교를 포함해서 청소년이 미래를 준비할 수 있도록 도와야 할 사회 전반의 문화적 풍토는 너무도 안이하다. 어른들은 아이들이 알찬 미래를 꾸려가기 위해 필요한 것에 대해서 고루하기 짝이 없는 생각을 갖고 있다. 이 책은 새로운 시대에 걸맞게 아이들을 좀 더 깊이 이해하는 데 필요한 정보를 제공하고자 한다.

인류 역사의 상당 기간 동안, 아이는 어른이 되면 무엇이 될까 고민하지 않으면서 살았다. 직업의 종류도 얼마 없었지만 노동의 분업 구조도 단순했다. 여자는 채집하고 남자는 사냥했다(리/드보어 1975). "수렵 생활을 하는 작은 무리에서, ……남자가 배우는 것은 모두 똑같았다. 사냥술이나 전투술이었다"(워시번/랭카스터 1975, 298). 아주 일찍부터 아이들은 훗날 어른이 되었을 때 하게 될 생산적 역할을 연습했다.

이누이트 족의 소년은 두 살만 되면 작은 활로 뇌조를 쏘는 법을 배웠고, 여자아이는 엄마를 도와 열매를 따거나 가죽을 다듬었다. 유목 사회에서 아이들은 먼저 염소 보살피는 법을 배우고, 그 다음에 양을 돌보다가, 마지막으로 소를 몬다. 대부분의 청소년은 부모가 걸었던 길을 그대로 따라갔다. 아이의 놀이가 어른의 일로 바뀌었을 뿐이지 특별히 태도나 가치나 지식이 달라지지는 않았다. 복잡한 질문이나 결정은 필요 없었다.

지난 두 세기 동안 이런 상황은 극적으로 달라졌다. 그리고 변화의 속도는 점점 빨라지고 있다. 청소년이 어른이 되었을 때 과연 무슨 일을 할지 종잡기 어려운 세상에서 살고 있다. 나중에 커서 무슨 일을 하게 되는지도 잘 모르지만, 어떤 사람을 본받아야 할지, 아니 과연 그런 사람이 있기나 한지도 잘 모른다. 청소년은 어떤 꿈이 실현 가능하고 어떤 기술이 유용하며 어떤 가치관을 가지는 것이 앞으로 도움이 될 것인지도 잘 모른다. 고등학생 정도 되면 대개—어떤 조사에 따르면 80퍼센트—전문직을 가지고 싶다고 말한다. 하지만 그것은 꿈으로 그칠 가능성이 높다.

직업인으로서 성공을 거두기 위해서 요즘 청소년은 과거 어느 때보다도 많은 기술과 가치관을 배워야 한다. 청소년이 미래를 준비하도록 돕는 책임을 우리는 학교에 위임했지만, 학교가 청소년을 위해 현실적인 직업 교육을 시킬 수 있는 역량을 가지고 있다고 믿는 사람은 별로 없을 것이다. 따라서 우리는 나중에 어른이 되었을 때 어떤 종류의 기회를 붙잡을 수 있는지, 그리고 그런 기회를 놓치지 않으려면 어떤 습관, 기술, 가치관이 필요한지를 청소년에게 전달할 수 있는 더 나은 길을 찾아내야 한다.

이 책은 청소년을 위한 직업 교육과 관련하여 크게 세 가지 물음에 답하려고 한다. 첫 번째는 청소년의 장래 직업상과 기대에 대한 물음이다. 청소년이 생각하는 '일'은 무엇인가? 놀이와 다른 의미에서 그들이 생각하는 일은 도대체 어떤 활동을 말하는가? 일과 비슷한 활동이라고 그들이 여기는 것은 무엇인가? 일과 비슷한 활동을 그들은 어떻게 받아들이는가? 그들이 직업으로서 상상하는 것은 어떤 종류의 일인가? 일에 대한 관념은 나이, 남녀, 계층, 인종에 따라 다른가, 다르다면 어떻게 다른가?

청소년의 직업관은 나중에 그가 직업인이 되었을 때 나타내는 열의와 낙천성에 영향을 미칠 것이다. 일을 긍정적으로 생각하는 학생은 그만큼 긍정적인 기대를 할 것이고 일할 수 있는 기회도 적극적으로 찾아나설 것이다. 반면에 일은 따분하고 무의미한 것이라고 여기는 학생은 자신의 미래를 능동적이고 창조적으로 개척하는 데 어려움을 느낄 것이다.

두 번째는 사회적 환경이 청소년의 직업적 기대와 노동 윤리에 어떤 영향을 주는가다. 청소년이 훗날 충실한 직업인으로 살아가는 데 도움이 되는 습관과 가치관을 기르는 데 가정은 어떤 도움을 주는가? 학교는 학생이 취직에 대비하거나 진학을 준비하는 데 어떤 역할을 하는가? 또래 집단은 직업에 대한 청소년의 생각에 어떤 영향을 주는가?

너무나 당연한 소리지만 아이를 어떻게 기르느냐가 훗날 그 아이가 직장을 얼마나 잘 구하고 직장 생활에 얼마나 잘 적응하느냐에 결정적 영향을 미친다. 우리가 가정을 통해 배우는 유용한 지식, 즉 '문화적 자본'의 양은 천차만별이다.

문화적 자본을 개발하는 데 들이는 시간과 정성도 사람마다 다르다. 어떤 사람은 친구들과 어울리면서 주로 시간을 보내고 어떤 사람은 공부를 하거나 까다로운 기술을 익히는 데 주력한다. 가정, 학교, 친구로 이루어진 사회적 환경은 문화적 자본에 시간과 노력을 쏟아붓는 방식에도 상당한 영향을 미친다.

세 번째는 청소년이 실제로 일하는 과정에서 어떤 경험을 하는지를 묻는다. 고등학교를 졸업하고 나서 1~2년이 지난 청소년들이 직업인으로서 어떤 생각을 갖게 되었는지를 알아본다. 청소년은 연령별로 어떤 종류의 직업을 갖게 되는가? 일하는 동안 그들은 어떤 경험을 하게 되는가? 즐겁게 일하는 사람은 누구이고, 그 원인은 어디에 있는가? 무슨 일을 하느냐에 따라 자긍심이 어떻게 달라지는가? 고등학교를 졸업하고 나서 어떤 과정을 거쳐서 한 사람의 어엿한 직업인으로서 뿌리내리게 되는가?

과학 기술과 사회의 변화 속도가 점점 빨라지는 상황에서 나중에 어른이 되었을 때 청소년이 알차고 보람찬 생활을 할 수 있도록 준비시키는 것은 무엇보다도 중요한 일이다. 거기에 필요한 자료를 하루빨리 모아야 한다. 우리는 이 연구를 통해 청소년이 직업의 세계로 어떻게 나아가는지를 이해하는 데 필요한 몇 가지 중요한 물음에 적어도 잠정적으로나마 답할 수 있게 된 것을 다행스럽게 생각한다.

일에 대한 이미지

청소년의 일에 대한 가치관과 태도는 앞으로 그들이 가지게 될 직업에 거의 영향을 미치지 못한다는 관점이 있다. 이런 관점에 따르면 직업은 사회적 지위에 의해 결정되며 경제 여건이 허락하는 기회의 테두리 안에서 펼쳐진다.

가령 필립스 아카데미나, 앤도버 같은 명문 사립 고등학교에 다닐 수 있는 형편이 되는 학생은 사회 경제적 피라미드의 상층부에 속한 사람들에게 공통된 사교술을 자연스럽게 익힐 것이다(쿡선/퍼셀 1985). 이런 젊은이들은 명문 대학을 나와서 과거 자기네 집안을 키워준 금융 기업이나 일반 기업에서 순탄한 경력을 쌓아나갈 것이다. 그 맞은편에는 결손 가정에서 자란 가난한 아이들이 있다. 그 아이들은 학교에서 제대로 배우는 게 없다. 이런 아이들을 기다리는 미래는 실업 아니면 임시직, 허드렛일이다.

이 두 극단 사이에 있는 대부분의 청소년은 일에 대해 품고 있는 개인적 가치관이나 태도와는 무관하게 집안 배경에 따라 결정되는 직업 구조 안에서 자신의 자리를 차지하게 될 것이라는 것이다.

직업을 결정하는 또 하나의 요인은 청소년이 살아가는 거시 경제적 환경이다. 아무리 열심히 일의 중요성을 떠들어도 지역 사회에 일자리가 없으면 그야말로 공염불이다. 1800년대 중반 극심한 흉년이 들었을 때 아일랜드의 농부들에게는 강한 노동 윤리가 아무런 도움이 못 되었다. 한때 번영을 구가했던 영국 북부의 산업 도시들은 지금은 높은 실업률로 몸살을 앓고 있다. 1990년대 리버풀의 실업률은 15퍼센트였다. 18세에서 24세 사이의 성인 남자는 3명 가운데 1명꼴로 실업자였다(모리슨 1994). 미국에서도 실업률은 지역과 인종에 따라 엄청나게 다르다. 미국 상무부의 1997년 자료에 따르면 젊은 아프리카 아메리칸 남자의 실업률은 40퍼센트에 육박했다.

열악한 환경이 얼마나 처참한 사회적 결과를 초래하는가는 우간다의 이크 족을 통해 생생히 볼 수 있다(턴불 1972). 이크 족 사회에서는 인구를 먹여살릴 수 있는 충분한 식량을 확보하지 못하게 되자 가치관과 사회적 결속이 순식간에 무너져서 홉스가 말한 "만인의 만인을 상대로 한 싸움"을 방불케 하는 악몽이 펼쳐졌다. 캄보디아, 소말리아, 남미의 일부 지역에서도 비슷한 예를 얼마든지 들 수 있다.

사회가 생산력을 잃어버리면 일에 대한 개인의 태도는 아무런 의미를 못 갖는다. 물론 사람들의 태도는 변화하는 환경 조건에 사회가 적응하고 개인이 기회를 잡는 데 영향을 미치는 것이 사실이다. 데이비드 매클러런드(1961) 같은 심리학자는 강한 성취 의욕을 가진 개인은 더 좋은 일자리를 잡고 남보다 직업적으로 성공을 거둔다고 주장한다. 뿐만 아니라 성취 의욕을 가진 사람들이 많은 사회는 과학 기술의 혁신과 기업 경영에 유리한 여건을 제공하기 때문에 그만큼 경쟁력을 가지게 될 것이다.

노동 윤리의 역할

1922년 막스 베버가 발표한 『프로테스탄트 윤리와 자본주의 정신』은 개인의 가치관이 경제에 미치는 효과를 심도 있게 분석한 고전이다. 베버는 유럽과 미국 사회가 번영을 구가할 수 있었던 것은 프로테스탄티즘, 즉 신교를 채택하여 노동과 물질적 성취에 높은 가치를 두는 신념

체계에 따라 사람들이 움직였기 때문이라고 주장했다. 종교 개혁을 통해 가톨릭 교회의 종교 의식을 거부하게 된 신교도들은 영혼의 영원한 구원을 보장받지도 못하고 사면받을 것이라는 위안도 없이 살아가야 했다.

장 칼뱅은 여기서 돌파구를 찾아냈다. 이 세상에서 성공을 거둘 수 있도록 하느님의 허락을 받은 사람에게 하느님이 영원한 벌을 내릴 리 만무하다고 설파한 것이다. 번영은 하느님의 선택을 받았다는 표시이고 근면과 재산은 하느님의 은총을 상징한다고 칼뱅은 주장했다. 베버는 이런 물질적 성공과 영적 성공의 융합 덕분에 신교를 도입한 세계 여러 지역이 번영을 누릴 수 있었다고 주장했다. 신교도들은 문자 그대로 노동에서 구원을 얻었기 때문에 교회 앞에서만 구원과 용서를 비는 문화에서 살았던 사람들보다 열심히 일했다는 것이다.

그렇다면 오늘날의 신교도들은 과연 어떤 노동 윤리를 가지고 있을까? 하느님의 선택을 받았다는 증거를 얻으려는 청교도를 고단한 노동으로 이끌었던 초창기의 종교적 열정이 아직도 강한 성취 동기로 작용한다고 말하기는 어려울 것 같고, 베버도 1930년대에 벌써 그 점을 깨달았다.

하지만 그렇다고 해서 노동의 가치가 서양 사회에서 줄어들었다는 뜻은 아니다. 일은 아직도 우리 삶에서 가장 중요한 관심사의 하나로 남아 있다는 것을 여러 조사가 보여준다(업존 연구소 1973). 가령 얀켈로비치(1981)의 조사에 의하면 남자의 84퍼센트, 여자의 77퍼센트가 많은 유산을 상속받아서 일할 필요가 없어지더라도 일을 계속하겠노라고 응답했다.

그렇지만 사람들이 일을 중시하는 이유는 지난 몇 십 년 동안 크게 변한 듯하다. 초기의 청교도들은 일이 가져오는 보상을 하느님이 베푸는 호의의 증거로 받아들였겠지만, 제2차 세계대전 무렵이 되면 대부분의 사람들은 일을 어디까지나 물질적 발전과 안락을 보장하는 수단으로 여겼다. 1960년대로 접어들자 젊은이들은 일을 자기 실현의 수단으로 생각하기 시작했다(업존 연구소 1973; 페더만 1980). 최근에는 물질적 관심이 상대적으로 두드러지면서 이전과는 약간 다른 양상이 보인다. 요즘 젊은이에게 일이 중요한 까닭은 돈을 벌어야만 비싼 레저를 즐길 수 있고 소비 습관을 유지할 수 있어서다.

사람들이 일에서 찾는 가치는 세월이 흐르면서 변했다. 아득히 먼 옛날의 수렵 채집 사회에서는, '일은 이것이다'라고 딱 부러지게 말할 수 없었다. 삶 자체가 미분화되어 있었다. 사냥은 생존에 꼭 필요한 활동이었지만 한편으로는 사람들을 결속시키는 전통이었다. 사냥은 사회적 행사이고 종교적 의식인 동시에 개인들이 그동안 갈고 닦은 솜씨를 한껏 과시할 수 있는 일종의 시합이었다. 하나의 활동은 이런 여러 기능을 골고루 갖고 있어서 일과 놀이를 두부모 자르듯 나눌 수가 없었다. 일의 가치를 논한다는 것 자체가 어불성설이었다. 일과 삶은 하나로 녹아들어 있었다.

그런데 지금부터 1만 년쯤 전 대규모 농업이 시작되면서 노동의 리듬과 여가의 리듬이 어긋나기 시작했다. 노래와 의식, 친목은 농사일에서 여전히 중요했지만 새로운 농업 기술은 강제 노동을 가능하게 만들었다. 인간은 처음으로 노동에서 소외를 경험한다. 그렇지만 농부는 일을 아주 자연스럽게 받아들였다. 그것은 숨쉬기나 잠자기처럼 너무나 자연스러운 삶의 일부분이었다.

농업 혁명이 가져온 또 하나의 결과는 노동이 분화되었다는 것이다. 5천 년 전의 도시에 살았던 사람들은 사상 처음으로 다양한 일을 배우고 다양한 일자리를 가질 수 있었다. 젊은이들은 제분업자, 제빵업자, 석공, 직조공, 동물 사육사, 서기, 사제로 가득 찬 거리를 볼 수 있었다. 이 사람들이 가진 기술과 지식은 저마다 달랐다. 사람의 직업이 사람의 정체성을 규정하기 시작했다. 이제 직업을 선택하는 것은 곧 살아가는 방식의 선택이었다. 일은 내가 누구인지를 확인하고 사회적 지위를 얻는 수단으로 받아들여지기 시작했다.

자기 정체성과 직업은 종교 개혁 이후로 더욱 밀접해졌다. 세속적 성공을 신의 은총으로 여기는 풍조가 자리잡으면서 일은 하느님의 설계 안에서 인간이 하느님의 부름을 받고 채워넣어야 하는 하나의 소명이라는 인식이 자리잡았다. 신교도의 노동 윤리가 경제 발전의 강한 원동력이 될 수 있었던 것은 이런 영적 가치를 일에서 찾았기 때문이었다(베버 1930). 일을 개인적 소명으로 받아들이는 생각은 직업관에도 변화를 가져와, 일은 그저 자연스럽게 주어진 것이라기보다는 개인이 자기 취향에 따라 선택하고 추구하는 것이라는 인식이 널리 퍼졌다.

그렇지만 사람들이 직업 선택의 자유를 누리게 된 깃은 얼마 전부터다. 옛날에 자식은 부모가 걸었던 길을 대개 그대로 걸었다. 불과 200년 전만 하더라도 세계 대부분의 지역에서 노동자는 자기가 태어난 동네를 떠날 수 없었고, 대대로 세습되는 직종에는 엄격한 조합의 규제 때문에 아무나 함부로 뛰어들 수 없었다. 지금도 의사의 자식은 의사가 되고 농부의 자식은 농부가 되는 경향이 있지만 노골적인 장벽은 예전보다는 많이 줄어들었다. 이제 직업은 개인이 고르는 것이 되었다. 과거에는 직업이 곧 사람이었지만 요즘은 직업을 개인이 가진 잠재력을 확대하고 실현하는 수단으로 여긴다.

직업에 대해서 점점 많은 생각을 하고 직업을 통해 개인적 자유와 만족을 얻을 수 있어야 한다는 생각이 일반화하면서 우리의 직업 의식은 두 극단으로 나뉘는 경향을 보인다. 먼저, 자유롭게 선택할 수 있고 개인에게 성장과 자기 실현의 기회를 주는 일은 점점 높이 평가받는다. 하지만 다른 의무감과 소외감을 주는 일은 옛날보다 훨씬 부담스럽게 다가온다.

일에 대한 우리의 태도가 기술 혁신과 인간의 열악한 조건을 감안할 수 있는 여건의 향상 덕분에 바뀌어왔다고 해서 이런 발전의 추세가 앞으로도 무한정 계속될 것이라고 속단할 수는 없다. 자연 자원이 고갈되고 그 여파로 심각한 경제 불황이 닥치거나 기술 혁신이 답보 상태에 머물면 우리의 손자나 그 후손의 직업관도 얼마든지 달라질 수 있다.

안전과 생존이 위협받는 상황에서는 직업을 통해 자아 실현을 한다는 생각보다는 당장 돈벌이를 해야겠다는 강박 관념이 앞설 것이다. 그렇지만 이렇다 할 위기나 퇴보 없이 경제가 지금의 추세로 계속 발전한다면 직업관도 예측 불허로 바뀔 수밖에 없을 것이다. 가령 초정밀 과학이 발달하여 초소형 로봇이 지금까지 사람이 해오던 생산 유지 활동을 모두 떠맡으면 인간에게는 순전히 머리로 하는 일이나 재미로 하는 일 밖에는 남지 않을 가능성도 있다.

그렇지만 아이가 어른으로 성장하는 과정에서는 일에 대한 긍정적 의식—긍정적 노동 윤리—이 반드시 필요하다. 그런 윤리를 미리 심어주지 못하면 기회를 활용할 줄 모르는 무능하고 수동적이며 아무 의욕이 없는 인간들이 사회를 가득 메우게 된다. 그런 노동 윤리의 기초를 어디서 찾을 것인가?

일은 반드시 필요한 것이라는 생각을 커가면서 자연스럽게 한다는 법은 없다. 일과 직업을 동일시하는 생각이 반드시 오래 간다고 볼 수도 없다. 직업은 너무나 빨리 바뀌고 회사는 직원에 대한 책임감을 점점 덜 느끼고 종교의 힘도 옛날보다 많이 줄어들었다. 일을 자기 표현의 수단으로 여기는 태도도 가능하지만 아직은 소수에게만 열려 있는 가능성이다. 직업에서 흥미를 느끼고 창조력을 발휘할 수 있는 기회를 얻을 수 있으리라고 기대하는 청소년은 대부분 깊은 좌절감을 느낄 것이다.

일의 역설: 여가보다 일에서 보람을 얻는 사람들

사람들은 보통 마지못해 일을 한다. 어른은 깨어 있는 시간의 40퍼센트를 일에 쏟아붓는다. 일을 하고 싶어서가 아니라 해야만 하기 때문이다. 먹고 살기 위해서, 또 자존심을 지키기 위해서 인생의 태반을 생산 활동에 투입하지 않을 수 없다. 하기 싫은 일도 해야 하니까 일에서 소외감을 느끼는 것은 불가피하다는 인식이 만연되어 있다. 성서를 보아도 그렇다. 아담과 이브는 하느님의 은총을 받는 동안에는 일을 하지 않아도 좋았지만 죄를 저지른 다음부터는 저주를 받아 일할 수밖에 없는 처지에 놓였다.

일을 해서 돈을 버는 유일한 이유는 집세를 내고 자녀를 학교에 보내고 쾌적한 휴가를 보내고 노후에 대비하고 자식에게 가능하다면 약간의 유산을 남겨주기 위해서라는 것, 이것은 현대인에게는 너무나 자명한 진리다. 직종을 막론하고 모든 직장인은 어서 주말이 오기를 학수고

대하면서 살아간다.

하지만 사회적 통념과는 달리 대부분의 사람들은 설령 일을 안 해도 먹고 살 수 있다 해도 자기는 일을 계속할 것이라고 말한다. 일에서 소외감을 느끼는 사람도 많지만 오로지 일만 하면서 살아가는 일벌레도 많다. 또 성인이 일상생활에서 느끼는 감정을 면밀히 관찰하면, 일을 하지 않을 때보다는 일을 할 때 더 큰 만족감과 자신감, 행복감을 느끼고 더 많은 적극성과 창조성을 발휘한다는 사실을 알 수 있다(칙센트미하이/르페브르 1989). 무슨 연유에서일까?

일반인의 통념과는 달리 대부분의 직업인은 일 자체에서 보람을 얻는다. 다시 말해서 일은 운동, 게임, 음악, 그림 못지않은 즐거움을 안겨준다. 일에 미쳐 살아가는 사람들이 많은 외과의나 기업 경영자 같은 전문 직업인에게만 해당되는 이야기가 아니다. 생산 라인이나 철공소에서 하는 궂은 일에도 똑같이 적용된다. 사실 사람들은 일을 하는 동안 일을 하지 않을 때보다 더 기분이 좋은데도 그런 사실을 깨닫지 못한다. 어서 빨리 일을 끝내고 집으로 돌아갔으면 하는 조바심 때문이다.

일 자체가 보상을 주는 까닭은 그것이 게임과 비슷하기 때문이다. 일에는 목표가 있고 규칙이 있다. 일을 잘하면 피드백도 돌아온다. 우리의 능력을 발휘할 수 있는 기회가 주어진다. 일에 집중하고 몰입하면 나중에는 크고 작은 일상의 걱정거리를 까맣게 잊는다. 일은 자신감을 주고 나를 잠시 잊을 수 있는 기회를 준다. 사람들이 운동, 음악, 슬롯머신을 즐기는 가장 중요한 이유가 여기에 있다.

여가 활동보다 직무가 더 큰 만족감을 준다는 것은 역설처럼 들리지만 일이 게임과 비슷하다는 점을 감안하면 꼭 역설로 볼 것도 아니다.

여가 활동에서는 무엇을 해야 할지, 내가 과연 잘 하는 것인지 갈피를 못 잡을 때가 많다.

인간이라는 종은 상반되는 유전적 지령의 두 묶음을 적절히 사용하도록 진화해 온 것 같다. 한편으로는 이완, 안락, 휴식을 통해 기운을 비축하고 회복하려고 한다. 몸의 활동이 뜸할 때 쾌감을 느끼도록 설계된 것이 우리의 신경계다. 이 보수적 전략은 우리의 조상이 살아남는 데 도움이 되었을 것이다. 하지만 다른 한편으로 인간은 목표를 향해 자기를 던지는 데서, 열과 성을 다하여 어려운 과제와 씨름하는 데서 희열을 느낀다.

생존을 하는 데는 이 두 가지 전략이 모두 유용하고 필요하다. 전자는 만족을 추구하는 개인에게 힘을 준다. 후자는 현상 유지에 만족하지 않고 앞으로 더 나아갈 수 있는 동기를 제공한다. 사람들이 미지의 세계를 탐구하고 새로운 생각과 기술을 창조하고 발견하고 자신의 역량을 최대한으로 끌어올리기 위해 엄청난 노력을 쏟아붓고 심지어 죽음까지도 불사하는 것은 후자의 요인으로만 설명이 된다. 힘든 일에 보람을 못 주는 사회는 번영할 수 없다.

갈수록 어려워지는 교육 여건

힘든 일이 보람을 준다는 사실을 깨닫는 것이 빼놓을 수 없는 성공의 요소라는 데는 아마 대다수 심리학자와 사회학자가 동의할 것이다. 제임스 콜먼 등은 미국 청소년에 대한 고전적 연구에서 미국 사회가 추구해야 할 핵심적인 목표의 하나로 다음을 들었다.

어떤 활동에 깊숙이 빠져들 수 있는 능력을 청소년에게 길러주는 것이다. 외부의 압력에 의해서가 아니라 자꾸만 자극을 가하고 관심을 키워주는 내부의 의욕에서 비롯되는 그런 집중력은 가장 큰 개인적 만족감을 줄 뿐 아니라 가장 위대한 업적을 낳기도 한다. 학문이건, 공연이나 운동의 연기력이나 경기력이건, 물건을 만드는 재주이건, 그 어느 활동이건 중요한 것은 내용 그 자체를 가르치는 것이 아니라 집중력을 가지고 몰입할 수 있는 능력을 길러주는 것이다(콜먼 등 1974, 4).

이렇게 옳은 처방이 4반세기 전에 이미 나왔음에도 불구하고 우리는 이것을 가슴속에 새겨듣지 않은 것 같다. 이런 강렬한 몰입을 경험할 수 있는 기회는 전보다 줄어들었으면 줄어들었지 늘어나지는 않았다. 이런 정도로 강도 높게 공부할 수 있는 바탕을 가진 아이는 극소수에 불과하다.

음악, 미술, 연극, 심지어는 운동 같은 좀 더 부담 없이 접근할 수 있는 활동은 교육 실정에 어두운 예산 당국의 결정으로 인해 많은 학교의 교육 내용에서 점점 자취를 감추고 있다. 빠르게 변하는 가족 구조와 교외에서 어지럽게 생겨나는 새로운 주거 지역도 청소년의 고립감을 심화시킨다. 한때 청소년에게 적극적으로 동참할 수 있는 기회를 주었던 YMCA와 보이스카웃은 청소년 문화와의 연결 고리를 잃어가면서 빠듯한 예산과 이미지 실추(동성애자임을 밝힌 회원의 자격을 보이스카웃 본부가 박탈한 뒤 거센 여론의 반발을 샀음)로 인해 어려움을 겪고 있다.

이런 와중에 아동과 청소년 사이에서는 소극적 여가와 소비를 즐기는 풍조가 늘어났다. TV는 십대의 혼을 가장 크게 빨아들이면서도 콜먼 등이 나중에 행복하고 생산적인 삶을 살아가는 데 반드시 필요한 전제

조건이라고 역설했던 집중력과 능동적인 참여의 기회는 거의 제공하지 않는다(커비/칙센트미하이 1990). 비디오게임, 음악 감상, 쇼핑 같은 청소년 문화의 또다른 요소도 이보다 나을 것이 없다.

청소년에게 귀감이 되는 어른의 부재

일을 지혜롭게 받아들일 줄 아는 사람으로 성장하는 데 없어서는 안 될 것이 사회의 생산적 성원으로 활동하는 데 필요한 것이 무엇인지 가르쳐줄 수 있는 귀감이 될 만한 어른의 존재다. 여기서도 현재의 상황은 지극히 우려스럽다.

심리학자 유리 브론펜브렌너가 오래전에 지적한 것처럼 미국 사회는 역사적으로 유례가 없을 만큼 세대간의 골이 깊어졌다. 청소년은 어른과 담을 쌓고 자기들끼리만 어울린다. 그러다 보니 의미 있는 활동에 종사하는 귀감이 될 만한 어른을 좀처럼 만나지 못한다(브론펜브렌너 1961). 똑같은 산업 사회인 이탈리아나 한국의 청소년과 비교할 때 미국 청소년은 자기들끼리 보내는 시간이 일주일에 12시간이나 더 많아서 모두 35시간쯤 된다. 선생님이 있긴 하지만 아무래도 또래 사이의 집단 문화가 압도적으로 우세한 학교 생활을 여기에 포함시키면 시간은 훨씬 늘어날 것이다(칙센트미하이/라슨 1984; 윈 1989).

또래끼리 모여 있을 때 청소년의 기분은 확연히 밝아지지만 그만큼 집중력이 떨어지고 자기의 행동도 잘 억제하지 못하는 경향을 보인다. 이런 분위기에서는 건실한 어른으로 성장하는 데 필요한 덕목보다는 또래 문화의 쾌락주의적 가치관이 주로 전달된다.

아이에게는 자상한 도움과 후원이 절대적으로 필요하지만 파편화된 현대 가정은 그 임무를 다하지 못한다. 범퍼스와 스위트(1989)는 1970년대 후반에 태어난 아동의 절반 이상이 18세가 되기 전 어느 시점부터 편모 슬하에서 자랄 것이라고 예측했다. 부모와 같이 사는 운 좋은 십대도 아버지와 단 둘이 있는 시간은 평균적으로 일주일에 고작 30분이 안 된다(칙센트미하이/라슨 1984). 그나마 절반은 TV를 보는 시간이다.

TV를 보면서 부모와 자녀가 온전한 대화를 나눌 리 만무하다. 아무리 대화의 밀도를 높인다 한들 하루에 겨우 3~4분 나누는 대화로 성인 남자가 자식에게 심어주어야 할 지식, 가치관, 태도, 실력을 제대로 전할 수 있겠는가.

귀감이 될 만한 어른은 집 밖에서도 찾아보기 어렵다. 20세기 초까지만 하더라도 대중지에 실린 인물 관련 기사는 주로 투자가, 은행가, 정치인, 종교인의 전기였다. 요즘은 주로 연예인, 운동선수, 귀감과는 거리가 먼 유명인을 소개하느라 바쁘다. 누구처럼 되고 싶으냐고 물으면 마이클 조던 같은 운동선수라는 것이 청소년한테서 흔히 듣는 대답이지만 운동을 초인적으로 잘하지 않는 이상 그것은 실현 불가능한 꿈이다. 우리 아이들의 상상 속에서 내실 있는 생산 활동에 전념하는 장인은 까맣게 잊혀졌다. 연예계에서 각광을 받는 스타가 아이들의 꿈이 되어버렸다.

이 요란한 스타들에 청소년이 끌리는 것은 우리 문화가 이들을 자기들이 하는 일을 즐기면서 충분한 대우를 받고 걱정 근심 없이 살아가는 사람처럼 묘사하기 때문이다. 그래서 청소년은 기술직이나 사무직은 재미없고 따분한 일로 여기는 반면 록가수나 프로 선수는 재미 있는 일을 하면서 돈도 많이 버는 직업으로 여긴다.

우리 문화는 청소년의 머리에 박힌 이런 고정된 이미지를 강화하고 현실을 은폐한다. 무수히 많은 스타 지망생 중에서 과연 몇 사람이나 성공하고, 성공한 사람 중에서 과연 몇이나 자기 인생에 만족하면서 행복하게 살아갈까? 청소년은 자기도 언젠가는 부와 명예를 거머쥘 거라는 희망을 품고서 자기 방에 영화 배우나 가수의 사진을 붙여놓는다. 성공한 과학자나 회계사의 사진을 걸어놓는 청소년은 거의 없다.

점점 더 어려워지는 부모의 역할

청소년에게 미래를 준비시키는 데 부모의 기대만큼 중요한 역할을 하는 요소도 드물다. 부모의 기대가 자식에게 제대로 전달되기 어려운 데는 두 가지 이유가 있다.

첫째는 새로운 가정의 유형이 빠른 속도로 늘어나는 데서 생기는 어려움이다. 지금 자라나는 아이의 절반 가까이가 앞으로 편부모나 계부모 밑에서 자란다고 할 때 과연 가정에서 아이가 미래를 준비할 수 있도록 충분한 관심과 정성을 기울일 수 있겠는가 하는 점이다. 그런 정성과 관심을 쏟는다는 것은 이상적 조건에서도 부모에게는 힘겹다. 실제로 친부모가 아닌 경우에는 아무리 안 그러려고 해도 친부모처럼 자녀에게 관심을 기울이지 않는다는 조사도 나와 있다(슈나이더/콜먼 1993).

둘째로 과학 기술과 경제의 급격한 변화는 직업에 대한 장기적 전망을 어렵게 만든다. 한두 세대 전까지만 하더라도, 부모는 자식에게 근검절약을 가르치는 것이 자식을 돕는 길이라는 확신을 가질 수 있었다. 잘사는 집도 아이들에게 자립과 절제의 정신을 가르치는 것을 자랑스럽게 여겼다. 자기 이불은 자기가 깔고 개키고, 공부는 스스로 하고, 잠은 일찍 자도록 가르쳤다. 지금은 이런 기본 사항에 대해서 흔들림 없는 확신을 가지기가 어렵다.

절약을 하면 오히려 경제가 위축되고 신용카드로 자꾸 소비를 해야만 경제가 원활하게 굴러가는 세상에서 절약을 가르치는 것이 설득력을 가질까? 계약서 몇 장에만 서명을 해도 떼돈을 버는 사람들이 언론을 도배질하는 세상에서 누가 어려운 기술을 익히려고 할까? TV나 CD가 코앞에 있는데 누가 힘들게 음악이나 미술을 배우려고 할까? 이런 것들이 소중하다는 부모의 신념이 아무리 확고부동해도 언론이 무분별하게 쏟아내는 메시지에 속속들이 젖어버린 아이들이 부모의 충고를 귓등으로도 듣지 않는 사태가 얼마든지 일어날 수 있다.

어떤 기술을 배울까?

올바른 가치관, 태도, 기대를 받아들였다고 해서 저절로 자기 앞가림을 하는 성인이 되는 것은 아니다. 어떤 직업의 기회가 주어져 있는지를 알고 기회를 살리는 데 필요한 기술을 익히는 것도 중요하다.

그 점에서 미국의 청소년들은 다른 나라의 청소년들보다는 유리하다. 미국 청소년은 아르바이트를 좀 더 일찍 시작하고 더 오래 한다. 미국 도시의 고등학생이 일주일에 5~7시간 일하는 반면(저학년은 덜 하고 고학년은 더 한다), 프랑스·이탈리아·러시아의 청소년은 일주일에 평균 1시간쯤 일한다. 뿐만 아니라 미국 청소년은 전 세계 많은 나라의 중산층 자녀보다 집안 일을 많이 하는 편이다(제3차 국제 수학 과학 조사 1998).

어떤 이들은 일을 일찍 시작하는 것이 나중에 직업인으로서 가져야 할 책임감, 사회성, 규율을 익히는 데 도움이 된다고 믿는다(모티머 등 1995). 하지만 어떤 이들은 청소년들이 주로 하는 아이 보기, 신문 배달,

패스트푸드점 종업원 같은 저임금의 단순 반복 작업은 직업에 대해 환멸을 갖게 만들 뿐이라고 주장한다(그린버거/스타인버그 1986).

청소년에게 어떤 기술을 배우라고 조언하는 것은 쉽지 않다. 나중에 커서도 써먹을 수 있는 기술은 이것이라고 자신 있게 권할 수 있는 사람은 아무도 없다. 경제가 자꾸 바뀌면서 어제까지 유용했던 기술과 지식이 하루 아침에 무용지물이 된다.

17세기에 미네소타 지역에 살던 샤이엔 족은 통나무집에서 밭농사를 지으며 살았다. 그들의 농경 기술은 아주 수준이 높았다. 백인 정착자들이 대서양 연안으로부터 자꾸만 내륙으로 밀고 들어오자 샤이엔 족은 중서부의 대평원 지역으로 내몰렸다. 풍토가 다른 대평원에서 그들의 농사 지식은 쓸모가 없었다. 그들은 불과 몇 세대 만에 깡그리 잊혀져 신화 속에서만 명맥을 유지하게 되었다. 백 년 전의 미국 도시에서도 자동차가 새로운 이동 수단으로 각광을 받게 되면서 젊은 대장장이들이 오랜 시간 땀흘려 익혀온 기술은 하루 아침에 쓸모가 없어졌다.

컴퓨터 프로그래밍, 로봇 공학, 유전 공학처럼 아주 유망해 보이는 기술도 지금 자라는 아이들이 직업을 가질 무렵에는 요즘처럼 각광받지 않을 것이다. 의학, 법학, 기초 과학은 앞으로도 틀이 크게 변하지 않을 것이라는 전망은 어느 정도 타당하지만 그런 분야의 일자리는 수가 줄어들 수밖에 없을 것이다. 대부분의 젊은이는 하루살이에 가까운 삶의 방식을 택해야 할 것이다. 고용 통계를 보면 불길한 추세가 분명히 드러난다. 일자리가 가장 빠른 속도로 늘어나는 분야는 무장 경호원, 트럭 기사, 청소부, 패스트푸드점 등의 서비스 직종이다(미 노동부 1995).

생산 기술이 복잡해질수록 비숙련직과 3D 업종의 취업 기회만 큰 폭으로 늘어나는 현상은 아이러니가 아닐 수 없다.

기본을 익혀야 한다

자라나는 세대가 어른이 되었을 때 어떤 기술이 현실적으로 각광을 받을지 알기 어려운 상황에서 청소년을 미래의 직업에 대비시키기 위해 우리가 제공할 수 있는 학습 전략은 결국 두 가지로 요약된다. 하나는 과학에 기초를 둔 이 사회를 움직이는 기본 원리를 배우게 하는 것이다. 여기에는 수학, 물리학, 화학, 생물학 같은 개별 과목을 넘어서는 무언가가 필요하다. 청소년은 현실이 어떤 현상들의 상호작용으로 일어나는지를 통합적으로, 체계적으로 이해해야 한다(레비 1996).

실리콘밸리의 반도체 생산이 인접한 지역의 지하수 수위에 어떤 영향을 미치는가. 세계의 어느 한 지역에서 누리는 삶의 질이 다른 지역의 삶의 질에 어떤 영향을 주는가. 한 문화 안에서 개인의 선택, 소비자의 선택, 생활 방식의 선택이 누적되었을 때 거기에 들어간 사회적 비용은 얼마나 되는가.

예전에는 윤리적 문제로 다루어졌던 이런 주제들을 과학적으로도 얼마든지 분석할 수 있다. 만약 이런 주제를 과학적으로 다루지 않는다면 다음 세대는 위험스러운 무지몽매함 속에서 자라날 것이다. 우리가 여기서 말하는 '과학'은 자연과학이 아니다. 그것은 사회과학에 축적된 지식을 인문학의 지혜로 통합시키는 새로운 관점을 의미한다.

또 하나의 전략은 청소년에게 어떤 기술이든지 능히 익힐 수 있는 기본 바탕을 마련해 주는 것이다. 그것은 미래의 어떤 도전이든지 이겨낼 수 있는 가치관과 태도를 말한다. 여기서 우리는 다시 한 번 제임스 콜

면의 주장으로 돌아갈 수밖에 없겠다. 내용은 아무래도 좋으니까 기량과 단련을 요구하는 활동에 푹 빠져보는 경험의 기회를 자꾸만 주어야 한다는 것이다.

패스트푸드점에서 고객을 대하고 동료와 함께 일해 보는 것도 유익한 경험이긴 하지만, 아무런 열의와 의욕 없이 하는 일이라면 그 사람의 정신적 성숙에는 전혀 도움이 되지 않는다. 찰스 다윈은 어렸을 때 벌레 수집을 자랑스럽게 여겼다. 어느 날 집에서 꽤 멀리 떨어진 숲속을 걷다가 커다란 딱정벌레가 나무껍질 뒤에 숨어 있는 것을 발견했다. 아직 표본이 없는 벌레였다. 다윈은 벌레를 잡기 위해 껍질을 벗기기 시작했다. 놀랍게도 딱정벌레는 세 마리나 있었다. 한 손에 한 마리씩만 집을 수 있었으므로 다윈은 남은 한 마리를 입으로 덥석 문 채 집으로 뛰어갔다. 이런 적극성은 혼자 힘으로 자기 인생을 창조적으로 빚어나갔던 사람들이 이런 시절에 흔히 보여주는 모습이다.

모든 아이가 소년 다윈 같은 호기심을 가지고 크지는 않겠지만 어딘가에 집중하는 열정을 가져보지 못한 아이는 미래를 성공적으로 헤쳐나가는 데 필요한 기량과 습관을 닦을 만큼의 끈기를 갖지 못할 가능성이 높다. 우리는 앞으로 10년 뒤에 젊은이에게 어떤 직업이 주어질지 잘 모른다. 오래오래 생산적으로 활동할 수 있는 유망한 직업을 얻는 데 필요한 지식이 무엇인지도 잘 모른다. 하지만 자기 단련이 필요하고 머리와 몸을 모두 써야 하고 책임감과 목표 의식을 주는 일을 해본 경험이 있는 청소년은 미래의 힘겨운 도전에 직면할 준비가 되어 있다고 말해도 좋으리라.

이 책은 청소년이 앞으로 자기가 할 일에 대해서 어떤 기대를 품고 있는지, 부모는 자식에게 어떤 기대를 품고 있는지, 청소년은 학교 생활을 어떻게 보내고 있는지, 청소년이 학교 세계에서 직업 세계로 넘어갈 때 상담 선생님들이 어떤 도움을 주고 있는지만을 탐구하는 것이 아니다.

이 책은 청소년의 믿음, 가치관, 경험도 파고들어간다. 우리는 청소년이 학교에 있을 때 느끼는 기분을 집에서, 아르바이트를 하면서, 친구들과 같이 있으면서 느끼는 기분과 비교하여 나중에 직업인으로서 지녀야 할 가치관과 습관을 얼마나 잘 내면화하고 있는지 알아보려고 한다. 우리는 또래 집단이 청소년의 가치관이나 기대에 미치는 영향을 조사한다. 또 청소년이 접할 수 있는 교육 전략과 기회의 폭을 이해하기 위해 여러 지역 사회와 학교에서 나타나는 유사성과 다양성을 알아볼 것이다.

10년 단위로 끊어볼 때 직업은 갈수록 모호해지고 단명하는 추세에 있기 때문에 자기 몫을 할 줄 아는 어른으로 성장한다는 것은 점점 어려워지고 있다. 젊은이는, 미래는 이렇게 굴러갈 것이라는 확실한 믿음에 더이상 의지할 수가 없고, 학교에서 닦은 실력만으로 안정된 직장을 구할 수 있으리라고 기대할 수도 없다.

바로 이런 이유 때문에 자꾸자꾸 변하는 불확실한 미래 앞에 서 있는 청소년이 가정, 또래 집단, 학교, 전체 지역 사회에서 겪는 경험을 장기적으로 파악할 필요가 있다. 이 다채로운 사회적 그물망으로부터 청소년이 유익한 지식과 습관을 어떻게 익혀나가는지를 고생스럽더라도 면밀히 분석해야만 청소년에게 미래를 준비시키는 데 필요한 것이 무엇인지를 알아낼 수 있을 것이다. 이 책은 그런 목표를 향해 첫 발을 내딛은 셈이다.

CHAPTER 2

연구의 설계: 청소년의 발달과
직업 선택에 미치는 영향

    슬론 청소년사회발달연구는 1992~1993, 1993~1994, 1994~1995, 1996~1997년 네 시기에 걸쳐 자료를 수집했다. 이 책은 부모, 친구, 교사, 지역 사회가 청소년의 발달과 직업 선택에 어떤 영향을 미치는지 알아보기 위해 첫 번째 시기의 자료를 분석한다. 이 자료를 가지고 우리는 나이, 부모의 학력, 기타 인구학적 특성에 따라 학생들이 나타내는 편차를 알아보고, 또 학교별·지역별로 나타나는 편차도 알아본다.

   나이와 가정 환경에 따라 일에 대한 청소년의 생각은 어떻게 달라지는가? 일과 직업에 대해서 아이들에게 줄 수 있는 배움의 기회는 가정 형편에 따라 어떻게 달라지는가? 학교는 학생의 진학과 직업 선택에 어떤 영향을 미치는가? 연령별(6, 8, 10, 12학년)로 집단을 나누고 비교하는 방식을 통해 우리는 아이들이 자라면서 보여주는 변화의 패턴을 조심스럽게 읽을 수 있다. 다양한 가정, 학교, 지역 사회의 환경을 비교하면 이런 환경이 학생이 겪는 경험의 질, 일에 대한 가치관이나 태도, 직업에 대해 배울 수 있는 기회, 미래에 대한 포부에 미치는 효과를 알아낼 수 있다.

이렇게 해서 우리는 청소년의 무르익는 가치관, 직업관, 능력, 기대가 그들이 살아가는 세계를 이루는 사회적 표준적 성분과 얼마나 관련이 있는지를 측정할 수 있다. 후속 기간들에 이루어진 조사에서 얻은 자료를 통해 우리는 이 기준 연도를 바탕으로 끌어낸 우리의 잠정적 결론이 얼마나 타당한지를 평가할 수 있을 것이다.

표본 추출하기 : 지역과 학교

우리는 세 단계로 표본을 추출했다. 먼저 지역을 선정하고, 다음에 각 지역의 공립 학교를 선정하고, 마지막으로 각 학교의 학생을 선정했다. 또한 경제 여건과 노동 인구의 성격이 판이하게 다른 지역 사회를 찾았다. 일에 대한 청소년의 생각은 지역 사회가 보유한 자원으로부터 영향을 받으리라는 전제에서 출발했기 때문이다. 그래서 도시화, 인종·민족적 구성, 노동 인구의 특성, 경제적 안정도가 저마다 다른 지역을 골랐다.

우리가 선정한 12개 지역은 지리적으로 넓게 흩어져 있다. 도시도 있고 교외도 있고 시골도 있다. 미국의 3대 도시 중에서 두 곳을 포함시켰다. 이들 지역은 지역 경제가 제조업 중심인지 서비스업 중심인지도 다르고, 1990년대의 경제 흐름이 성장세를 보이는지 안정세를 보이는지 또는 하향세를 보이는지에서도 다르다(부록 A의 지역 설명을 참조할 것).

12세에서 18세까지의 미국 인구를 반영하는 인종과 민족으로 구성된 표본을 얻고, 또 지역별 인종 및 민족 구성의 다양성을 확보하기 위해 우리는 미국 전체의 인구 구성과 비교하여 특정한 인종이나 민족 집단이 압도적으로 많은 지역들을 골랐다. 이런 식으로 12개 주에서 15개 후보지를 추려냈다.

이 후보지들은 노동 시장의 특성만 다르지 인구 특성은 비슷하므로 이중 비교를 할 수 있었다. 최종 선정은 후보지 내에 있는 학교들의 호응도를 감안하여 이루어졌다.

각 지역에서 몇 개의 학교밖에 조사할 수 없었으므로 우리는 대상을 공립 중학교와 고등학교만으로 좁혔다. 일단 지역을 정하고, 해당 지역의 교육감과 접촉하여 연구에 참여해 달라고 부탁했다. 참여한 학교에게는 매년 약간의 사례금을 지급했다. 9개 주에서 12명의 지방 교육감이 동참의 뜻을 나타냈다. 다음에는 고등학교 교장과 접촉하여 연구에 참여해 달라고 요청했다. 교장이 동의하면 이번에는 고등학교별로 주로 어떤 초등학교나 중학교 출신의 학생들이 많이 오는지를 알려달라고 요청했다.

우리는 12개 지역에서 33개 학교를 조사했다(중학교 20개, 고등학교 13개이며, 지역명과 학교명은 모두 가명으로 처리했다). 고등학교의 다양성을 높이기 위해 특수 학교도 2개 집어넣었다. 하나는 조사 대상 중 가장 규모가 큰 도시 지역인 브리지웨이에 있는 과학수학고등학교였고, 또 하나는 지역 교육감이 강력히 추천한 센트럴 시티의 외국어고등학교였다. 나머지 고등학교는 모두 일반 공립 고등학교 교과 과정을 가르쳤다.

규모가 작은 지역은 지역 내에 고등학교가 단 한 군데뿐이었다. 지역이 넓어서 고등학교가 여럿 있을 경우에는 인종·민족·노동 참여 인구에서 그 지역의 전체 인구 분포와 흡사한 성인 인구를 가진 구역의 학생들이 많이 다니는 학교를 우선적으로 선정했다. 각 일반 고등학교별로 가장 많은 졸업생을 받아들이는 중학교 한두 곳을 선정하여 조사했다. 1991학년도 고등학교 신입생의 경우 이런 자매 중학교에서 온 학생이 30~60퍼센트를 차지했다.

어떤 유형의 학교를 선택했나?

브리지웨이의 퀴리 과학고등학교는 자연과학이나 수학 분야로 진출하려는 생각을 가진 학생들을 많이 배출한다. 브리지웨이에 거주하는 학생들만 진학할 수 있지만 경쟁이 치열하다. 지원자가 너무 많아서 학업 성적이 우수한 학생들만 골라서 뽑는다. 브리지웨이의 전 지역에서 골고루 이 학교에 진학한다.

한편 센트럴 시티의 외국어고등학교는 인종 차별 폐지 운동의 차원에서 설립되었다. 이 학교는 7학년 때 보는 시험 성적을 바탕으로 학생을 선발한다. 학생들은 8학년 때 고등학교에 진학한다. 외국어, 인문학, 과학, 수학 등 폭넓은 교과 과정을 가르친다.

센트럴 시티에서 선정한 또 하나의 고등학교는 조사에 임한 다른 고등학교들처럼 일반 교과 과정을 가르친다. 나머지 고등학교들은 우리가 베이사이드, 베턴, 시더, 크리스탈 포트, 델 비스타, 펠드노어, 포리스트 블러프, 메이플 우드, 메타와, 미들 브룩이라고 부르는 지역에 있다.

수입, 교육 수준, 직업 범주 같은 항목을 기준으로 볼 때 포리스트 블러프는 상류층, 메이플 우드와 미들 브룩은 중상류층, 펠드노어와 델 비스타는 중류층, 베턴, 메타와, 센트럴 시티는 중하류층, 시더와 베이사이드는 노동 계층, 크리스틸 포트는 극빈층이 주로 사는 지역으로 분류된다.

우리가 조사한 학교는 사회·경제적으로도 상당한 이질성을 보여준다. 일례로 부모의 학력과 앞서 말한 지역 사회의 경제적 수준 사이의 상관 계수는 겨우 .39(p〉.001)밖에 안 된다. 이것은 지역 사회 안에서도 사회·경제적 편차의 폭이 크다는 뜻이다. 두 군데의 특수 고등학교는 광범위한 사회·경제적 배경을 가진 학생들을 모집한다. 이런 이질성은 펠드노어 고등학교도 예외는 아니다. 이 학교는 아주 부잣집 자녀도 다니지만 생활 보호 대상자의 자녀도 다닌다.

한 지역이나 학교를 다른 지역이나 학교와 체계적으로 비교할 수 있는 경제적, 인구 통계학적 특성도 부수적으로 얻을 수 있다. 가령 시더와 메타와는 인종 구성도 비슷하고 대학원 이상을 나온 사람의 비율, 제조업이나 서비스업에 종사하는 사람의 비율도 비슷하다. 그러나 시더의 제조업은 심각한 침체기로 접어든 반면 메타와는 비교적 안정되어 있다.

중요한 심리적 특성과 사회·경제적 상황이 모두 비슷하다고 볼 수 있는 시더와 메타와에서 사는 청소년들이 어떤 과정을 거치면서 직업에 대한 생각을 구체화시키는지를 비교함으로써, 경제적 기회의 차이가 일에 대한 믿음이나 어른이 되었을 때의 취직에 대한 기대 같은 문제에 영향을 미치는 방식을 확인할 수 있다.

학생 선정 방법

각각의 초등학교나 중학교, 그리고 고등학교에 대해 우리는 두 유형의 학생 표본을 만들었다. 하나는 초점 학생, 또 하나는 비교 기준 학생이었다. 초점 학생은 학교에서 제공한 재학생 명부를 토대로 6학년, 8학년, 10학년, 12학년에서 선발했다. 각 학년별 학생 선발의 기준은 남녀, 인종, 민족, 학업 성적에서 해당 학교의 학생들을 잘 대표하는 것이었다.

성적을 토대로 교사들은 이 학생들을 상위권, 중위권, 하위권으로 일일이 평가했다. 이런 평가를 바탕으로 우리는 상위권, 중위권, 하위권 학생을 표본에 집어넣을 수 있었으며 여기서 학년별로 24명씩 조사 대상 학생을 선정했다. 후속 연구에서 사용될 직업 형성에 대한 장기 추적 자료는 초점 학생들로부터만 수집했다.

각각의 비교 기준 학생 표본은 한 무리의 초점 학생들이 다니는 학교의 한 학년을 대표한다. 이 비교 기준 표본은 장기 추적 대상이 아니므로 자료를 한 번 수집할 때마다 새로 바뀌었다. 비교 기준 표본에서 수집한 정보는 일차적으로 초점 학생들이 다니는 학교의 환경과 교우 관계를 평가하는 데 활용된다. 아울러 특정한 횡단면 분석에서는 초점 학생에게서 얻은 자료와 비교 기준 학생에게서 얻은 자료를 결합했다. 한 학년의 재학생이 150명을 넘지 않으면 비교 기준 표본은 그 학년 전체 학생으로 삼았다. 150명을 넘으면 재학생 명부에서 150명을 임의로 뽑아서 초점 표본처럼 남녀, 인종, 성적별로 정리했다.

우리는 6학년생 317명, 8학년생 347명, 10학년생 279명, 12학년생 271명으로 구성된 초점 표본을 얻었다. 비교 기준 표본은 모두 3,602명이었는데, 이 중 6학년생은 487명, 8학년생은 837명, 10학년생은 1,352명, 12학년생은 926명이었다. 중학생의 비교 기준 표본이 작은 이유는 일부 지역에서 한두 곳의 표본 중학교보다 더 많은 학생을 표본 고등학교로 보낸 중학교가 있기 때문이다. 또 특수학교는 넓은 지역에서 학생을 골고루 선발했으므로 이 학교에 주로 학생을 보내는 중학교를 선정할 수가 없었다.

기준 연도의 초점 표본과 비교 기준 표본은 인구 통계학적 특성이 너무나 비슷하다(표 2.1). 가령 아시아인, 아프리카 아메리칸, 아메리카 원주민 학생의 비율이 아주 비슷하다. 두 표본 모두 여학생이 남학생보다 약간 많다는 것도 비슷하다. 부모의 최종 학력도 상당히 유사하다.

자료 수집에 사용한 도구들

연구 첫해에는 초점 학생들로부터 세 가지 방법으로 자료를 수집했다. 경험 추출법(ESM), 심층 면접, 일련의 설문지들이었다. 설문지는 1988~1994년 미국 교육 종적 연구(NELS: 1988~1994)에서 사용된 도구를 약간 수정한 '청소년 생활 설문지', 응답자의 동년배 집단과 특정한 사회적 결속 관계에 관한 정보를 주는 '친구 사회 경제 기록지(친구 기록지)', 응답자의 직업에 대한 지식과 기대 정도를 측정하는 '직업 인식 척도(COS)' 등이었다.

비교 기준 학생들은 설문지는 작성했지만 면접은 하지 않았고 ESM에도 참여하지 않았다.

표 2.1 기준 연도 표본의 인구 통계학적 특성				
	초점		비교 기준	
전체	1,215		3,604	
성별				
남학생	565	47%[a]	1,661	46%
여학생	648	53%	1,870	52%
학년				
중학교	664	55%	1,324	37%
고등학교	550	45%	2,278	63%
인종/민족				
아프리카 아메리칸	267	22%	664	18%
아시아인	70	6%	266	7%
히스패닉	190	16%	342	9%
아메리카 원주민	13	1%	53	1%
백인	699	58%	1,916	53%
부모 학력				
고졸 이하	284	23%	782	22%
2년제 대학	82	7%	381	11%
4년제 대학	193	16%	543	15%
대학원	247	20%	739	21%
지역 사회 등급				
빈곤층	194	16%	173	5%
노동층	190	16%	847	24%
중산층	458	38%	1,625	45%
중상류층	256	21%	906	25%
상류층	117	10%	53	1%

[a] 퍼센트의 합이 100이 안 되는 경우는 반올림 때문이다.
부모 학력과 인종/민족의 경우는 누락 자료로 인해 100이 안 된다.

경험 추출법(ESM)

ESM은 사람이 자연스럽게 활동하는 동안에 겪는 주관적 경험을 알아내는 데 특히 요긴한 방법이다(칙센트미하이/라슨 1987). 응답자는 하루 중 다양한 시간대에 걸쳐서 일어나는 활동을 보고할 수 있고, 그 활동을 하는 동안 어떤 생각과 기분이 들었는지도 묘사할 수 있다. ESM 자료는 장소, 시간, 물리적·사회적 환경의 차이가 경험의 질에 어떤 영향을 미치는지 조사할 수 있는 길을 열어준다.

가령 청소년은 공부할 때보다 아르바이트를 할 때 더 행복한지, 식구들하고 있을 때보다 친구들하고 이야기를 할 때 더 즐거운지를 ESM 자료로 확인할 수 있다. ESM을 통해 우리는 청소년이 다양한 사회적 조건 속에서 어떤 활동과 경험을 하는지 알 수 있고 일상생활에서 어떤 일이 자주 일어나고 어떤 일이 자주 끊기는지를 확인할 수 있다.

미리 프로그램된 손목시계를 초점 학생들에게 지급한 다음 아침 7시 30분부터 밤 10시 30분까지 하루 8번씩 불규칙한 간격으로 일주일 동안 신호를 보낸다.[1] 신호는 학생이 예측하지 못하도록 미리 정해두었다. 그래야 개인이 하루에 한 활동과 느꼈던 감정을 가감 없이 반영하는 표본을 얻을 수 있기 때문이다.

학생은 신호를 받을 때마다 1페이지 분량의 기록지를 작성해야 했다. 기록지를 작성하는 데 걸리는 시간은 2~3분. 응답자는 거기다 어디서 무슨 활동을 하고 있고, 옆에 누가 있고, 그 순간 어떤 생각과 느낌이 들었는지를 적어넣었다.[2] 일주일 동안 응답을 15번 이하로 한 학생은 ESM 분석에서 뺐다. 이런 자료는 학생이 일주일 동안 했던 경험을 제대로 반영하지 못하기 때문이다.

연구 첫해에 초점 응답자들은 모두 2만 8,000여 회의 ESM 응답을 보내주었다. 1인당 30회였다. ESM 자료의 통계 분석에서는 한 항목에 대해 한 사람이 내놓은 응답들의 평균을 내서 이 평균을 가지고 분석했지, 구체적 응답들을 분석하지는 않았다. 가령 남학생과 여학생 어느 쪽이 더 행복감을 많이 느끼는지를 조사하는 데 적절한 방법은 남학생과 여학생의 평균 행복도를 비교하는 것이다.[3] (ESM의 신뢰도와 타당성에 대한 문헌은 점점 많아지고 있다. 가령 칙센트미하이/라슨 1987; 호머스 1986; 모네타/칙센트미하이 1996을 참조할 것. ESM 자료에 대한 다른 분석으로는 칙센트미하이/칙센트미하이 1988; 칙센트미하이/라슨 1984; 칙센트미하이/라툰드/훼일런 1993; 커비/칙센트미하이 1990; 라슨/리처즈 1994를 참조할 것.)

청소년 생활 설문지

청소년 생활 설문지는 미국의 인구 구성을 잘 반영한 학생, 학교, 부모, 교사의 표본을 대상으로 장기 추적 조사한 미국 교육 종적 연구 (NELS: 1988~1994)에서 8학년생과 10학년생 설문지에 들어 있던 질문들을 담고 있다. 미국 교육 종적 연구의 질문을 포함시켰기 때문에 우리의 초점, 비교 기준 표본 학생들이 보인 반응과 방대한 규모의 전국 표본에서 나타난 반응을 비교할 수 있다.

미국 교육 종적 연구처럼 청소년 생활 설문지도 학업 성적, 상급 학교 진학, 직업 선택의 결정 요인에 초점을 맞춘다. 설문지는 응답자의 민족적 종교적 배경, 가족 구성, 부모를 비롯한 집안 어른의 학력과 직업, 가정의 사회·경제적 지위, 부모와의 친밀도, 부모의 학습 지도와 사회적

지도, 상급 학교 진학에 대한 가정의 기대에 관한 정보를 제공한다. 가정의 결정 방식을 묻는 항목에서는 응답자가 학교를 그만두거나 아르바이트를 하거나 학원에 등록하거나 대학에 지원하는 등의 자기 경력에 관한 결정을 내릴 때 누가 더 발언권을 가지는지에 초점을 맞춘다.

설문지에서 상당한 비중을 차지하는 것은 지금 듣는 과목, 숙제, 방과후 활동 같은 학생의 학교 생활과 경험이다. 이 설문지에서는 또 친구, 본받고 싶은 사람, 아르바이트 경험, 다양한 활동에 들이는 시간을 묻는다. (NELS: 1988~1994의 설계, 목적, 기준 연도 결과를 좀더 자세히 알고 싶으면, 해프너/잉겔스/슈나이더/스티븐슨 1990을 참조할 것.)

친구 사회 경제 기록지

친구 기록지는 응답자에게 최대 14명의 친구를 적고 목록에 오른 친구가 가족인지 이웃인지 급우인지 동아리 친구인지 교회 친구인지 적도록 요청한다(부록 B 참조). 또 친구와 얼마나 자주 대화를 나누는지('매일'부터 '일주일에 한 번 미만'까지), 가장 친한 친구가 누구인지도 묻는다. 끝으로 고민이 있으면 어떤 친구에게 조언을 구할지, 또 어떤 친구가 자기한테 조언을 구할지, 목록에 적은 사람 말고 조언을 구할 만한 사람이 또 있는지를 물었다. 응답자들은 보통 부모, 형제, 선생님한테 조언을 구하겠다고 했지만 또래한테서 조언을 구하겠다는 응답자도 있었다.

직업 인식 척도(COS)

청소년이 장래 직업에 대해 갖는 생각의 복잡한 성격을 조금이라도 명쾌히 규명하기 위하여 우리는 COS를 개발했다. COS는 직업에 대한 응답자의 지식과 직업적 야심을 측정한다. COS는 또 응답자에게 본받고 싶은 사람이 있는지 묻고 왜 그 사람이 응답자한테 중요한지 묻는다. 그가 장기적인 인생의 목표와 관련이 있는 활동을 해왔는지도 묻는다. COS에는 이밖에도 통솔력 척도, 낙천성 척도가 포함되어 있으며, 취직·결혼·출산·은퇴 같은 중요한 사건이 언제쯤 일어날 것 같으냐고 묻는다.

학생 면담

첫해의 면담은 초점 학생들의 진학 목표와 직업 목표를 자세히 파악하는 데 주안점을 두었다. 학생의 가정 생활, 교우 관계, 장래 희망에 관한 질문을 던졌다. 면담 시간은 보통 30분에서 한 시간이었다. 어른의 일에 관한 질문은 응답자의 인생 목표가 장차 꿈꾸는 직업과 어떤 관계가 있는지를 집중적으로 파고들었다.

또 가지고 싶은 직업에 대해서 잘 이해하고 있는지, 그런 목표를 이루는 데 현실적으로 어떤 장애물이 있는지 깨달을 능력이 있는지도 알아보았다. '나도 저 사람이 하는 일을 했으면 좋겠다'라고 생각하는 사람이 있는지, 실현성 여부를 떠나서 정말로 하고 싶은 일이 무엇인지도 물었다. 작년 학기 중이나 여름 방학 때 아르바이트를 한 적이 있다고 하면, 그게 구체적으로 어떤 일이었는지, 왜 아르바이트를 하게 되었는지, 장기적 목표와 관련이 있는 일이었는지, 어떤 단계를 밟아서 그 일자리를 얻었는지, 내년이나 내후년에 다시 일자리를 구한다면 어떤 단계를 밟아야 할 것으로 생각하는지를 물었다.

면담은 학생이 ESM을 완료한 다음에 주로 했다. 그 경우 학생이 제출한 ESM 기록지를 미리 읽어보고 친구, 장래 희망, 가족의 세 가지 유형으로 질문거리를 준비했다. 면담이 시작되면 학생에게 ESM 기록지를 보여주면서 전후 맥락과 응답자의 생활 전반에 대해서 좀더 자세한 설명을 부탁했다. 이런 방법은 적극적인 응답을 얻어내는 데 아주 효과적이었다.

부모 면담

초점 학생의 약 3분의 1은 부모도 면담했다. 첫해에 우리는 각 학교별로 8학년생의 부모를 면담했다. 부모 면담에서 주로 알고 싶었던 것은 가족 관계, 특히 부모와 자식 사이의 관계였다. 여기서 얻은 정보 중에는 청소년 생활 설문지에서 얻은 결과를 부연하는 내용도 있었고, 가정의 울타리를 벗어난 광범위한 주제도 있었다. 주로 화제에 오른 것은 집안에 있는 어른들이 그동안 어떤 일을 해왔나, 자녀의 학교 생활을 어떻게 평가하는가, 자녀가 앞으로 공부를 어디까지 하고 어떤 직업을 갖기를 원하는가, 자녀가 고등학교를 졸업한 다음에 하고 싶어 하는 일에 대해서 어떻게 생각하는가였다. (부모 면담의 실례가 부록 B에 있다.)

교직원 면담과 학교 소개 자료

학교 분위기를 파악하는 것은 학생이 앞으로 공부를 너 할 것인지, 어떤 직업을 가질 것인지를 이해하는 데 중요하다. 우리는 특히 고등학교의 운영 책임자, 상담가, 교사가 학생이 앞으로 어떤 학교에 진학하고 어떤 직업을 가질지 이해하고 판단하는 데 얼마나 영향을 미치는지 알고 싶었다. 우리는 또 학교와 학교 사이의, 또 한 학교 안의 교과 과정 차이가 학생의 직업 경험에 어떤 영향을 미치는지, 현장 실습이 학생의 행동과 일에 대한 태도에 어떤 영향을 미치는지 알고 싶었다.

학교 운영자와 상담가 면담

모든 고등학교에서 우리는 운영자(교장 아니면 교무 주임)와, 학생들에게 학교 졸업 후 진학과 직업에 대한 조언을 하는 책임을 맡고 있는 상담가를 꼭 만났다. 학교의 방침은 무엇이고 운영자와 상담가가 학생들에게 어떤 기대를 품고 있는지를 확인하고 싶었다.

우리는 학생들이 졸업하고 나서 어떤 진로를 택할 것으로 예상하는지, 학생들이 직면할 수 있는 어려움에는 어떤 것이 있다고 보는지, 졸업후에 특히 어떤 학생이 성공하고 어떤 학생이 실패할 가능성이 높다고 생각하는지, 이런 식의 질문을 던졌다. 우리는 또 학생의 집에서는 자녀에게 어떤 기대를 걸고 있는지, 상담 프로그램의 목표는 어디에 두고 있는지, 학생이 진학이나 취업으로 진로를 결정할 때 학교는 어떤 길잡이 역할을 할 수 있는지도 물었다.

일부 학교 운영자에게는 학생이 학교에서 직장으로 자연스럽게 옮겨갈 수 있도록 인근에 있는 기업들과 인턴제 같은 특수 프로그램을 추진할 의향이 있는지를 물었다. 상담가에게는 대학들과 어떤 식으로 접촉하는지, 학생들의 대학 지원을 어떻게 돕고 있는지 물었다. 또 최근에 어떤 상담을 했는지 구체적으로 소개해 달라고 부탁하고 학생에게 조언을 할 때 개인별 차이를 감안하는지를 물었다.

교사 면담

한 학교에서 학년별로 최소한 4명의 교사와 면담했다. 교사 면담은 학교와 직장의 관계에 대해서, 앞으로 어떤 학교에 가고 어떤 직업을 가질 것인지에 대해서 토론하고 연구할 수 있는 기회가 학생들에게 충분히 주어지는지를 확인하는 데 도움이 되었다.

가령 우리는 지금의 학교 성적이 어른이 되어 가질 수 있는 직업에 어떤 영향을 미치는지, 지금 하는 아르바이트가 학교 성적에 어떤 영향을 미치는지 학생들과 토론해 본 적이 있는지 물었다. 또 학생이 특별히 흥미 있어 하거나 재능을 보이는 분야에 대해서 좀더 깊이 파고들어 보라고 격려해 주는지도 물었다.

마지막으로 우리는 학생이 대학을 선택하거나 고등학교 재학 중이나 졸업 후에 취직을 할 때 교사가 어떤 식으로 도울 수 있는지를 물었다. 이런 기본적인 질문 말고도 우리는 학생들이 본받고 싶은 인물로 고른 사람들에 대한 평가를 요청했고 졸업한 학생들이 어떤 어려움을 겪을 것으로 예상하느냐고 묻기도 했다.

학교에 대한 보충 정보

학교 운영자, 상담가, 교사 면담은 여러 가지로 우리의 궁금증을 풀어 주었다. 우리는 학교로부터 학부모·학생 편람, 교과목 안내서, 학칙, 학교 연감, 교직원 명부 등을 제공받았다. 또 교장이나 교무 주임에게 작성을 부탁한 학교 설문지를 통해 재학생의 구성과 그들에게 주어지는 기회에 대한 자료를 수집할 수 있었다.

우리는 교실에서 학생들이 어떻게 생활하고 행동하는지 관찰했고 학교를 안내받는 동안 보고 들은 대화와 활동을 자세히 기록했다. 학교의 환경과 분위기를 익히기 위해 교정을 찍은 사진도 입수했다. 특히 복도, 식당, 교실뿐 아니라 학교 밖이라도 학생들이 자주 모이는 곳을 집중적으로 찍었다.

자료 수집하기

본격적인 자료 수집은 1992년 10월에 시작되어 1993년 6월까지 계속되었다. 9명씩 조를 이룬 면담원들은 각 지역을 처음 2주 동안 방문했다. 조사팀은 수업 일정을 파악했고 자료 수집 기간 동안 특별한 행사나 활동이 없는지 점검했다. 면접과 조사 일정을 짰다. 손목시계를 차고 ESM 조사를 받게 될 초점 학생들에게 오리엔테이션을 실시했다. 초점 학생과 비교 기준 학생에게 청소년 생활 설문지, 직업 인식 척도, 친구 기록지를 교부했다.

학교 문서를 통해 학생들의 출신지, 교내 행사를 파악하고 세심하게 관찰했다. 초점 학생, 부모, 교사(한 학년에 최소한 4명), 운영자(한 학교에 최소한 2명), 상담가(한 학교에 최소한 1명)와 면담을 했다.[4] 일부 지역에서는 조사 방식을 설명하고 절차에 대한 질문을 받기 위해 학부모, 교사와 모임을 갖기도 했다. 그 경우 조사원들은 연구의 정확한 성격을 밝히지 않도록 미리 훈련을 받았다. 조사 목적이 드러나면 응답에 편견이 들어갈 수 있기 때문이다.

1993년 겨울, 우리는 1992년 6월에 고등학교를 졸업한 12명의 메타와 초점 학생들에게 전화 면담으로 예비 조사를 했다. 여기서 얻은 결과에 고무받아 1994년 겨울에는 1993년 6월에 고등학교를 졸업한 학생들과 전화 면담을 했다. 9장은 이 면담에서 얻은 자료에 바탕을 두고 있다. 여기서 우리는 직업 결정에서 상당히 중요한 역할을 하는 고등학교를 마치고 대학에 들어가기 전까지의 과도기에 학생들이 어떻게 다양한 경험을 하는지를 추적했다.[5]

학업에 대한 기대와 활동 시간

직업 세계로 나아가기 위한 청소년의 준비가 얼마나 되어 있는 지를 알아보면서 우리는 몇 가지 핵심적인 질문과 변수에 유의했다. 청소년은 공부를 어디까지 할 것으로 예상하는가? 친구들과 어울리거나 여가 활동을 하는 것이 아니라 공부나 수업 같은 생산적인 활동에 얼마나 시간을 투자하는가? 즉 청소년의 장래 기대와 시간 활용은 나이, 남녀, 인종, 부모의 학력에 따라 어떤 차이를 보이는가?[6]

대부분의 학생은 공부를 많이 할 것으로 기대하고 있었다(표 2.2).[7] 전체 학생의 80퍼센트가 4년제 대학이나 대학원까지 마칠 것으로 예상했다. 이런 기대치는 모든 학년에서 고르게 나타난다. 대부분의 중고생은 4년제 대학이나 대학원 이상은 다닐 것으로 믿었다(6학년의 87.9퍼센트, 8학년의 84.5퍼센트, 10학년의 73.4퍼센트, 12학년의 81.2퍼센트). 어린 학생일수록 포부가 더 컸다.

6학년부터 10학년까지는 고등 교육을 받겠다는 비율이 점점 줄어들다가 12학년 때 다시 높아진다. 남학생(77.9퍼센트)보다는 여학생(82.2퍼센트)이 장래 진학에 대해서 낙관적이었다. 인종이나 민족에서는 커다란 차이가 없었다(히스패닉 68.7퍼센트, 아프리카 아메리칸 79.2퍼센트, 백인 82.4퍼센트, 아시아인 88.4퍼센트).

부모의 학력이 높을수록 자식도 진학에 대한 기대치가 높았지만 부모의 학력과는 무관하게 대부분의 학생은 학사 이상까지는 공부할 것으로 내다보았다(부모가 고졸 이하의 학력을 가진 학생은 69.2퍼센트, 부모가 2년제 대학을 나온 학생은 72.5퍼센트, 부모가 4년제 대학을 나온 학생은 87.9퍼센트, 부모가 대학원을 나온 학생은 93.6퍼센트). 더욱이, 학년·남녀·인종·부모 학력의 모든 변수에서 대학원 진학을 기대하는 학생이 학부 졸업에 만족하는 학생보다 더 많았다.

표 2.2 인구 통계학적 변수로 본 교육 기대치

	N	4년제 미만	4년제 대학	대학원	X^2
학년					
6학년	388	12.1[a]	30.2	57.7	
8학년	697	15.5	32.1	52.4	
10학년	930	26.6	31.8	41.6	
12학년	649	18.8	24.5	56.7	72.81***
성별					
남학생	1,144	22.0	31.6	46.3	
여학생	1,519	17.8	28.6	53.6	14.67***
인종/민족[b]					
히스패닉	304	31.3	27.6	41.1	
아프리카 아메리칸	428	20.8	25.2	54.0	
백인	1,686	17.6	32.2	50.2	
아시아인	208	11.5	26.4	62.0	73.22***
부모 학력					
고졸 이하	833	30.9	30.9	38.3	
2년제 대학	429	27.5	26.3	46.2	
4년제 대학	554	12.1	39.7	48.2	
대학원	726	6.3	23.4	70.2	263.68***
전체 비율		20%	30%	50%	

***p〈.001
[a] 퍼센트의 합이 100이 안 되는 경우는 반올림 때문이다. 부모 학력과 인종/민족의 경우는 누락 자료로 인해 100이 안 된다.
[b] 기준 연도의 표본에는 아메리카 원주민 학생이 소수 포함되어 있었다. 그러나 숫자가 너무 작아서 분석에서 제외했다.

고학년으로 올라갈수록 생산적 활동에 더 많은 시간을 투자한다(표 2.3). 6학년생과 8학년생에 비해 10학년생과 12학년생은 수업, 숙제, 일에 더 많은 시간을 쏟는다. 고학년생은 또 친구들과 덜 어울리고 게임, 운동, 오락 같은 능동적 여가 활동에 들이는 시간을 줄인다. 6학년생은 8학년생, 10학년생, 12학년생보다 친구들과 더 많이 어울리고 능동적

표 2.3 인구 통계학적 변수로 본 활동 시간 비교*

	N	생산적	사회적	능동적 여가	수동적 여가	유지	기타
학년							
6학년[a]	245	25.1[a]	10.64[a]	16.39[a]	17.52[a,b]	25.99[a]	4.36[a]
8학년	243	24.35[a]	13.72[b,c]	11.31[b]	19.21[a]	26.2[a]	5.2[a]
10학년	207	29.98[b]	15.95[b,c,d]	9.83[b]	15.45[b,c]	24.43[a]	4.36[a]
12학년	168	29.19[b]	17.89[c,d]	9.98[b]	12.78[c]	26.1[a]	4.06[a]
성별							
남학생	357	27.32[a]	10.83[a]	14.22[a]	18.26[a]	24.53[a]	4.84[a]
여학생	506	26.53[a]	16.57[b]	10.67[b]	15.39[b]	26.51[b]	4.33[a]
인종/ 민족							
아시아인	55	29.69[a]	9.99[a]	15.47[a]	14.57[a]	26.03[a,b]	4.25[a,b]
백인	500	27.55[a]	14.95[b]	13.46[a]	15.71[a]	24.35[a]	3.99[a]
흑인	164	24.95[a]	14.57[b]	9.64[b]	17.6[a,b]	27.55[b]	5.69[b]
히스패닉	136	25.87[a]	12.17[a,b]	8.83[b]	19.48[b]	28.22[b]	5.33[a,b]
부모 학력							
고졸 이하	251	26.46[a]	13.68[a]	10.23[a]	18.11[a]	26.28[a]	5.23[a]
2년제 대학	104	28.11[a]	15.96[a]	10.98[a,b]	16.57[a,b]	24.34[a]	4.04[a]
4년제 대학	173	27.12[a]	14.4[a]	13.4[b,c]	15.48[a,b]	25.79[a]	3.8[a]
대학원	224	26.67[a]	14.16[a]	14.36[c]	15.23[b]	25.07[a]	4.51[a]

* 각 범주와 활동 유형에서 동일한 문자로 표시된 평균은 p<.05 수준에서 큰 차이를 보이지 않는다. 가령 학년별로 생산적 활동에 들이는 시간을 비교하면 어깨 문자 a는 6학년/8학년이 10학년/12학년과 다르지만, 6학년과 8학년은 다르지 않다는 뜻이다. 마찬가지로 b는 10학년/12학년이 6학년/8학년과는 다르지만, 10학년과 12학년은 크게 다르지 않다는 뜻이다.

여가에 많은 시간을 쏟아붓는다.

남녀, 인종, 부모 학력과는 상관없이 학생들이 생산적 활동에 들이는 시간은 엇비슷하다. 하지만 친구들과 어울리는 시간은 남학생보다는 여학생이 많고, 아시아 학생보다는 백인·아프리카 아메리칸·히스패닉 학생이 많다. 여학생은 또 몸 단장, 집안일 같은 유지 활동에 남학생보다 많은 시간을 쓰며 남학생은 여학생보다 여가 시간이 많다.

여가 활동에 얼마나 참여하는지는 부모 학력에 따라 차이가 난다. 부모 학력이 높은 학생은 텔레비전이나 영화를 보는 수동적 여가 활동이 아니라 능동적 여가 활동을 부모 학력이 고졸 이하인 학생보다 더 많이 하려는 경향을 보인다.

이 조사에서 나타난 결과는 대부분의 학생이 집안 배경에 관계 없이 상급 학교에 진학하려는 포부가 상당히 높다는 것이다. 청소년의 압도적 다수가 적어도 학부는 졸업하려고 하며 이 중 절반은 대학원도 진학할 생각이다. 그들은 고학년으로 올라갈수록 교제나 여가 활동보다는 공부나 일에 더 많은 시간을 투자한다.

그러나 이런 수치만으로는 청소년이 이런 다양한 활동을 하면서 구체적으로 어떤 경험을 하는지 알 수가 없다. 청소년은 교실에서, 일터에서, 일과 비슷한 활동을 하면서 얼마나 집중하고 행복해 하고 의욕을 느끼는가? 일에 대한 청소년의 긍정적이거나 부정적인 경험은 그들이 나중에 어른이 되어서 어떤 일을 하겠다고 마음먹는 데 어떻게 영향을 미치는가?

청소년은
어떤 미래를 꿈꾸는가?

청소년이 미래에 대해 품는 생각은 나중에 어떤 사람으로 성장하느냐에 영향을 미친다. 그들은 학교를 다니고 아르바이트를 하면서 처음에는 별로 깊은 생각 없이, 하지만 이내 조금씩 진지하게 자신이 평생토록 하고 싶은 일을 마음속에 그리기 시작한다. 말이 씨가 되는 것처럼 그런 기대는 실제로 이루어지기도 한다. 앞날에 별다른 기대를 걸지 않는 청소년은 미래를 낙관하는 청소년보다 쉽게 안주할 가능성이 높다.

어떤 연구자들은 가정, 학교, 책, TV가 소녀들에게 전통적 여성상을 따르도록 부추김으로써 선택의 폭을 미리 좁혀놓는다고 주장한다(본드라체크 1995). 그런가 하면 어떤 이들은 저소득 가정에서는 학업과 직업을 덜 중시하는 경향이 있다고 주장한다(한나/칸 1989).

하지만 우리의 연구는 이런 통념을 뒤집는다. 1988년부터 1994년까지 방대한 규모로 시행된 미국 교육 종적 연구에서도 그런 경향은 나타나지 않는다(NELS: 1988~1994). 차이는 아직도 있지만 남녀와 계급은 예전처럼 직업에 대한 포부를 갖는 데 커다란 걸림돌로 작용하지는 않는 것 같다. 그렇지만 비현실적으로 높은 기대는 오히려 해로울 수 있다. 너무 기대감이 크면 어른이 되었을 때 실망할 가능성도 그만큼 크기 때문이다.

'적당한' 기대 수준이 어느 정도인지, 아니 과연 그런 것이 있기나 한 것인지 솔직히 우리는 잘 모른다. 하지만 지나치게 높은 기대와 지나치게 낮은 기대가 모두 나중에 건실한 직업인으로 성장하는 데 방해가 되는 것은 사실이다.

이 장에서 우리는 먼저 청소년이 꿈꾸는 미래상을, 구체적인 직업과 그 직업이 가져다줄 것으로 보이는 보상의 측면에서 검토하겠다. 이어 사회적 환경이 고교생을 직업의 기회에 얼마나 노출시키고 직업에 대한 청소년의 기대를 발전시키는 데 얼마나 영향을 미치는지 논의하겠다. 마지막으로, 학생들이 미래를 바라보는 전반적 시각이 낙관적인지 비관적인지 하는 문제도 청소년의 꿈을 이해하는 데 중요하기에 짚고 넘어가겠다.

청소년의 미래관

청소년이 자신의 미래를 어떻게 내다보는지 알아보기 위해 우리는 청소년 생활 설문지에서 진학, 직업, 전반적 생활 수준을 묻는 문항들을 집중적으로 검토했다(표 3.1). 응답 내용을 보면 대체로 긍정적이고 낙관적이다. 어떻게 보면 앞날에 대한 기대치가 너무 높지 않나 하는 느낌마저 든다.

10명 중 7명이 대학에 가고, 벌이도 좋고 재미도 있는 직업을 가지고, 자기 집을 가질 것이라고 믿고 있다. 부모 세대보다 더 잘 살 것이라고 확신하는 비율은 다소 떨어졌다. 전반적으로 청소년들은 미래를 낙관하고 있지만 기대 수준이 다소 높은 듯하다. 벌이도 좋고 재미도 있는 직업은 생각만큼 흔하지 않다. 이런 아이들의 기대는 실현되지 못할 가능성이 더 크다. 노동 시장의 냉혹한 현실은 아이들의 이상적 직업관에 찬물을 끼얹었을지 모른다.

미래관은 인종, 성별, 연령 같은 인구 통계학적 요인의 영향을 받는다. 가난한 히스패닉 가정에서 태어난 소녀가 예상하는 미래와 부모의 교육

표 3.1 청소년들의 미래에 대한 기대치

나의 미래를 생각해 보면, 앞으로 나는…[a]

	아주 높음	높음	50% 미만
N=2759			
진학			
고등학교를 졸업할 것이다	77%	14%	9%
대학에 들어갈 것이다	63%	20%	17%
직업			
보수가 좋은 직업을 가질 것이다	42%	35%	23%
재미 있는 직업을 가질 것이다	45%	33%	22%
생활			
집을 소유할 것이다	42%	32%	26%
부모보다 잘 살 것이다	34%	30%	36%

[a] 원래는 1점에서 5점까지 응답하게 되어 있었다. 1점은 아주 낮음, 5점은 아주 높음이었다. '50%', '낮음', '아주 낮음'에 해당하는 반응을 '50% 미만'이라는 하나의 범주로 묶었다.

수준이 높은 백인 소년이 예상하는 미래는 아주 많이 다르다. 따라서 다양한 인구 통계학적 특성이 청소년의 미래관에 어떤 영향을 미치는지 알아보는 것이 중요하다.

나이에 따른 차이

일반적으로 고학년으로 올라갈수록 고등학교를 마치고 대학에 갈 수 있을 거라는 자신감이 높아진다. 이것은 당연하다. 그들은 어떤 의미에서는 생존자이기 때문이다. 지금까지 학교를 중도에 포기하지 않고 잘 버텼으니 무난히 대학에 들어갈 수 있을 거라고 확신하는 것이다. 상급 학교 진학 가능성에 대한 자신감은 고학년생과 저학년생이 다르지만 예상하는 직업에서는 별다른 차이를 보이지 않는다.

고학년으로 올라갈수록 현실 감각이 높아져서 프로 선수나 연예인 같은 직업을 가질 수 있는 가능성을 낮게 보는 것은 사실이다. 저학년생은 재미있고 돈도 잘 버는 직업을 가질 것으로 예상하지만 원하는 직업을 가지려면 공부를 많이 해야 하는 현실을 아직은 절감하지 못하고 있다. 나이를 먹을수록 학업과 직업에 대해 점점 현실적인 생각을 갖는 경향을 보인다고 말할 수 있겠다.

남녀의 차이

흥미로운 것은 남학생과 여학생이 예상하는 진학과 취업의 기회, 생활 수준이 비슷하다는 사실이다. 유일한 차이는 '재미'에서만 나타난다. 앞으로 재미있는 직업을 가질 것으로 기대하는 여학생이 남학생보다 많았다. 지금의 노동 시장이 불평등한데도, 여학생들은 커서 남학생만큼 돈을 잘 버는 직업을 가질 수 있을 것이라고 믿었다(슈나이더/슈미트 1996).

인종과 민족의 차이

인종과 민족과는 무관하게 대학 진학에 대한 학생의 기대치는 대체로 비슷하지만 히스패닉계만은 예외다. 히스패닉 학생은 자신의 상급 학교 진학 가능성을 낮게 보고 있다. 고등학교가 끝이라고 생각하는 학생들이 더 많다.[1] 직업에 대한 포부도 인종과 민족이 다르다고 해서 뚜렷한 차이를 보이지 않는다. 히스패닉 학생도, 아프리카 아메리칸 학생도 아시아 학생이나 백인 학생만큼이나 보수가 좋고 재미있는 직업을 가질 것이라고 예상한다. 하지만 자기 집을 소유할 것이라는 확신은 앞의 두 집단이 뒤의 두 집단보다 낮았다.

계층의 차이

응답자들의 계층은 두 잣대로 쟀다. 첫 번째 잣대는 부모 어느 한쪽의 가장 높은 최종 학력이다. 이것은 가정 단위의 경제력을 암시하는 지표로서는 유용하지만 좀 더 광범위한 사회적 맥락, 즉 지역 사회 안에서 접할 수 있는 기회와 자원을 드러내는 지표로 삼기에는 직질하지 않다. 그래서 이것을 보완하는 잣대로서 학생이 거주하는 동네의 인구 조사 통계 자료를 참조했다. 우리는 이것을 지역 사회등급(SCC) 지표라고 부른다. 이 두 개의 잣대를 통해 얻은 결과는 앞의 인종과 민족의 차이에서 본 결과와 비슷하다.

부모의 사회·경제적 지위가 높고 부유한 동네에 사는 학생은 진학에 대한 기대치는 높지만 직업에 대한 기대치가 유달리 높지는 않다. 선행 연구 결과(한나/칸 1989)와는 달리 가난한 동네에서 살고 부모가 고등학교를 못 마친 학생도 교외의 부촌에서 살고 부모가 대학원을 나온 학생 못지않게 보수가 좋고 재미있는 직업을 앞으로 갖게 될 것이라고 확신했다.

유리한 여건에 놓인 학생은 불리한 여건에 놓인 학생보다 집을 소유할 것이라고 자신하는 비율이 높지만 부모보다 더 잘 살 것이라는 믿음은 덜 갖고 있다. 집안이 넉넉한 학생은 더이상 잘 살기가 어렵다고 생각하는 반면 형편이 어려운 학생은 적어도 부모보다는 잘 살 수 있을 것이라고 낙관한다.

이런 결과를 종합하면 지금의 십대가 미래에 대해 가진 생각을 크게 두 줄기로 정리할 수 있다. 첫째, 청소년이 평균적으로 품고 있는 진학, 취업, 생활의 질에 대한 기대는 아주 긍정적이다. 빠르게 변하는 과학 기술, 갈수록 빡빡해지는 경제 상황, 지난 10년 동안의 침체된 사회적 분위기에도 불구하고 청소년 사이에서 미래에 대한 불안감이 만연되어 있는 듯한 조짐은 거의 안 보인다. 예상 외로 인구 통계학적 범주는 청소년의 미래관에 미미한 영향만을 미치는 것으로 보인다.

둘째, 청소년의 나이와 성별에 따른 미래관의 차이도 거의 나타나지 않는다. 남학생이건 여학생이건, 12살이건 18살이건 앞날을 엇비슷하게 내다본다. 청소년이 기대하는 직업이나 생활 수준은 민족이나 계층에 따른 차이도 보여주지 않는다.

이 청소년들은 대체로 미래를 낙관적으로 바라본다. 하지만 기대했던 직업을 나중에 못 갖고 별로 원하지 않았던 일을 어쩔 수 없이 하게 될 경우 이런 낙관주의는 오히려 환멸을 가져올 수 있다. 우리의 조사에서는 저소득 소수민 집단에 속한 청소년이 유복한 또래 집단과는 달리 상급 학교에 진학하기 어려운 현실을 깨닫게 될 가능성이 높은 것으로 드러났다. 그럼에도 불구하고 두 집단 모두 어른이 되었을 때 비슷한 보수와 만족감을 주는 직업과 생활을 누릴 수 있을 것이라고 기대하고 있다. 직업이 삶을 평등하게 만들어줄 것이라는 이런 신념이 과연 끝까지 유지될 수 있을 것인가 하는 문제는 우리 사회의 존폐가 달린 중요한 문제다.

어떤 직업을 원하나?

지금까지의 조사 결과는 미국 학생들이 앞으로 가질 직업에 대해 가지고 있는 생각과 대학 교육, 좋은 직장, 안정된 생활이라는 바람직한 목표에 대해 품고 있는 확신을 개략적으로 보여준다. 이런 내면적 욕구와 경제적 욕구를 한꺼번에 충족시키는 직업을 좀더 깊이 이해하기 위해서는 학생들이 염두에 두는 직업이 구체적으로 무엇인지 알아볼 필요가 있다.

젊은이들이 바라는 직업을 파악하기 위해 우리는 직업 인식 척도(COS)를 개발했다. 학생들에게 학교를 마치면 가지게 될 것으로 '예상하는 직업'이 무엇인지, '희망하는 직업'이 무엇인지, 그리고 그들이 지금 하는 일이 나중에 가질 것으로 예상하는 직업과 어떤 식으로든 관련이 있는지를 자유롭게 적어내도록 했다.

요즘 학생과 몇 세대 전 학생의 중요한 차이 가운데 하나는 어른의 직업을 구체적으로 경험하는 기회가 드물다는 것이다. 그나마 가장 많이 접하는 직업—부모의 직업—도 나중에 그 학생이 커서 가지게 될 직장

표 3.2 언급된 직업의 빈도수

직업	예상		소망	
	순위	퍼센트	순위	퍼센트
N	3,891		4,281	
의사	1	10	2	11
기업인	2	7	5	6
법률가	3	7	3	9
교사	4	7	6	4
운동선수	5	6	1	15
엔지니어	6	5	8	3
간호사	7	4	9	3
회계사	8	3	–	2
심리학자	9	3	10	3
건축가	10	3	–	2
음악가, 작곡가	–	2	7	4
배우, 감독	–	2	4	6

이라고 보기 어렵다. 부모의 직업과 똑같은 직업, 아니 아주 막연히 비슷하기라도 한 직업을 자기도 가질 것으로 예상하는 학생은 5명 중 1명꼴도 안 된다.

청소년이 선택하는 직업은 과학 기술과 수요의 변화로 빠르게 변하기 때문에 아무리 많은 정보를 가지고 대비한 학생도 노동 시장에 진출할 무렵에는 다른 직업에 적응할 마음의 준비를 해야만 할 것이다(쇼어 1988; 미국 노동부 1994). 따라서 앞으로 나는 이런 직업을 가질 것이라고 자신 있게 말할 수 있는 청소년은 사실 드물다. 이런 구조적 어려움에도 불구하고 많은 청소년들은 나중에 커서 이런저런 직업을 가졌으면 좋겠다고 구체적으로 생각한다.

표 3.2는 학생들이 가장 많이 가질 것으로 '예상'하고 '희망'하는 12개 직업이다. 이것 말고도 언급된 직업들은 많다. 가령 응답한 4,281명의 학생 가운데 71명은 점원이 되기를 희망했고, 35명은 트럭 기사가 될 것으로 예상했다. 표 3.2의 직업에는 현실 의식과 희망 사항이 모두 반영되어 있다.

먼저 현실 의식은 발레리나, 우주비행사가 극소수였다는 데서 드러난다. 벌써 6학년쯤 되면 어린 시절의 낭만적 환상에서 깨어나는 것 같다. 하지만 의사나 법률가가 될 것으로 예상하는 학생은 15퍼센트가 넘는데, 1990년도 미국 인구 조사 통계를 보면 미국 전체 노동 인구에서 의사와 법률가가 차지하는 비율은 1퍼센트도 안 된다. 실제로 이 표를 보면 상위권을 차지한 직업들은 비슷한 또래의 청소년 중에서 훗날 극소수만이 가질 수 있는 직업이 대부분이다(슈나이더/스티븐슨 1999).

일례로 미국 청소년의 3퍼센트가 심리학자가 되고 싶어한다는 사실을 알면 미국심리학협회는 깜짝 놀랄 것이다. 아무리 심리학자가 좋다지만 300만 명의 심리학자는 분명히 너무 많다. 고등학생들이 선호하는 이 직업들의 순위는 1994년도 대학 신입생들이 선호한 직업들의 순위와 대동소이하다(오스틴 1997). 대학생이 뽑은 상위 10개 직업 가운데 고등학생이 뽑지 않은 유일한 직업은 컴퓨터 프로그래머와 기술자였다. 반면 표 3.2의 목록 중에서 대학생들이 언급하지 않은 직업은 운동선수와 심리학자였다.

청소년이 직업에 대해 갖는 예상과 소망을 비교하면 미래에 대한 낭만적 사고와 현실적 사고가 충돌하고 있음을 알 수 있다. 청소년이 가장 되고 싶어하는 것은 '운동선수'다. 유명한 선수가 사회적으로 주목을 받는 분위기에서 자라는 청소년들의 자연스러운 반응이다. 그렇지만 자기는 프로 선수가 될 거라고 '예상'하는 수는 그렇게 되기를 '소망'하는 수보다 적다. 운동선수가 되었으면 좋겠다고 응답한 학생의 절반 이상이 운동선수를 자신이 가질 것으로 예상하는 직업에 집어넣지 않았다. 패션 모델이라는 직업도 그렇다. 패션 모델이 될 거라고 예상하는 학생보다는 되었으면 좋겠다고 소망하는 학생이 훨씬 많다.

남녀의 성 역할에 대한 고정 관념―힘센 운동선수와 예쁜 모델―은 청소년의 의식을 아직도 강하게 지배하고 있다. 저학년생의 12퍼센트, 고학년생의 3퍼센트가 자신의 미래 직업을 운동선수로 예상하지만 전체 노동 인구에서 운동선수가 차지하는 비율은 1만 명 중에서 7명밖에 안 된다. 10학년생과 12학년생이 6학년생보다 현실적으로 생각하는 것은 사실이지만 자기들이 운동선수가 될 확률을 500배나 높이 잡고 있다.

많은 청소년들은 실제로 운동선수나 패션 모델이 될 가능성이 희박하다는 사실은 알고 있지만 그밖의 전문직이나 준전문직은 얼마든지 가질 수 있다고 믿고 있다. 의사, 법률가, 교사, 엔지니어, 간호사, 심리학자 같은 전문직에 대한 청소년의 예상과 소망은 거의 비슷한 수치로 나타난다. 그러나 청소년이 선택을 고려하는 직업들은 연령, 성별, 인종과 민족, 계층 같은 사회 인구학적 요인의 영향을 받는다.

나이에 따른 차이

고등학생은 중학생에 비해 미래의 직업에 대해 좀더 현실적으로 생각한다. 고등학교로 올라오면 운동선수, 의사, 법률가가 되고 싶다는 학생이 현격하게 줄어드는 반면 회계사, 기업인, 엔지니어를 지망하는 학생은 늘어난다. 언론에서 자주 다루지 않기 때문에 어린 학생들은 잘 모르는 이런 직업에 대한 인식이 고학년으로 갈수록 높아지는 추세를 반영한다고 볼 수 있다. 널리 알려진 직종이면서도 경찰관, 간호사, 비서, 교사 같은 직업은 나이에 관계 없이 골고루 원하는 것 같다.

남녀의 차이

전통적으로 남자나 여자 중에서 어느 한쪽이 맡아온 직업에 대한 선입견은 아직도 강하게 남아 있다. 남학생은 운동선수·엔지니어·경찰관을 많이 지망하고, 여학생은 간호사·비서·사회복지사·교사를 많이 지망한다. 하지만 회계사나 기업인을 지망하는 비율은 남녀가 엇비슷하다. 여학생은 남학생보다 의사, 법률가, 심리학자를 더 많이 지망하는 편이다.[2]

인종과 민족의 차이

인종과 민족이 다르면 청소년이 기대하는 직업의 종류도 달라진다. 아프리카 아메리칸 청소년은 다른 집단보다 유독 운동선수나 법률가가 될 것으로 예상하는 수가 많다. 프로 무대에서 활약하는 아프리카 아메리칸 선수들이 이들에게 영향을 주었을 것이다. 반면 히스패닉계는 경찰관이나 간호사를 지망하는 비율이 높다. 아시아계는 건축가·기업인·의사·엔지니어를 많이 지망하고, 운동선수·법률가·경찰관·교사를 적게 지망한다.

계층의 차이

부모의 교육 수준과 사회적 지위가 높을수록 의사나 음악가를 지망하는 학생이 많고, 경찰관이나 비서를 지망하는 수는 줄어든다. 다른 직업의 차이는 좀 더 복잡하다. 가령 '운동선수'는 노동 계층이나 중산층 지역에 사는 학생들, 부모가 고등학교만 졸업한 학생들이 많이 지망한다. '법률가'는 대부분의 집단에서 골고루 지망하지만 저소득층이 거주하는 지역에 사는 학생이나 부모가 고등학교도 나오지 못한 학생은 예외적으로 낮다. 기회가 주어지지 않는 현실이 정확하게 반영된 것으로 볼 수 있다. '심리학자'의 경우에도 비슷한 경향이 나타난다. 부모가 대학이나 대학원 이상의 교육을 받았거나 중상류층이나 상류층 거주 지역에서 사는 학생이 심리학자를 유달리 많이 지망한다.

직업 선택에서 중요하게 생각하는 가치

COS(직업 인식 척도)를 바탕으로 학생들에게 16가지 가치를 제시하고, 앞으로 자신이 가질 것으로 예상되는 직업에서 중요한 가치가 무엇인지 고르라고 했다. 여기서 나온 가치들의 순위는, 가령 의사가 되려는 청소년이 기업인이 되려는 청소년과는 다른 가치를 자신이 가지려는 직업에서 기대한다는 것을 알려줄 것이다.

가장 많이 언급된 10가지 직업은 조금씩 다른 가치를 수반한다고 청소년들은 생각하고 있었다(표 3.3). 이 표에서 가장 놀라운 것은 각 직업이 수반한다고 청소년이 믿는 가치들이 그 직업에 대한 사회적 통념과 비슷하다는 사실이었다. 이것은 고등학생들도 이미 개별 직업이 구현하는 것으로 여겨지는 가치가 무엇인지를 알고 있다는 뜻이다. 어떤 직업이 구체적으로 무엇을 하는 것이고 그 직업을 가지려면 얼마나 배워야 하고 또 보수는 어느 정도나 받는지는 자세히 모를지 몰라도 그 직업에서 중시되는 가치가 무엇인지는 아주 잘 안다.

가령 의사를 지망하는 학생은 사람들을 돕거나 사회 발전에 기여하거나 남과 함께 일하는 것이 자신의 직업에서 중요한 의미를 갖는다고 생각하는 반면, 자유 시간이 많다거나 나를 표현한다거나 밖에서 활동하는 것은 별로 중요하지 않다고 본다. 기업인이나 회계사를 꿈꾸는 학생은 돈을 버는 데 최고의 가치를 두는 반면, 엔지니어나 건축가를 지망하는 학생은 자기 손으로 물건을 만드는 데 관심이 많다.

교사나 심리학자가 되려고 하는 학생은 남을 가르치고 사람들을 돕고 남과 함께 일하는 것이 중요하다는 반응을 보인다. 미래의 의사와 간호사도 사람들을 돕고 남과 함께 일하고 사회 발전에 기여한다는 생각을 품고 있다. 운동선수가 되려는 학생들(대개 불우한 환경에서 자란 남학생이다)은 다른 학생들과는 동떨어진 반응을 보인다. 이들에게 가장 중요한 것은 유명해지는 것, 밖에서 활동하는 것, 몸으로 일하는 것이다.

이 세 가치는 다른 집단에서는 높은 점수를 못 얻었다. 반면 다른 학생들이 가장 중요하게 여기는 남을 돕거나 사회 발선에 기여하거나 윤리적으로 행동하는 것이 이 집단에서는 가장 낮게 나타났다.

그냥 순위만 가지고 집계했다면 직업 간의 차이는 크게 부각되지 않았을 것이다. 대부분의 학생들이 사람들을 돕거나 사회 발전에 기여하거나 남과 함께 일하는 이타적 가치에 가장 높은 점수를 주었을 것이다. 청소년이 그런 건전한 가치관을 갖고 있음을 알게 된다는 건 기분 좋은 일이지만 차별성이 없는 만큼 새로운 정보는 거의 못 얻는다고 봐야 한

표 3.3 직업이 수반하는 가치

"당신에게 얼마나 중요합니까?"라는 질문을 16개의 가치와 함께 제시한 다음, 각자의 반응을 표준점수로 환산하여 순위를 매겼다. 그리고 나서 "당신이 미래에 가질 거라고 예상하는 직업에 대해서 다음은 당신에게 얼마나 중요합니까?"라는 질문에 대한 반응을 앞서 얻었던 각 가치의 평균 표준점수와 비교하여 상위 3개, 하위 3개씩 추렸다.

예상 직업	상위 가치 3	하위 가치 3
	(각 직업 범주의 세 가치는 유독 높거나 낮게 나왔다)	
의사	1. 사람들을 돕는다 2. 사회 발전에 기여한다 3. 남과 함께 일한다	14. 자유 시간이 많다 15. 나를 표현한다 16. 밖에서 활동한다
기업인	1. 돈을 번다 2. 윤리적이다 3. 사회 발전에 기여한다	14. 책상 앞에 붙어 있지 않는다 15. 동물과 함께 일한다 16. 몸으로 하는 일이다
법률가	1. 사회 발전에 기여한다 2. 사람들을 돕는다 3. 나를 표현한다	14. 책상 앞에 붙어 있지 않는다 15. 밖에서 활동한다 16. 무언가를 만들고 짓는다
교사	1. 남을 가르친다 2. 사람들을 돕는다 3. 나를 표현한다	14. 몸으로 하는 일이다 15. 유명해진다 16. 돈을 번다
운동선수	1. 유명해진다 2. 밖에서 일한다 3. 몸으로 하는 일이다	14. 윤리적이다 15. 사회 발전에 기여한다 16. 남을 돕는다
엔지니어	1. 무언가를 만들고 짓는다 2. 몸으로 하는 일이다 3. 새로운 것을 배운다	14. 남을 가르친다 15. 동물과 함께 일한다 16. 사람들을 돕는다
간호사	1. 사람들을 돕는다	14. 남을 가르친다

	2. 남과 함께 일한다 3. 사회 발전에 기여한다	15. 무언가를 만들고 짓는다 16. 유명해진다
회계사	1. 돈을 번다 2. 자유 시간이 많다 3. 남과 함께 일한다	14. 남을 가르친다 15. 밖에서 활동한다 16. 책상 앞에 붙어 있지 않는다
심리학자	1. 사람들을 돕는다 2. 남과 함께 일한다 3. 남을 가르친다	14. 유명해진다 15. 돈을 번다 16. 몸으로 하는 일이다
건축가	1. 무언가를 만들고 짓는다 2. 몸으로 하는 일이다 3. 밖에서 활동한다	14. 동물과 함께 일한다 15. 남을 가르친다 16. 사람들을 돕는다

다. 우리는 처음에 나온 원점수를 표준점수로 두 번 환산하여, 한 학생에게 특정한 가치가 나머지 15개 가치들에 비해 상대적으로 얼마나 중요한지를 알아보았고, 그 가치가 다른 학생들에 비해 그 학생에게 얼마나 중요한지도 알아보았다.[3]

표 3.3은 청소년이 자기가 지망하려는 직업과 관련하여 대단히 타인 지향적인 가치관을 가지고 있을 뿐 아니라 다른 직업들에 대해서도 아주 섬세한 분별력을 가지고 있음을 보여준다. 가령 법률가, 회계사, 기업인을 지망하는 학생은 책상 앞에 붙어 앉아 있는 것을 대수롭지 않게 여기며, 교사 지망생은 돈이나 명예를 하찮게 여긴다. 의사를 꿈꾸는 학생은 이미 자유 시간에 대한 미련을 접은 것처럼 보인다.

배움의 기회를 가지고 있는가?

앞서 우리는 요즘 청소년들은 자신들이 갖고 싶어하는 직업을 실제로 접할 기회가 드물기 때문에 확고한 직업 의식을 쌓아가기 어려운 처지에 있다고 말했다. 19세기만 하더라도 농부나 장인의 자식은 열두 살만 먹어도 부모가 무슨 일을 하는지 훤히 알고 있었다. 하지만 요즘 아이들은 부모가 보험 설계사나 반도체 조립공으로 일해도 그게 도대체 무슨 일인지 전혀 감을 못 잡는다.

우리는 자신이 지망하는 직업에 대해서 학생이 배우는 내용을 '학습'으로, 그 직업과 관련 있는 기술을 실제로 익히는 것을 '실천'으로 범주화했다. 이런 학습과 실천의 장은 주로 학교, 지역 사회, 가정, 친구들이 제공한다고 보았다. 그리고 학습 실천 점수를 계산해 보았다. 학습과 실천에는 각각 0점에서 3점까지의 값을 주었다. 점수가 높으면 지망하는 직업과 관련된 내용을 더 많이 배우고 익힌다는 뜻이다.

예컨대 간호사를 지망하면서도 이 직업과 관련된 공부를 전혀 하지 않는 학생은 '학습' 척도에서 0점을 받게 된다. 똑같이 간호사를 지망하지만 체육 시간에 응급조치법을 배운 적이 있다고 말하는 학생은 1점을 준다. 생물학을 선택한 학생은 2점을 받는다. 간호 보조사 자격증을 따려고 준비하는 학생은 3점을 받는다. '실천' 척도의 경우, 아픈 동생을 돌본 학생은 1점, 놀이방에서 일해 본 학생은 2점, 병원에서 일하는 학생은 3점을 받는다. 이것을 더하면 학습 실천 점수는 최소 0점에서 최대 6점이다.

이 방법을 통해 우리는 학생들은 직업에 대한 목표는 아주 뚜렷한 반면 직업에 대한 준비는 경험면에서건 지식면에서건 아주 부족하다는 사실을 알아냈다. 물론 배움의 기회를 잘 활용하고 나중에 하고 싶은 일을 직접 해보는 청소년들도 없지는 않았다. 하지만 그런 기회가 아예 없거나 있어도 살릴 줄 모르는 학생이 대부분이었다. 학습 실천 점수는 남녀 차이는 별로 없지만 나이, 인종과 민족, 계층에 따른 차이는 아주 크게 나타난다.

나이에 따른 차이

학습 실천 점수를 분석하면 지망하는 직업에 대한 지식과 경험을 얻는 데는 나이가 중요한 역할을 한다는 사실이 분명해진다. 학년이 올라갈수록 평균점수가 현저하게 높아진다. 8학년과 10학년 사이에서 점수 차가 가장 크다. 그럴 수밖에 없는 것이, 중학교에서 고등학교로 넘어갈 때 청소년의 생활이 가장 많이 변하기 때문이다. 고학년으로 갈수록 점수가 높아지는 현상은 모든 민족 집단과 계층에서 일관되게 나타나는 경향이다.

응답 내용을 보면 15세 이전에는 일에 대한 실제적인 지식이나 경험을 얻기 어려운 것 같다. 6학년생과 8학년생은 자기가 희망하는 직업과 관련된 활동을 거의 하지 않는다. 이 시기에 하는 일은 미리 사회성을 기른다든지 나중에 원하는 직업을 얻는 데 도움이 되는 역할이나 가치관을 익힌다든지 하는 것으로 보면 된다. 10학년부터, 특히 12학년부터는 실생활에 직결된 기술을 배울 기회가 눈에 띄게 늘어나지만 비율로 따지면 얼마 안 된다.

표 3.4는 청소년이 어른의 직업에 접하는 배움의 유형과 그런 학습이

표 3.4 3개 직업에 대한 학년별 학습 실천 반응 사례

학년[a]	건축가	기업인	의사
6학년	• 집에서 레고를 갖고 논다 • 멋진 모형 집을 짓는다	• 이모네 가게 일을 돕는다 • 형제간의 돈 문제를 해결한다	• 장난감으로 의사 놀이를 한다 • 아픈 식구를 보살핀다
8학년	• 집 설계도를 그린다 • 일하는 방법을 엄마한 테 상세히 묻는다	• 아빠 일을 돕는다 • 밴드를 결성하여 연주 테이프를 판다	• 생물학을 듣는다 • 『의학백과』를 읽는다
10학년	• 바베큐용 벽돌 구덩이 와 친구방을 설계한다 • 제도 경연대회에 나 간다	• 작은 음반 회사의 음향 엔지니어나 경리 • 리틀보이사 사장	• X-레이 기사나 접수원 으로 일한다 • 대학 생물학을 미리 들 어놓는다
12학년	• 공사장에서 일한다 • 인턴 사원으로 일한다	• 작업장 관리자 • 기업 인턴 프로그램	• 병원에서 아르바이트 • 개인 병원이나 종합 병원 에서 견습직으로 근무

a 이 표는 여러 명의 학생들로부터 얻은 자료를 취합하여 작성한 이상적 성장 패턴이라고 말 할 수 있을 것이다.

실제로 일어나는 상황을 간단히 요약한 것이다. 직업에 관한 지식과 경험은 주로 가정에서 얻는다. 법률가가 되고 싶은 아이는 식구들과 논쟁을 자주 벌인다든지, 모델이 되려는 아이는 형제들끼리 패션쇼 놀이를 한다든지, 엔지니어가 되려는 아이는 자전거 수리하는 법을 부모한테서 배운다든지 하는 식으로 조금씩 그 길로 들어선다. 무엇보다도 자발적으로 하는 놀이를 통해서 아이들은 어른 노릇을 하나둘 배워나간다. 미래의 직업을 익히고 배울 수 있는 기회를 가정에서 주는 것이 성장하는 아이에게는 더없이 중요하다.

8학년이 되면 여전히 가정 환경은 아주 중요하지만 학교의 비중이 슬 슬 커지기 시작한다. 의사나 과학자가 되려는 학생은 생물학이나 화학 을 잘 하는 것이 장래의 직업에 도움이 된다는 것을 깨닫기 시작한다. 교사나 작가를 지망하는 학생은 영어 수업을 진지하게 받아들이기 시 작한다. 컴퓨터 프로그래머 지망생은 수학이나 컴퓨터를 소홀히 하지 않게 된다. 음악에 뜻을 둔 학생은 교내 합주단에서 활동하고 언론인의 꿈을 키우는 학생은 교지를 만든다. 과학반에 들어가는 학생도 있다.

이렇게 중요한 시기에 학교 교과목이 빈약하거나 특별 활동을 부실 하게 운영하면 아이들이 미래의 직업에 대해 배울 수 있는 기회는 반감 된다.

10학년쯤 되면 어른의 직업 세계를 구체적으로 접할 수 있는 기회가 가정이나 지역 사회에서 생기기 시작한다. 가령 엄마가 심장 전문의로 일하는 아이는 병원에서 엄마가 수술하는 장면을 지켜본다. 건축가 지 망생은 집 수리에 필요한 설계를 직접 해볼 기회를 얻는다. 화가를 꿈꾸 는 학생은 동네 아저씨한테 명함을 만들어달라는 부탁을 받는다. 미래 의 생물학자는 지역 생물학 동호회에 가입하거나 시립 수족관 회원이 된다. 컴퓨터광은 보스턴 과학박물관의 컴퓨터반에 가입한다.

이 단계에서는 가정 환경과 지역 환경이 청소년의 직업 의식 형성에 중요한 역할을 하기 시작한다. 원숙한 기량을 보여줌으로써 흥미를 유도 해 주는 어른과 만날 기회를 못 얻었거나 배움을 자극하는 기관이나 시 설에 접할 기회가 없었던 청소년은 직업에 대한 자기 나름의 주관을 발 전시키는 데 아주 불리한 처지에 놓이게 된다.

12학년이면 슬슬 어른 대접을 받을 나이다. 이때부터는 어른의 직업 세계를 공식적으로 체험할 수 있는 다양한 기회가 주어진다. 드물기는 하지만 학생들 입에서 나온 것만 몇 가지 소개해도 회계, 건축, 경영, 연극, 언론, 의학, 정치, 교직 분야의 인턴 프로그램이 있다. 그뿐인가, 자기가 원하는 직업과 맞아떨어지는 분야에서 여름 방학을 이용하거나 아니면 시간제 사원으로 일할 수 있는 기회는 이보다 더 많다.

고고학자를 꿈꾸는 학생은 여름 방학 동안 발굴 현장에서 일을 거들고 프로그래머 지망생은 컴퓨터 회사에서 일한다. 견습 기술자는 동네 수리점에서 일을 배우고 미래의 기업인은 쇼핑몰의 점원으로 착실히 경험을 쌓아가거나 아니면 코딱지만한 회사를 직접 운영한다.

청소년과 성인의 과도기에 해당하는 이 시기에는 다양한 직업 세계를 보여줄 수 있는 지역 사회의 여건이 무엇보다도 중요하다. 극심한 불경기에 시달리는 지역은 젊은이에게 일자리를 주지 못한다. 젊은이가 원하는 직업의 장점과 단점을 미리 접하는 기회를 준다는 의미에서 인턴 제도가 부족한 지역 사회는 다음 세대가 선택할 수 있는 직업의 폭을 제한하는 셈이다.

인종과 민족의 차이

인종과 민족은 학생들의 학습과 경험의 양에 영향을 미치는 중요한 요소로 보인다. 백인과 아시아계 학생은 우리의 척도에서 좀 더 복잡한 활동을 보고하는 반면 히스패닉계와 아프리카 아메리칸 학생은 학습 실천 점수가 낮다. 이 차이는 각 집단에 속한 학생들에게 주어지는 기회와 자원이 다르기 때문에 나타난다.

계층의 차이

자원의 차이가 낳는 결과는 사회·경제적 배경이 다른 학생들의 학습 실천 점수 비교에서 자명하게 드러난다. 부모가 대학을 나오지 않은 학생의 학습 실천 점수는 상대적으로 낮게 나타난다. 사는 동네가 틀려도 마찬가지 현상이 일어난다. 상류층이 많이 사는 지역의 학생은 우리의 척도에서 가장 높은 점수를 주는 활동을 많이 한다. 저소득층 거주 지역에 사는 학생은 학습 실천 점수가 가장 낮다.

점수 차이가 가장 크게 벌어지는 것은 가장 못 사는 동네와 바로 그 다음으로 못 사는 동네 사이다. 이것은 지역 사회가 제공하는 자원의 미세한 차이가 학생들에게는 엄청난 경험의 차이로 나타나는 것을 시사하는 대목이다.

고학년으로 올라갈수록 지역 사회는 중요한 의미를 갖는다. 6학년생은 주로 가정의 울타리 안에서만 직업의 세계에 접할 수 있다. 하지만 8학년생과 10학년생이 되면 직업과 관련된 가장 중요한 자원을 학교가 제공한다. 고등학교 상급생이 되면 이번에는 지역 사회가 으뜸 가는 역할을 맡는다. 전체적으로 보아 고학년생은 다양한 경험을 보고하는데, 이것은 그들이 가정, 학교, 지역 사회를 포함한 좀 더 광범위한 현실의 관계망을 차츰 이용하고 있음을 암시한다.

청소년이 건강한 직업인으로 성장하는 데 사회적 여건의 역할이 중요하다는 것은 분명한 사실이다. 먼저 가정, 다음에는 동네, 마지막으로는 지역 사회의 각종 기관이 젊은이에게 선택의 폭을 넓혀주거나 지식의 범위를 제한시키거나 한다. 부모가 어려운 심장 수술을 하는 모습, 집을 짓는 모습, 자동차를 수리하는 모습, 까다로운 법적 사건에서 변호를 하는 모습을 보고 자라는 청소년의 수는 많지 않다. 지식과 경험을 반드시 구체적으로 접해야만 청소년이 미래에 대비할 수 있는 건 아니다. 청소년이 일에 대한 의욕을 얼마나 잘 키워나가는가, 또 미래를 대체로 낙관적으로 보는 편인가 아니면 비관적으로 보는 편인가 하는 것이 이것 못지않게 중요하다.

의욕과 미래 지향성에 따라 나타나는 차이

왜 어떤 청소년은 만족스러운 직업인으로 건실하게 성장하는 반면 어떤 청소년은 그렇지 못한가. 여기서 개인에 초점을 맞추어 심리학적으로 파고들어가 보면, 개인의 의욕이 참으로 중요하다는 사실이 밝혀진다. 정신 자세가 바로 서 있으면 어떤 난관도 이겨낼 수 있다. 온갖 역경을 딛고서 훌륭한 업적을 남긴 인물은 얼마든지 있다.

과학자로서 노벨상을 두 번이나 받은 라이너스 폴링은 포틀랜드주 오리건의 하나도 내세울 것 없는 동네에서 가난한 약사의 아들로 태어나 어렸을 때 고아가 되었다. 많은 기업인과 정치인(비근한 예로 리처드 닉슨, 로널드 레이건, 빌 클린턴 대통령을 들 수 있다)이 불우한 어린 시절을 보냈다.

하지만 사회학적으로 접근해 보면 난관을 극복하는 데 도움이 되거나 목표 달성에 걸림돌이 되는 정신 자세는 상당 부분 사회적 상황의 산물이라는 점도 부인할 수 없다. 청소년은 부모, 가족, 친구, 교사, 이웃과 어울리는 과정에서 그런 정신 자세를 키워나간다. 가까운 주변에 성공한 사람이 있으면 그만큼 낙천적이고 의욕적인 자세로 살아갈 가능성이 높아진다. 따라서 아주 예외적인 상황이 없는 것은 아니지만, 사람의 머릿속에 박힌 정신 자세는 그 사람이 처한 사회적 조건과 맞아떨어진다고 보아야 한다.

우리는 심리학적 요소와 사회학적 요소를 모두 고려해야 한다. 외부 여건만큼이나 개인의 주관도 한 사람의 직업관을 형성하는 데 현실적이며 중요한 영향을 미친다는 것이 이 연구의 기본 전제이기 때문이다. 직업관의 형성 과정에서 어떻게 개인의 태도, 습관, 의욕이 사회적 조건과 상호 작용을 하는지를 보여주기 위해 힘쓰는 것, 이것이 우리가 이 책에서 일관되게 추구하는 목표다.

의욕을 재보기 위해 우리는 학생들에게 '힘든 과제'를 맡았을 때 어떤 종류의 보상을 기대하고 미래에 대해 어떤 느낌을 갖느냐고 물어보았다. 보상의 유형은 세 가지로 압축되었다(표 3.5).

첫째는 '내재적 보상', 즉 활동 그 자체에서 얻는 보상이었다. 사람이 운동·음악·미술을 하거나 수학·과학·벽돌 쌓기·농삿일을 하는 것은 일 자체가 재미있고 흥미와 호기심을 유발하기 때문이지 나중에 꼭 어떤 보상을 바래서가 아니다. 둘째 유형의 보상은 '외재적 보상'이다. 좋건 싫건 어떤 일을 하는 데서 얻는 돈이나 지위 같은 것이 여기에 들어간다. 대부분의 사람은 내재적 동기가 아니라 외재적 동기로 일을 한다.

셋째로 '사회적 보상'이라는 것도 중요한 동기 유발 요소로 작용한다. 이것은 어떤 일을 함으로써 다른 사람들로부터 존경받거나 대우받는 것을 말한다. 순응을 요구하는 압력은 동양 문화에서 특히 강하게 나타나지만 미국 사회에서도 이런 압력은 예상 밖으로 크게 작용한다.

이 세 가지 보상은 흔히 동시에 작용한다. 가령 외과 의사는 일에서 얻는 내재적 보상도 크지만 돈도 많이 벌고 사회적으로도 존경받는다.

건강한 사회라면 일에서 세 가지 보상을 모두 얻을 수 있어야 한다. 자기가 하는 일이 즐겁고 썩 괜찮은 일이라는 느낌을 가지려면 내재적 보상이 있어야 하고 생활을 꾸려나가기 위해서는 외재적 보상도 얻을 수 있어야 한다. 동료들로부터 인정받고 싶다는 우리의 뿌리 깊은 욕망이 있는 한 사회적 보상도 무시할 수 없다.

한 가지 흥미로운 사실은 우리가 조사한 학생들의 경우 내재적 보상과 외재적 보상은 거의 엇비슷한 동기 유발 효과를 갖는 반면 사회적 보상은 영향력을 미치지 못한다는 점이다.

표 3.5 직무 의욕과 미래 지향성

	평균	표준편차
N=4,518		
직무 의욕[a]		
내재적	4.18	0.67
외재적	4.10	0.69
사회적	3.19	0.91
미래 지향성[b]		
낙관주의	4.92	1.34
경험에 대한 개방성	5.30	1.33
비관주의	2.62	1.12

[a] 범위=1~5
내재적: 향유, 관심, 새로운 것을 배우려는 열의, 도전욕, 능숙도
외재적: 직업의 안정성, 수입, 부모의 기대, 낙오하지 않으려는 심리, 유용한 것을 배우려는 열의
사회적: 친구에게 인정받는 것, 남보다 잘 하는 것, 존경받는 것

[b] 범위=1~7
낙관주의: 힘과 자신감의 평균
경험에 대한 개방성: 호기심과 열정
비관주의: 공허감, 분노, 고독감, 회의감, 불안감

이 자료를 읽는 또 하나의 방법은 학생들이 어떤 보상을 최고로 치는지 비율을 한 번 따져보는 것이다. 조사 학생 가운데 52퍼센트가 내재적 보상을 가장 높이 쳤으며, 40퍼센트는 외재적 보상, 8퍼센트는 사회적 보상을 우선시했다. 상급생일수록 내재적 보상의 영향을 많이 받았으며, 여학생은 남학생보다 외재적 보상을 더 많이 기대하는 편이었다. 백인 학생은 다른 집단에 비해 외재적 보상보다 내재적 보상을 중시하는 비율이 높았다. 잘 사는 동네에 사는 학생, 부모의 교육 수준이 높은 학생도 비슷한 성향을 보였다.

이런 응답 결과는 인간이 느끼는 동기의 밑바탕에는 욕구의 위계가 자리잡고 있다는 매슬로의 견해와 일맥상통한다. 생계와 생존이 위협받는 상황에서는 우선 목숨을 부지하고 안전을 지키는 데 일차적으로 관심이 쏠리기 마련이다. 이 기본적 욕구가 일단 충족되면 그다음부터는 지역 사회로부터의 압력을 의식하고 자긍심을 높일 필요성을 느끼기 시작한다.

웬만한 욕구가 채워지면 그때부터는 자신의 잠재력을 탐색하고 확대하려는 욕망이 싹트기 시작한다. 바로 자기 실현의 욕구다. 외재적 보상은 기본적 욕구를 만족시키고 사회적 보상은 중간적 욕구를 만족시킨다. 내재적 보상은 코앞에 닥친 문제들이 모두 해결되었을 때부터 슬슬 드러나기 시작하는 높은 단계의 욕망을 만족시킨다.

우리의 관심을 끄는 또 하나의 문제는 학생들의 미래 지향성이다. 우리는 학생들에게 다양한 형용사를 제시한 다음 각자의 미래에 대한 느낌을 그 형용사들이 어느 정도나 반영할 수 있겠는지 물었다. 학생들의 반응은 세 가지로 묶을 수 있었다. 첫째는 우리가 '낙관주의'라고 부르는 범주인데 여기에는 '강한', '자신 있는' 같은 형용사가 들어간다. 둘째는 미래에 대한 긍정적 자세로 '경험에 대한 개방성'이라는 범주로 묶을 수 있는데 여기에는 '호기심 많은', '열정적인' 같은 형용사가 들어간다. 셋째는 '공허한', '화가 나는', '회의적인' 같은 미래를 부정적으로 묘사하는 형용사를 뭉뚱그린 '비관주의'의 범주다.

표 3.5에서 볼 수 있듯이 미국 청소년들은 경험에 대한 개방성이 높고, 그 다음에 낙관주의, 이보다 한참 낮은 것이 비관주의다. 이 결과는 확실히 고무적이다.

이것은 청소년들의 압도적 다수가 미래의 거의 모든 영역에 대해 희망적이고 긍정적인 태도를 보여주었던 앞서 소개한 조사 결과를 확인해 준다. 인구 통계학적으로 분석해도 나이, 성별, 인종과 민족, 계층에 따라 조금씩 차이는 있지만 나오는 그림은 대체로 긍정적이다.

고학년생은 저학년생보다 경험에 대한 개방성이 상당히 낮았고 반대로 비관주의는 상당히 높게 나타났다.[4] 호기심과 열정은 청소년기를 거치는 동안 점점 떨어지는 반면 미래에 대한 회의감은 점점 심해지는 것으로 보인다. 남학생과 여학생을 비교하면 성 역할에 대한 선입견이 팽배해 있음을 알 수 있다. 남학생은 낙관주의 성향이 상당히 높다. 힘과 자신감을 여학생보다 강하게 느낀다. 반면 여학생은 경험에 대한 개방성에서 상대적으로 높은 점수를 보였다. 미래에 대해 더 큰 호기심과 열정을 가지고 있다는 뜻이다.

인종과 계층에 초점을 맞추어 분석해 보면 의외의 결과가 나타난다. 아프리카 아메리칸, 소수민, 저소득층에 속한 학생들은 사회적으로 불리한 입장에 놓여 있는데도 미래에 대해서는 더 낙관적이다.[5] 부촌에 살고 부모의 교육 수준도 높은 백인 학생들은 경험에 대한 개방성이 가장 높았다.[6] 미래가 어느 정도 보장된 학생들에게는 자신감을 갖는다는 것이 새삼스러운 일일 수도 있다. 반면 앞으로 성공하기 위해서 더 많은 노력을 기울여야 하는 학생들에게는 호기심과 열정이 그만큼 중요하게 다가오는지 모른다.

비관주의는 사회·경제적 조건보다는 문화와 더 관련이 깊은 것으로 보인다. 히스패닉 학생들은 아프리카 아메리칸 학생이나 백인 학생보다 미래를 훨씬 어둡게 본다. 하지만 지역 사회 등급 지표가 낮고 부모의 교육 수준도 낮은 열악한 처지의 학생들이 유리한 처지에 놓인 학생들보다 미래를 더 비관적으로 보는 것은 아니다.

전반적으로 미국 청소년들은 미래를 상당히 낙관적으로 본다는 인상을 준다. 미래에 대한 기대 수준도 높고, 열정도 강한 편이다. 이것은 고무적인 결과지만 걱정스러운 점도 조금 있다. 지금 청소년들은 장차 자신들이 원하는 직업을 접할 수 있는 기회가 너무나 부족하다. 또 지금 노동 시장의 직업 분포 비율을 감안할 때 우리의 조사에 응한 청소년들 가운데 적지 않은 수가 비현실적인 기대를 품고 있다는 것도 부인 못할 사실이다.

청소년의 가치관이 보여주는 긍정적인 미래

10명의 청소년 가운데 7명이 자기는 커서 즐겁고 돈도 많이 버는 직업을 가질 것이라고 예상하는 것은 바람직한 현상이다. 이런 긍정적 태도는 그들이 앞으로 가지기를 희망하는 직업에도 고스란히 전이된다. 청소년이 예상하는 직업과 희망하는 직업의 종류는 놀라우리만큼 비슷하다. 어른의 일에 대해 구체적으로 배우거나 접할 기회는 차단되어 있지만 청소년은 나이를 먹으면서 자신이 지망하는 직업에 대해 배우거나 경험할 수 있는 다양한 기회에 그 나름으로 노출되는 듯하다.

청소년들은 이런저런 직업을 가지기 위해서는 이런저런 가치관을 갖추어야 한다는 것을 정확하게 파악하고 있다. 그들이 가장 중시하는 것은 이타주의다. 남을 돕고 사회 발전에 기여하는 것이다. 각각의 직업은 또 그 직업에 맞는 특수한 가치를 요구한다는 사실도 청소년들은 잘 알고 있다. 가령 수의사를 지망하는 학생은 다른 학생들에 비해 동물과 같이 일하고 야외에서 일하는 것의 가치를 높게 매겼다.

동기 면에서도 십대들이 기대하는 잠재적 보상의 폭은 광범위하다. 외재적 동기와 내재적 동기가 적절한 균형을 이루고 있다. 대체로 의욕적이고 긍정적인 자세를 보인다. 공포, 회의, 소외감의 징후보다는 미래에 대한 열정과 자신감이 훨씬 강하게 나타난다. 낙관주의와 경험에 대한 개방성도 비관주의보다 점수가 2배로 높게 나타난다.

성별, 인종별, 계층별 차이도 우려했던 만큼 강하게 나타나지 않는다는 점도 바람직한 경향이다. 남학생이건 여학생이건 똑같이 만족스러운 직업을 기대하며, 동기와 미래 지향성에서도 이질성보다는 공통성이 많다. 상급 학교 진학은 인종별, 계층별로 차이가 나타났지만 앞으로 예상하는 직업의 종류에서는 뚜렷한 차이가 나타나지 않았다. 인종과 계층이 동기나 미래의 기대에 미치는 영향은 복합적이다.

우리가 경계해야 할 것들

미국 청소년들이 너무 낙관적인 것은 아닐까? 미래에 대한 기대가 너무 커서 어른이 되었을 때는 실망하지 않을까? 성별, 인종별, 계층별 차이가 시간이 흐를수록 커져서 직업의 장벽이 높은 사회가 생기지는 않을까? 통계를 보면 이런 우려가 현실화될 가능성이 적지 않다.

우선, 청소년의 70퍼센트가 즐겁고 돈도 잘 버는 직업을 가지게 될 가능성은 희박하다. 물론 불가능하지는 않다. '즐겁다', '잘 번다'는 어디까지나 주관적 개념일 수 있기 때문이다. 객관적으로는 따분하고 보수도 신통치 않은 직업에 많은 사람들이 만족할 가능성도 없지는 않다. 하지만 대부분의 청소년이 의사, 법관, 교사, 과학자, 운동선수, 예술가 같은 전문직을 갖는다는 것은 명백히 비현실적이다.

어느 사회건 대부분의 일자리는 생산직이나 서비스직 같은 고된 분야에 집중되어 있다는 것이 엄연한 사실이다. 과학 기술이 발전한 지금도 청소년이 꿈꾸는 전문직보다는 광부·트럭 기사·공장 노동자·판매원의 수가 압도적으로 많고, 일자리도 그쪽에서 훨씬 많이 생긴다.

꿈이 실현되지 못할 때 어떤 일이 벌어질까? 실망한 젊은이들은 예전에 품었던 기대가 턱없이 높은 것이었음을 깨닫고 주어진 상황에 순응할 수도 있을 것이다. 아니면 이루지 못한 꿈에서 느끼는 좌절감이 나날이 쌓여만 갈 수도 있을 것이다.

여기서 또 한 가지 걱정스러운 조짐이 보인다. 커가면서 미래에 대한 호기심과 열정은 눈에 띄게 줄어드는 대신 회의와 불안이 커진다고 보고하는 청소년이 많다. 이 원인을 시대적 분위기 탓으로 돌리기 어려운 것은 4개의 연령 집단 간격이 아주 가까운데도 6학년에서 12학년까지 이런 변화가 점점 두드러지기 때문이다. 이런 경향이 나타나는 것은 고학년으로 올라갈수록 차츰 '현실적 장벽'에 부딪히고 여기서 회의감이 싹트기 때문이라고 보아야 할 것이다. 그러나 미래에 대해 느끼는 약간의 실망감은 커가면서 어느 사회의 청소년이든 보편적으로 느끼는 감정이지 어느 특정한 사회만의 심각한 문제는 아닐 것이다.

정작 더 걱정스러운 것은 어려운 가정에서 자란 청소년에게 주어지는 기회의 차이다. 이것은 엄연한 현실이다. 인류가 채집 경제에서 벗어난 이후 사회 구성원 모두에게 공평한 기회를 보장하는 데 성공한 사회는 없다. 그런데도 미국을 지탱하는 아메리칸 드림은 성공은 보장할 수 없지만 기회는 누구에게나 똑같이 주어질 수 있다는 믿음에 토대를 두고 있다. 우리의 연구 결과는 미국의 청소년들에게 공평한 기회를 제공하는 데 몇 가지 걸림돌이 있음을 보여준다.

사회 문화적으로 불리한 집단이나 역사적으로 억압당해 온 소수민 집단의 청소년들은 다른 또래 집단에 비해 진학에 대한 기대 수준이 높지 않다. 물론 그들도 직업적으로는 똑같이 성공할 수 있으리라는 기대를 품고 있지만 교육을 덜 받으면 전문직을 가질 수 있는 확률은 뚝 떨어진다. 다른 수많은 사회들도 그렇지만 미국 사회에서도 계층 간의 심각한 균열은 사회적 이동을 가능케 하는 교육의 상이한 접근 기회에서 시작될 것이다.

청소년이 지망하는 직업과 관련된 내용을 배우거나 경험할 수 있는 기회는 학교에서만 주는 것이 아니다. 가정과 지역 사회의 역할도 중요하다. 어떤 가정은 귀감이 되는 인물, 자극, 지원, 아이가 자신의 꿈에 부응하는 역할을 일시적으로나마 재미삼아 해볼 수 있는 환경을 마련해 준다. 하지만 어떤 가정은 부모가 직업적으로 성공하지 못해서든 시간과 돈에 쪼들려서든 그런 기회를 제공하지 못한다.

청소년의 머리가 어느 정도 굵어지면 원하는 직업을 접할 수 있는 제도적 틀이 지역 사회에 마련되어 있느냐 없느냐가 결정적으로 중요하다. 어떤 학생은 더 많은 기회를 부여잡지만 어떤 학생은 소질을 썩히게 된다. 가족과 친척, 친구, 동네 어른, 도서관, 박물관, 비공식 기관, 기업이 어른의 역할과 관련된 일을 배우고 익힐 수 있는 기회를 자꾸만 주면 건강한 직업인으로 성장할 수 있는 가능성은 그만큼 커진다.

반면에 지역 사회가 불안과 가난에서 헤어나지 못하고 좋은 학교, 도서관, 박물관도 없으며 사회의 활력 있는 중심부로부터 소외되어 있으면, 거기서 살아가는 청소년들도 미래에 대한 현실적인 꿈을 키우고 앞으로 직업인으로 성장하는 데 중요한 내용을 배우고 익히는 데 어려움을 겪을 것이다.

이런 격차는 갈수록 벌어진다. 부모의 교육 수준이 높고 잘 사는 동네에서 사는 백인 청소년처럼 유리한 여건에서 자라는 학생은 어디서 견습을 하고 특수한 훈련을 받아야 하는지 안다. 여름 방학 동안에는 자기가 지망하는 분야에서 직접 일해 보면서 경험과 꿈을 키워나간다. 그들은 자기가 속한 가정과 계층의 '문화 자본'이 제공하는 지식과 경험의 망에서 톡톡히 도움을 받는다. 반면 불리한 여건에서 자라는 청소년은 그런 기회를 못 누린다. 광범위한 대책이 마련되지 않으면 이런 선택의 차이는 앞으로도 좁혀지지 않을 것이다.

하지만 놀랍게도 이 불리한 여건은 형편이 어려운 청소년들의 미래에 대한 태도에 부정적인 영향을 끼치는 것 같지 않다. 불리함을 극복하려는 의지의 표현인지는 몰라도 유리한 여건에서 자라는 또래 집단보다 미래에 대해 더 강한 자신감을 보인다. 유복한 환경에서 자라는 청소년에게는 그 나름의 고민이 있는지도 모른다. 높은 곳에서 시작했기 때문에 더 올라가기보다는 밑으로 내려갈 가능성이 높지 않을까 하는 불안감이다. 그래서 미래를 덜 낙관적으로 보는지도 모르겠다. 경험에 대한 개방성에서는 유복한 학생들이 더 높은 점수를 보인다. 이것은 급변하는 사회 분위기에서는 유리한 특성이다.

청소년을 건강한 직업인으로 키우는 데 가장 중요한 것은 무엇일까? 우리의 조사 결과는 어른의 직업 세계를 자연스럽게 익힐 수 있는 사회적 지원 체계를 갖추는 것이 가장 중요하다는 것을 보여준다. 수많은 청소년에게 어른의 직업을 맛보고 익힐 수 있는 기회를 더 많이 주기 위해서 사회가 할 수 있는 일은 너무나 많다.

becoming
ADULT

2부

—

일을 접하고
배우고 선택하기

청소년이 생각하는
일과 놀이의 이미지

인생을 살아가면서 대부분의 사람들은 사회적으로 정해진 일련의 이행 과정을 경험한다. 이를테면 가정에서 학교로, 대학으로, 직장으로 생활의 중심 무대가 바뀐다. 직업 선택은 이 과정에서 거쳐가는 한 단계라고 할 수 있다. 그런데 이 선택은 옛날보다 다른 선택들의 영향을 점점 많이 받고, 변화의 가능성도 높아진다. 슈퍼(1957, 1976)에 따르면 사람이 직업에 대해서 갖는 생각은 적어도 네 번의 커다란 변화를 겪는다. 직업의 급격한 변화는 거역할 수 없는 대세다(해비거스트 1982; 젭슨 1984; 오시포 1986).

따라서 청소년들이 예상하는 직업은 앞으로 그들이 정말로 그런 직업을 갖게 될 것임을 암시하는 훌륭한 지표일 수 없다. 3장에서 우리는 흥미로운 결과를 보았지만 그것으로 미래를 예측하기는 어렵다. 청소년이 앞으로 어떤 직업을 갖고 싶어하는지는 똑똑히 알 수 있지만 그런 기대가 과연 실현될 것인지는 모른다.

지금의 청소년은 일에 대해서 전반적으로 어떤 태도를 갖고 있을까? 그런 태도에는 앞선 세대에게 중요한 영향을 미쳤던 것으로 보이는 노동 윤리의 흔적이 조금이라도 남아 있는 것일까? 우리가 정말로 물어야 할 중요한 질문은 이런 것인지도 모른다.

청소년이 직업에 대해 기대하는 내용으로 미래의 현실을 예측할 수 없다면 차라리 그들이 일에 대해 어떤 느낌을 갖는지 광범위하게 측정하는 것이 직업에 대한 준비 상태를 평가하는 더 유용한 척도가 될 수 있을 것이다. 미래의 직업에 대한 청소년의 태도는 긍정적이든 부정적이든 어떤 경험이나 구체적 활동을 직업 개념과 연결짓는 습관을 들이면서 만들어지기 시작한다.

직업 개념이 청소년의 마음에서 따분함이나 슬픔 같은 부정적 경험과 연결되면 일은 될 수 있는 대로 피해야만 한다는 생각이 무의식 속에 자리잡는다. 청소년이 긍정적인 노동 윤리를 발전시키느냐 못 시키느냐는 일에 대해서 제대로 생각하는 법을 배웠느냐의 여부에 크게 달려 있다. 청소년이 일이라는 말에서 무엇을 연상하고 일로 여겨지는 활동을 할 때 어떤 느낌을 갖는지 파악하는 것은 그래서 중요하다.

일에 대한 기본적 태도가 아이들의 마음에서 어떻게 자리잡는지 우리는 거의 모른다. 다만, 어른이 되기 전까지 대부분의 사람들이 일과 놀이나 여가를 확연히 구분짓는다는 사실은 분명하다. 대부분의 직업이 사람들에게 매력이 없는 이유는 너무나 일처럼 여겨지기 때문이다. 반면 어떤 직업들을 사람들이 선호하는 까닭은 놀 수 있는 기회가 많다고 생각하기 때문이다.

직업 이론가인 에드워드 보딘은 벌써 50년 전에 학생들이 직업을 결정할 때 어려움을 느끼는 것은 단조롭고 제약이 많은 삶으로 이끌 가능성이 많은 직업을 가급적 피하려는 심리와 무관하지 않다는 사실을 갈파했다(보딘 1943). 이런 경향은 거의 줄어들지 않았다. 보딘의 관찰이 나온 이후로 일에 대한 부정적 인식은 오히려 늘어났다. 사람들은 여가에만 솔깃하는 경향을 보인다. 필요하지만 내키지 않는 '일'과 무용하지만 마음을 끄는 '놀이'로 자꾸만 일과 놀이의 틈새가 벌어지는 사회는 생산적이고 긍정적인 삶의 질을 유지하는 데 심각한 어려움을 겪을 수밖에 없다(보딘 1990; 칙센트미하이 1975; 사비카스 1995; 사비카스/렌트 1994).

직업 의식의 발달 과정에서 우리가 정말 알고 싶은 것은 청소년이 자신의 생활에서 일과 놀이를 어떻게 받아들이는가다. 청소년은 어떤 종류의 활동을 일이라 부르고 어떤 것을 놀이라 부르는가? 일 같은 활동, 놀이 같은 활동을 할 때 각각 어떤 경험을 하는가? 자신이 하는 행위를 놀이가 아니라 일로 여길 때 어떤 느낌을 갖는가? 일과 놀이에 대한 태도의 발달에서 인구 통계학적 차이나 계층적 차이가 나타나는가? 자기가 하는 행위를 일처럼 여기는 청소년과 놀이처럼 여기는 청소년은 어떤 차이가 있는가?

무엇이 일이고 무엇이 놀이인가?

우리는 실험에 참여한 866명의 청소년들이 경험 추출법에 따라 자신들이 일주일 동안 한 활동을 보고한 2만 8,193회의 반응을 검토하는 데서 출발했다.

경험 추출법이란, 학생들에게 호출기 같은 것을 하나씩 지급하고 무작위로 신호를 보낸 다음 신호를 받은 학생에게 그 순간 어떤 활동을 하고 있었는지를 적고 아울러 그 활동이 일 같았는지, 놀이 같았는지, 일 같기도 하고 놀이 같기도 했는지, 일 같지도 않고 놀이 같지도 않았는지 응답지에 기록하도록 하는 조사법이다. 일 같기도 하고 놀이 같기도 한 활동을 보고하는 학생은 그런 활동에 대해 균형 잡힌 반응을 보인다고 말할 수 있다. 반면 일 같지도 놀이 같지도 않은 활동을 보고하는 학생은 겉돌고 있다고 볼 수 있다.

반응을 정리해 보면, 먼저 청소년들이 일 같은 활동(29퍼센트)과 놀이 같은 활동(28퍼센트)을 하는 시간은 엇비슷하다(표 4.1). 일도 놀이도 아닌 활동은 약간 더 한다(34퍼센트). 일과 놀이의 성격을 모두 갖는 활동은 비율로 따지면 9퍼센트밖에 되지 않지만 이것은 상당히 중요한 활동이다. 일반적으로 말해서 청소년은 일 같은 활동, 놀이 같은 활동, 일도 놀이도 아닌 활동에 비슷한 시간을 쏟아붓는다는 것을 알 수 있다.

이 네 가지 활동 유형의 비율에서 나타나는 연령별 차이는 통계적으로는 의미가 있지만 대단한 것은 아니다. 학생들은 고학년으로 올라갈수록 자신이 하는 활동을 일처럼 여기는 비율이 높아지고 일도 아니고 놀이도 아닌 것으로 여기는 비율은 낮아진다. 남학생과 여학생의 차이는 미미하다. 자신의 활동을 놀이처럼 느낀 비율은 여학생이 남학생보다 3퍼센트 낮았다.[1] 활동에서 유리되었다고 느끼는 비율은 반대로 3퍼센트 높았다.[2]

인종별 차이는 이보다 조금 높게 나타난다. 백인 학생은 일처럼 여기는 활동이 31퍼센트, 아시아 학생은 27퍼센트, 히스패닉 학생은 24퍼센트, 아프리카 아메리칸 학생은 23퍼센트다.[3] 유리된 상태로 보낸 시간을 조사하면 더 큰 차이가 나타난다. 히스패닉 학생과 아프리카 아메리칸 학생은 40퍼센트의 시간을 유리된 상태로 보내며 아시아 학생과 백인 학생은 이 비율이 30퍼센트를 조금 넘는다.[4]

표 4.1 일·놀이·둘 다·둘 다 아닌 활동에 투자하는 시간					
	N	일(%)	놀이(%)	둘 다(%)	둘 다 아님(%)
전체	863	28.52	28.00	9.01	34.47
성별					
남자	356	29.44	29.62	8.21	32.73
여자	507	27.87	26.87	9.57	35.70
인종/민족					
아시아	55	31.40	26.77	11.17	31.53
히스패닉	134	29.14	23.91	7.50	40.64
아프리카 아메리칸	162	29.31	22.82	10.96	38.41
백인	503	27.85	30.86	10.05	31.86
인디언[a]	9	23.93	29.92	10.79	35.35
학년					
6학년	246	28.27	28.08	8.80	34.85
8학년	243	25.72	27.15	8.68	38.45
10학년	206	30.71	27.06	8.78	33.44
12학년	168	30.22	30.28	10.07	29.43
부모 학력					
고졸 미만	68	27.44	30.38	8.68	33.50
고졸	196	28.17	26.70	8.70	36.43
대졸	128	29.70	28.57	9.65	32.09
석사	93	26.34	34.63	9.51	29.52
박사	77	27.64	35.86	9.82	26.68

[a] 표에는 나와 있지만 인디언 자료는 표본 크기가 너무 작아서 인종별 통계 비교에 포함시키지 않았다.

부모의 교육 수준을 토대로 한 계층별 분석은 3장에서 보고된 내용의 틀을 크게 벗어나지 않는 결과를 보여준다. 부모가 석사나 박사 이상의 학력을 가진 학생은 놀이 같은 활동을 하는 데 35퍼센트의 시간을 투자하며 부모의 학력이 학사 이하인 학생은 놀이 같은 활동에 26퍼센트의 시간을 투자한다.[5] 유리된 상태로 보내는 시간의 경우에는 정반대의 경향이 보인다. 그러나 부모의 학력은 일 같은 활동, 일과 놀이가 균형을 이룬 활동에서는 이렇다 할 차이를 보이지 않는다.

이 결과를 요약하면 다음과 같다. 부모의 학력이 높은 백인 남학생은 놀이 같은 활동을 많이 하는 반면, 저소득층의 소수민 집단에 속한 여학생은 일도 놀이도 아닌 활동을 많이 한다. 계층의 차이는 일 같은 활동의 비율에 영향을 미친다고 예상하는 사람이 있을 것이다. 그래서 가정 형편이 어려운 학생은 자신이 하는 행동에서 자발성을 덜 느끼고 그만큼 일처럼 느끼는 비율이 높아질 것이라고 예상할 것이다.

하지만 결과는 그렇지 않았다. 가정 형편이 좋다고 해서 일 같은 활동을 적게 하지는 않았다. 다만, 놀이 같은 활동을 더 많이 하는 것은 사실이다. 경제적 여유가 있다고 해서 일을 해야 한다는 생각이 줄어드는 것 같지는 않고 그 대신 자기가 하는 활동을 놀이처럼 여기는 비율은 높아지는 듯하다.

경제적으로 어려운 학생이 나타내는 전형적인 반응은 일의 비중이 높아지는 것이 아니라 일도 아니고 놀이도 아닌 활동의 비중이 높아지는 것이다. 사회적으로 불리한 처지는 청소년으로 하여금 세상을 일 위주로 보도록 만드는 것이 아니라, 생산적이지도 않고 즐겁지도 않은 활동의 비중이 큰 소외된 상태에 머물러 있게 만드는 듯하다.

일 같은 활동, 놀이 같은 활동

청소년이 일을 한다고 할 때 실제로 그들은 무엇을 하는 것일까? 응답자들이 일 같은 것이라고 보고한 활동의 유형을 분석하면 그들이 일에 대해 갖고 있는 생각이 아주 정형화되어 있다는 것을 알 수 있다. 학교와 직장은 거의 예외 없이 일하는 곳으로 여기고 여가 활동, 특히 TV를 보거나 라디오를 듣는 수동적 활동을 놀이로 받아들이는 비율이 압도적으로 높다.

유리된 상태는 휴식, 식사, 목욕처럼 딱히 생산적이지도 않고 재미있지도 않은 일상적 유지 활동을 할 때 많이 보고한다. 그저 시간을 때우는 행동인 셈이다. 이렇게 유리된 상태로 보내는 시간이 많은 학생은 생활을 주로 일로 받아들이는 학생보다 또래 집단과 사회로부터 소외감을 많이 느낄 가능성이 높다.

청소년의 활동 중에서 가장 관심을 끄는 것은 일 같기도 하고 놀이 같기도 한 활동이다.[6] 기악반, 토론반, 운동부 같은 방과후 활동이나 미술, 게임, 취미처럼 혼자서 하는 활동에서 많은 학생들이 그런 경험을 보고한다. 이런 활동은 유익하면서도 재미도 있는 것으로 경험된다. 이런 경험을 많이 한 학생은 좀 더 건전하고 낙관적인 자세로 직업을 고를 수 있을 것이다.

일과 놀이에서 받는 느낌

일 같은 활동을 하면서 어떤 경험을 했느냐에 따라 청소년은 미래의 직업에 기대감을 품을 수도 있을 것이고 두려움을 느낄 수도 있을 것이다. 그림 4.1은 경험을 4개의 핵심적 차원—자부심, 비중, 긍정적 감정,

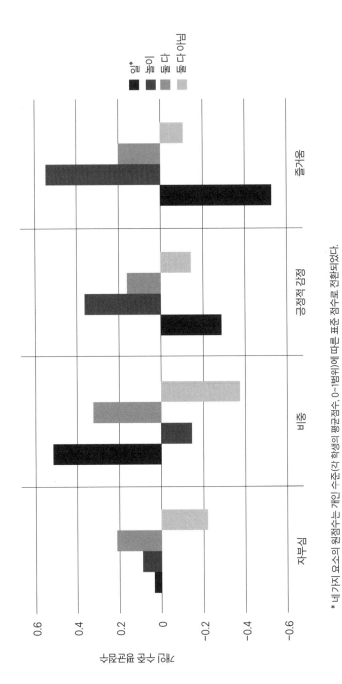

그림 4.1 일과 놀이 경험의 전체적인 질

* 네 가지 요소의 원점수는 개인 내 수준(각 학생의 평균점수, 0~1범위)에 따른 표준 점수로 전환되었다.

즐거움—으로 나누어 일이나 놀이를 하는 동안 청소년의 내면에서 일어나는 변화를 세부적으로 알아본 내용이다.

'자부심'은 자기에 대해서 좋게 느끼는 감정, 상황을 통제하고 있다는 느낌, 하는 일이 잘 되고 있다는 만족감, 자기 자신의 기대와 타인의 기대에 부응하고 있다는 느낌으로 정의된다. '비중'은 난이도, 자아에 미치는 중요성, 미래와 관련된 중요성을 말한다.[7] '긍정적 감정'은 얼마나 행복하고 사교적이고 뿌듯하고 편안한가를 측정한다.[8] 마지막으로 '즐거움'은 단일 항목으로 측정되었다.[9]

결과를 보면 청소년은 일을 비교적 정형화된 방식으로 정의할 뿐 아니라 사회적 통념의 틀 안에서 경험한다는 것을 알 수 있다. 그래서 힘든 일은 앞날을 생각하면 중요하지만 재미는 거의 없다고 생각한다. 그런 힘든 일은 학생의 자부심과도 딱히 관련이 없어 보인다.

놀이 같은 활동을 할 때는 정반대의 양상이 나타난다. 재미는 있지만 중요하지 않다고 생각한다. 일 같기도 하고 놀이 같기도 한 활동을 할 때 모든 면에서 긍정적인 경험을 한다. 자부심도 가장 높게 나타난다.[10] 일 같지도 않고 놀이 같지도 않은 활동은 다른 세 유형의 활동보다 훨씬 부정적인 경험을 낳았다.

일을 하는 동안 맛보는 경험의 질을 연령별로 비교하면 조금 실망스러운 결과가 나온다. 나이를 먹을수록 일 같은 활동을 하는 동안 긍정적 감정을 덜 느끼게 된다. 일 같은 활동을 할 때 12학년은 6학년보다 즐거움을 확실히 덜 느낀다.[11] 일에 대한 정서적 거부감은 6학년 때 벌써 확고히 자리잡으며 이 거부감은 고학년으로 올라갈수록 심해진다.

일하는 동안 느끼는 감정은 남학생과 여학생의 차이가 없었다. 성인 남녀가 갖는 직업의 유형은 확연히 다름에도 불구하고 여학생의 직업에 대한 욕심은 남학생보다 커서 더 그럴 듯한 직업을 갖고 싶어하는 경향이 있다는 연구 결과는 이미 나와 있다(개리슨 1979; 던/엘리엇/칼슨 1981; 헤어/엔딜린 1976). 우리가 조사한 바로는 개개인의 학생에게 일이 주는 정서적 의미는 남학생과 여학생이 비슷했다. 일에서 경험의 차이가 나타나는 것은 고등학교를 졸업한 이후, 그러니까 젊은 여성이 직장과 가정이라는 이중의 부담을 안으면서 직장에서의 성 차별과 싸워야 하는 시점부터가 아닐까 싶다.

일에 대한 인식에서는 성별 차이가 안 나타나지만 다른 범주들에서는 확실히 다른 점이 보인다. 일 같기도 하고 놀이 같기도 한 활동, 일 같지도 않고 놀이 같지도 않은 활동에서 그런 차이가 두드러지게 나타난다. 가령 놀이를 하면서 여학생이 보고하는 집중력, 경쟁심, 도전 의욕의 수준은 남학생보다 떨어진다.[12] 남학생이 여학생보다 놀이 같은 활동에 진지하게 임한다는 것을 알 수 있다.

일 같지도 놀이 같지도 않은 활동에서 여학생은 남학생에 비해 긍정적 감정과 협동 의식은 낮았고 집중력은 높았다. 도전 의욕은 물론 낮기는 하지만 남학생보다는 높았다.[13] 일 같은 활동, 놀이 같은 활동과 거리가 먼 활동을 할 때 여학생은 남학생보다 더 큰 심리적 부담을 느끼는 것 같다. 일 같기도 하고 놀이 같기도 한 활동을 할 때도 여학생은 그런 활동에 남학생보다 애착을 덜 느끼는 듯하다.[14] 이것은 중요한 차이다. 청소년이 생산적 활동과 심심풀이로 하는 활동의 골을 메워나가는 데는 이런 균형 잡힌 활동의 경험이 필요하기 때문이다.

일하면서 느끼는 경험의 질은 인종별로, 계층별로 차이가 많이 나타난다. 예상과는 달리 불리한 처지에 놓인 소수민(히스패닉, 아프리카 아메리칸)이나 부모의 학력이 낮은 학생일수록 일을 하는 동안 긍정적 경험을 많이 한다. 가령 일을 하는 동안 백인 학생이 느끼는 자부심의 평균점수는 -.05, 아시아 학생은 .13, 히스패닉 학생은 .15, 아프리카 아메리칸 학생은 .17로 각각 나타났다.[15) 부모의 학력을 기준으로 사회·경제적 지위가 가장 낮은 학생이 일하는 동안 자부심을 가장 크게 느꼈고 (.18), 부모의 학력이 가장 높은 학생의 자부심이 가장 낮았다(-.19).[16)

일부 학생들의 보고가 과장되었기 때문에 이런 차이가 나왔다고 볼 수는 없다. 개개의 학생이 그 주 동안에 보고한 자부심의 평균점수를 계산한 다음 이 평균과의 편차에 바탕을 둔 표준점수로 분석한 결과이기 때문이다. 따라서 백인 학생이 일을 하는 동안에 보고하는 자부심은 그 학생이 일주일 동안 느꼈던 자부심의 평균보다 낮게 나왔다는 뜻이 된다. 반면 아프리카 아메리칸 학생은 평소보다 높은 자부심을 보고했다는 의미다. 놀이 경험은 이것과는 거의 반대되는 양상을 보인다. 백인 학생은 놀이처럼 여기는 활동의 비율이 높을 뿐 아니라 놀이를 하는 동안 더 큰 즐거움과 행복감을 맛본다.[17)

일 같기도 하고 놀이 같기도 한 활동

청소년이 일 같은 활동, 놀이 같은 활동, 일 같지도 놀이 같지도 않은 활동으로 보내는 시간은 거의 비슷하다. 얼마 되지는 않지만 아주 중요한 9퍼센트의 시간은 일 같기도 하고 놀이 같기도 한 활동에 투자한다. 이런 균형 잡힌 활동은 자부심, 긍정적 감정, 비중, 즐거움을 높여줌으로써, 해야 하는 일과 하고 싶은 일 사이의 간극을 줄여준다. 직업 의식의 발달을 논하는 대부분의 이론들은 사회적으로 요구되는 일과 개인적 열의를 접맥시켜야 한다고 이구동성으로 주장하는데 이런 균형 잡힌 활동은 바로 그런 훈련을 위한 좋은 기회를 제공한다.

일 같기도 하고 놀이 같기도 한 활동에서 학교 일—토론에 참여한다거나 필기를 한다거나 숙제를 한다거나 보고서를 쓰는 등의 적극성을 요구하는 활동—이 차지하는 비율은 약 25퍼센트, 예술·취미·게임·운동 같은 과외 활동이 차지하는 비율은 24퍼센트이다. 또 유지 활동은 15퍼센트, 사교 활동은 13퍼센트를 차지한다. 유지 활동에는 식사나 휴식이 포함되고, 사교 활동은 가족이나 친구와 나누는 대화·쇼핑·전화통화·모임에 참석하는 것을 말한다. 균형잡힌 활동의 8퍼센트는 돈을 받고 하는 일과 관련이 있다. 이런 활동은 아주 구조화되어 있고 목적지향적이며 처음과 끝이 분명하다.

장소를 비교하면 학교에서 하는 활동이 46퍼센트, 집에서 하는 활동이 34퍼센트다. 일과 놀이의 성격을 모두 갖는 활동은 더 많은 규율과 협력을 필요로 하기 때문에 길거리나 상점보다는 학교나 집처럼 틀이 잡힌 사회적 환경에서 주로 이루어진다고 볼 수 있다.

이런 활동에 들이는 시간을 성별, 인종별, 학년별, 계층별로 비교하면 통계적으로 의미 있는 차이는 나오지 않는다. 모든 청소년은 하루 중에서 일 같기도 하고 놀이 같기도 한 활동을 엇비슷한 비율로 한다고 말할 수 있다.

겨우 9퍼센트밖에 안 되지만 이 활동은 아주 생산적이고 자긍심을 안겨주고 실력 연마에도 기여하기 때문에 자세히 분석할 필요가 있다.

이런 활동을 할 때 학생들은 이구동성으로 자부심, 긍정적 감정, 비중, 즐거움이 올라간다고 보고한다(그림 4.1 참조). 우리가 조사한 변수들 중에서 평균보다 올라가지 않은 변수는 단 하나뿐이었다. 그것은 '집중하기 쉽다'(-.22)였다. 청소년이 그런 긍정적 경험에 선뜻 뛰어들지 않는 것은 그만큼 집중력을 요구하기 때문이라는 설명은 그래서 설득력이 있다.[18] 공연을 앞두고 바이올린 연습을 하거나 크로스컨트리를 앞두고 훈련을 하는 것은 절제와 노력을 요구하는 일이다.

생산적이면서도 개인적 성취감을 주는 직업에 가장 유익한 것은 바로 이렇게 어렵지만 재미있는 활동이다. 따라서 교육 담당자들은 어떤 활동이든 처음 시작하기는 어렵지만 그런 어려움을 극복하면 경험으로 돌아오는 것이 많고 새로운 기량을 익힐 수 있다는 사실을 청소년에게 자꾸 일깨워주어야 한다.

부모와 교사는, 일이 너무 어려워 보여서 해보겠다는 엄두도 못 내고 그렇다고 해서 어려운 일을 하면서 내적 보람을 느낄 만큼 성숙하지도 못한, 어려운 처지에 놓인 과도기의 청소년을 잘 이끌어야 할 의무가 있다.

일 같지도 놀이 같지도 않은 활동

우리가 조사한 청소년은 하루의 3분의 1을 일도 아니고 놀이도 아닌 활동을 하면서 보낸다고 응답했다. 이런 유리된 상태를 낳는 활동 중에서 식사·수면·자잘한 일상사 같은 유지 활동이 41.3퍼센트를 차지하고, 친구들과 노닥거리기·TV 시청·라디오 청취 같은 여가 활동이 39.9퍼센트를 차지한다. 일도 아니고 놀이도 아닌 활동은 다른 활동들에 비해 덜 체계적이고 덜 목적 지향적이고 덜 협동적이다. 이런 활동은 학교나 지역 사회 같은 틀이 잡힌 환경이 아니라 주로 가정에서 이루어진다.

청소년이 놓인 사회적 환경에 따라 행동에도 중요한 차이가 나타난다는 사실을 우리는 흔히 간과한다. 집에서 아무런 흥밋거리나 관심거리 없이 시간을 때우는 아이는 일도 아니고 놀이도 아닌 활동을 하면서 보냈다고 대답할 가능성이 그만큼 높다. 그렇게 유리된 상태로 보내는 시간은 즐겁지도 않을 뿐더러 나중에 건강한 직업인으로 자라는 데도 전혀 도움이 되지 않는다. 그런 경험의 빈도가 높다는 것은 미래의 암울한 전조일 수 있다.

누가 유리된 시간을 더 많이 보내는가?

산만하게 보내는 시간의 양은 성별, 인종별, 학년별, 계층별로 차이가 난다(표 4.1 참조). 여학생은 일도 아니고 놀이도 아닌 활동을 남학생보다 조금 더 많이 한다(35.7퍼센트 대 32.7퍼센트).[19] 인종별 차이는 더 크다. 히스패닉 학생은 40.6퍼센트, 아프리카 아메리칸 학생은 38.4퍼센트, 백인 학생은 31.9퍼센트, 아시아 학생은 31.5퍼센트의 시간을 그렇게 보낸다.[20]

또 경제적으로 낙후한 지역 사회에서 사는 청소년이 경제적으로 여유 있는 청소년보다 유리된 상태로 보내는 시간이 많다. 잘 사는 집 아이는 일이 되었건 놀이가 되었건 그만큼 틀이 잡힌 활동을 할 수 있는 기회가 많다고 가정하는 것이 합리적이다. 또 고학년으로 올라갈수록 뚜렷한 목적이 없는 활동에 들이는 시간이 줄어든다. 그렇지만 이것이 정말로 그런 활동을 적게 하기 때문인지 아니면 일과 놀이에 대한 판단 기준이 달라져서인지는 분명하지 않다.

일과 놀이에서 유리된 경험의 질

청소년은 일도 아니고 놀이도 아닌 활동을 하면서 많은 시간을 보내지만 그렇다고 재미와 즐거움을 느끼는 것은 아니다. 이런 활동은 부정적 감정을 낳고 자부심을 떨어뜨린다. 또 비중, 도전 의욕, 즐거움도 당연히 낮다. 여학생은 이런 활동을 할 때 남학생보다 부정적 감정을 더 많이 느낀다.[21] 남학생은 여학생에 비해 특히 집중력과 도전 의욕이 떨어진다고 보고한다.

이런 활동에서 즐거움을 못 느끼는 것은 어느 인종이나 비슷하지만 그래도 아프리카 아메리칸 학생이 괜찮다고 응답하는 비율이 제일 높고, 그 다음이 백인·히스패닉·아시아 학생 순이다. 연령별 차이는 복잡하다. 다른 연령 집단들과 비교하면 유독 8학년에서 그런 활동에서 느끼는 비중과 긍정적 감정과 즐거움의 비율이 높게 나타난다.

청소년이 능동적인 일이나 놀이에서 유리되어 있다고 느끼는 그런 활동은 사회적으로 유리된 정도와도 무관하지 않다. 학생들은 주로 혼자 있을 때 일도 아니고 놀이도 아닌 활동을 하는 편이라고 보고한다. 혼자서 일하는 시간은 전체 일하는 시간의 16.5퍼센트, 혼자서 노는 시간은 전체 노는 시간의 20.7퍼센트, 일이면서 동시에 놀이인 활동은 전체의 18.2퍼센트를 차지하는 반면, 혼자서 유리된 상태로 보내는 시간은 전체 유리된 시간의 30퍼센트 이상을 차지한다.

물론 직장과 학교에서 더 효율적으로 일하기 위해서는 일상생활의 압박에서 벗어나 다음날의 활동에 대비하면서 재충전의 시간을 가지는 것이 필요하다고 말할 수 있다. 하지만 걱정스러운 것은 이렇게 흐리멍덩하게 보내는 시간이 너무 많다는 것이고 청소년들 자신도 이것을 대단히 부정적으로 보고 있다는 사실이다.

일과 놀이로부터 모두 유리된 범주는 여러 가지로 일과 놀이가 균형을 이룬 활동과 정반대 되는 양상을 보이는 듯하다. 일과 놀이의 요소를 모두 갖는 활동은 목표가 뚜렷하고 만족을 주는 미래의 직업으로 올라가는 사다리를 제공하는 반면, 이런 요소가 모두 결여된 활동은 직업적 소외감으로 연결되기 십상이다. 자기 절제와 즐거움이 결합된 활동에서 접할 수 있는 기회를 모든 청소년에게 골고루 주는 것은 그래서 더더욱 중요하다.

그런 기회는 분명히 골고루 돌아가지 않는다. 경제적 형편이 어려운 히스패닉, 아프리카 아메리칸 학생은 백인, 아시아 학생보다 이렇게 흐리멍덩하게 보내는 시간이 25퍼센트나 많다. 일주일에 평균 10시간을 더 그렇게 보낸다. 부유층의 문화 자본은 결국 자녀에게 즐거우면서도 유익한 활동을 체계적으로 경험할 수 있는 자극적 환경을 줄 수 있다는 사실을 의미한다. 그런 활동을 할 때 청소년이 생기 발랄해지고 뚜렷한 목표 의식을 느끼는 것은 당연하다. 어렸을 때 가정에서 그런 경험을 많이 한 아이는 어른이 되었을 때 그 덕을 톡톡히 본다.

하지만 아이가 이런 활동을 하는 시간의 양은 사회적으로 주어지는 기회에 의해서만 좌우되는 것은 아니다. 같은 환경 안에서도 개인차가 크다. 대부분의 청소년이 일도 아니고 놀이도 아닌 활동을 하면서 많은 시간을 보내는 것은 사실이지만, 유리된 상태로 보내는 시간이 아주 적고 자기 선택에 의해서건 환경 때문이건 일 같은 활동 또는 놀이 같은 활동에 아주 많은 시간을 들이는 청소년도 적지 않다.

일꾼과 놀이꾼

어떤 청소년들은 자기가 하는 활동을 줄기차게 일로 받아들이는 반면 어떤 청소년들은 좀처럼 일로 받아들이지 않는다. 자신의 삶은 '일의 연속이다' 혹은 '놀이의 연속이다'라는 인식은 청소년 시절에 이미 굳어지는 것 같다. 이런 차이를 좀더 심도 있게 파악하기 위해 우리는 극단적 성향을 보이는 두 집단을 설정했다. 이것을 각각 '일꾼'과 '놀이꾼'으로 부르기로 하겠다.

일꾼은 일 같은 활동을 하면서 대부분의 시간을 보내는 학생이다. 마찬가지로 놀이꾼은 너무나 많은 시간을 놀이로 보내는 학생이다.[22] 우리가 조사한 자료에서 일꾼은 모두 111명이었다. 그들은 평균 52퍼센트의 시간을 일하면서 보냈다. 놀이꾼은 모두 130명이었고, 이 사람들의 평균 놀이 시간은 56퍼센트였다. 일꾼이면서 동시에 놀이꾼으로 볼 수 있는 학생은 겨우 2명이었기 때문에 분석에는 집어넣지 않았다.

일꾼과 놀이꾼이 특정한 사회 인구학적 집단에 속할 가능성이 높을까? 연령별, 성별 차이는 대수롭지 않았지만 10학년에서 일꾼이 약간 많은 편이었다. 인종과 계층에 따른 차이는 나타난다. 앞서 밝혀진 결과

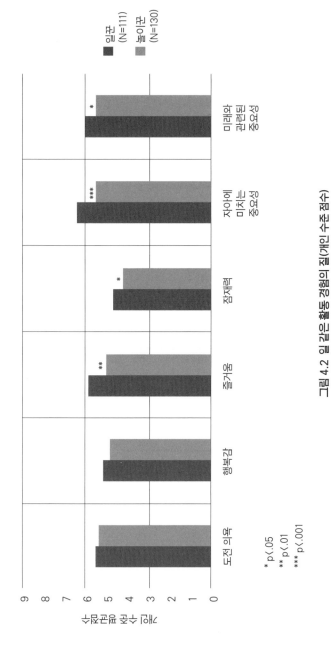

그림 4.2 일 같은 활동 경험의 질(개인 수준 점수)

와도 일치하는 내용이지만 백인 학생은 놀이꾼 집단에 유독 많았고 부모의 학력이 높은 학생도 역시 그 집단에 많았다. 경제적 여유와 놀이는 명백한 관련성이 있는 것으로 보인다.

일꾼과 놀이꾼은 각자의 인생을 다르게 경험할까? 어떤 면에서 두 집단은 매우 비슷하다. 가령 그림 4.2는 두 집단이 각각 일처럼 여기는 활동을 어떻게 경험하는지 보여준다. 일 같은 활동에 들이는 시간의 양은 크게 다르지만 두 집단 모두 일을 아주 버거운 것으로 받아들였다. 반면 놀이 같은 활동을 하는 동안에는 일꾼이건 놀이꾼이건 버거워하는 수준이 아주 낮았다(그림 4.3).

그러나 두 집단 사이에는 아주 놀라운 차이가 있다. 일꾼은 놀이꾼보다 일 같은 활동을 하면서 훨씬 긍정적인 경험을 한다. 일이 아주 즐거워서 한다는 학생은 어디서나 극히 드물었지만 놀이꾼은 일꾼보다 일을 훨씬 괴롭게 받아들였다. 일꾼은 일 같은 활동을 하는 동안 놀이꾼보다 자신의 잠재력을 강하게 의식했다. 일꾼은 일하는 동안 '자아에 미치는 중요성', '미래와 관련된 중요성'에서도 놀이꾼보다 높은 점수를 매겼다.

이런 차이에서 결국 우리는 놀이꾼도 도전 의욕을 경험하긴 하지만 어떤 이유에서인지 이 경험을 개인적으로 중요한 가치로 전환하거나 즐거움으로 바꾸는 데 실패했다는 사실을 알 수 있다.

일꾼은 놀이꾼보다 일을 당연히 더 좋아한다. 하지만 놀이에 가까운 활동을 할 때도 일꾼이 놀이꾼보다 긍정적인 경험을 더 한다는 다소 의외의 결과도 나타났다(그림 4.3 참조). 놀이꾼과 일꾼 모두 중요성과 잠재력 면에서는 놀이 활동을 비슷하게 경험하지만 일꾼이 놀이꾼보다 더 행복하다고 보고한다. 일꾼은 반드시 억척스럽게 일만 하는 사람이 아

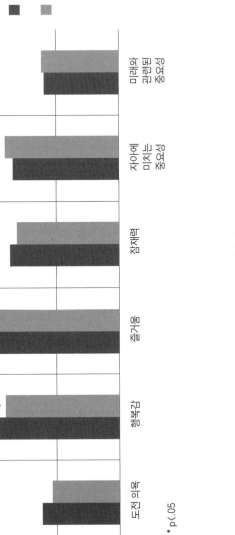

그림 4.3 놀이 같은 활동 경험의 질(개인 수준 점수)

* p<.05

일반
(N=111)

놀이군
(N=130)

도전 의욕 · 행복감 · 즐거움 · 잠재력 · 자아에 미치는 중요성 · 미래와 관련된 중요성

개인 평균 공유 점수

니란 사실을 알 수 있다.

　그 나이 또래의 보통 학생은 일을 부정적으로 경험하는데, 일꾼은 인생을 주로 일의 관점에서 받아들이면서도 행복하고 즐겁게 살아간다. 일꾼은 일할 때도 놀 때도 놀이꾼보다 더 재미를 보면서 양쪽 세계의 진수를 즐긴다고 말할 수 있겠다.

일꾼은 왜 일을 할까?

　일꾼은 자기가 좋아서 그렇게 많은 시간 동안 일을 하는 것일까? 가족이나 친구, 또는 그 밖의 어떤 압력 때문에 어쩔 수 없이 일을 하지만 속으로는 다르게 살고 싶어하지 않을까?

　우리는 경험 추출법이라는 조사 방식을 써서 불시에 그들이 어떤 활동을 하고 있었는지 묻고, 그 활동을 하고 싶어서 했는지 의무감 때문에 했는지 아니면 딱히 할 게 없어서 했는지 기록하도록 했다. 둘 이상의 답을 할 수도 있었다. 그리고 각각의 답은 별도로 처리되었다. 가령 '내가 이것을 하는 이유는 하고 싶었고, 해야만 하는 일이기 때문이다'라는 답도 할 수 있었다.

　일꾼이 일 같은 활동을 좋아서 한다고 응답한 비율은 놀이꾼의 갑절이었다(22.2퍼센트 대 11.6퍼센트). 좋아서 한다는 대답이 일부분만 들어간 응답까지 더하면 더 놀라운 결과가 나온다. 일꾼은 전체 일의 30퍼센트를, 하고 싶은 마음이 조금이라도 있어서 하는 반면 놀이꾼은 그런 마음으로 하는 일이 전체 일의 17퍼센트밖에 안 된다.

　결국 일꾼은 놀이꾼보다 외부의 강요를 더 많이 받기 때문에 일을 더 하는 것이 아니라는 사실을 알 수 있다. 오히려 놀이꾼보다 부담감 없이 일을 한다. 흥미로운 것은 일꾼이나 놀이꾼이나 놀이 활동을 하는 이유는 큰 차이가 없었다는 점이다. 모두 자기가 하고 싶어서 하는 것이 놀이였다.

일꾼과 놀이꾼이 말하는 일과 놀이

우리는 학생들과의 면담을 통해 일꾼과 놀이꾼이 일과 놀이가 자신들의 삶에서 차지하는 역할에 대해서 말하는 내용이 상당히 다르다는 사실을 발견했다. 일 같은 활동과 놀이 같은 활동에 두는 비중, 일과 놀이에 끌리는 정도, 미래의 특수한 목표를 향한 집중력에서 두 집단은 많이 달랐다. 더욱이 이것은 우리가 경험 추출법을 통해 일꾼과 놀이꾼에 대해 알아낸 내용과도 들어맞았다.

일꾼은 일을 하면서 미래의 목표를 향해 집중하는 과정을 즐기는 반면, 놀이꾼은 목표에 얽매이지 않고 부담 없이 놀이를 즐기려는 경향이 강하다.

일꾼의 범주에 속하는 학생들과 가진 면담에서 우리는 그들이 어떤 생각을 하면서 일을 하는지 구체적으로 느껴볼 수 있다. 가령 생체 의학 엔지니어를 지망하는 한 고등학교 졸업반 남학생은 자신을 '문제 지향적'이라고 소개하면서 공부에 임하는 자세가 어렸을 때부터 다른 아이들과 많이 달랐다고 말한다.

> 저는 늘, 조숙했다고나 할까요, 잘은 모르지만, 조숙한 편이었던 것 같아요. 제가 어렸을 때부터 부모님은 저더러 애어른 같다고 하셨어요. 생각하고 말하는 게 다른 애들하고 달랐나봐요.…… 전 뭔가를 추구했고 독립심이 강했어요.

나중에 그 학생은 수학과 과학에 빠져들었다고 한다. 가르치는 선생님들은 별로였지만 그래도 그 과목들에 대한 애정은 식지 않았다. 그 학생의 공부는 탐구욕에서 하는 공부였다. 부모한테 떠밀려서 하는 공부가 아니었다. "부모님이야 항상 똑같으셨죠. 전 항상 저 자신을 몰아세웠어요. 부모님은 저더러 너무 공부만 하지 말라고 하셨으니까요."

또다른 고1 남학생도 생산적인 일을 자꾸 하게 만드는 내적 욕구 같은 게 있다고 말한다. 이 학생은 도서관에서 일하는데, 단순히 돈 때문에 하는 일이 아니란다.

> 실은, 돈이 이유의 전부는 아닙니다. 가장 큰 이유는 별로 할 일이 없이 빈둥거리는 것보다는 바쁜 게 좋아서죠. 저번 여름에는,…… 노스웨스턴 대학에서 일했어요. 강의도 좀 듣구요. 시간 보내기에는 그만이죠. 돈까지 버니까 금상첨화 아닌가요.

이 학생은 유리된 시간을 최소화하는 방법을 확실히 알고 있다. 이렇게 오직 일 그 자체가 좋아서 일을 한다는 반응은 저학년에서도 나왔다. 한 6학년 여학생은 사무실 청소를 하는 할머니 일을 돕는다고 말했다. "전 사무실을 구석구석 청소해요. 마지막 방까지 게으름 피우지 않고 끝까지 해요. …… 돈은 안 받아도 돼요. 제가 좋아서 하는 일이니까요." 그러면서 자기는 탐구심이 많은 아이라고 한다. 지식욕도 왕성하단다. "냉장고건 난로건 세탁기건 전 그냥 뭘 탐구하는 게 좋아요. 물이 어떤 파이프로 들어가서 어떻게 나오는지……. 전 너무너무 궁금한 게 많아요."

한 번은 할아버지의 틀니를 망가뜨린 적도 있다고 한다. 틀니의 원리를 알아보고 다시 조립할 수 있는지 확인하려다가 망치로 부수었다. 그리고 틀니는 다시 조립할 수 없다는 걸 깨달았다. 할아버지만 골탕먹었다. 직접 손으로 만지작거리기도 좋아하지만 관심 있는 주제를 공부하러 도서관에도 자주 가는 편이다.

일꾼의 입에서 자주 나오는 내적 보상이나 호기심의 충족 같은 말이 놀이꾼의 입에서는 좀처럼 나오지 않는다. 일꾼은 일을 즐기고 일에 전념할 줄 아는 반면 놀이꾼은 일은 가급적 줄이고 '재미'를 극대화하려고 한다. 어머니 가게에서 일하는 한 고3 여학생은 그냥 "재미" 있어서 하는 일이라고 말한다. 지금 일하는 경험이 나중에 유익할 거라는 생각도 안 하고 졸업하면 무엇을 할지도 막연하다. 이것저것 생각은 많이 해봤지만 의사나 간호사가 괜찮을 것 같다. "돈도 많이 벌 것 같고 재미도 있을 것 같으니까요. 사실은 잘 몰라요. 왠지 모르지만 재미있을 것 같아요."

일꾼과는 달리 놀이꾼은 미래에 대한 생각도 막연하다. 아무도 이끌어주는 사람이 없는 모양인지 뭘 하고 싶고 뭐가 되고 싶고 어떻게 거기에 이르겠다는 의식이 거의 없다. 그저 재미만 따라다니고 일처럼 보이는 활동을 피한다. 또다른 고등학교 졸업반 학생은 법관이 되고 싶다고 말하면서 대학에 원서도 내지 않았다.

뭘 해야겠다는 뚜렷한 생각이 있는 아이는 제 주위에 한 명도 없어요. 대학에는 다들 가고 싶어하고 기왕이면 대학원까지 나와야겠다는 생각은 하지만, 무슨 공부를 해서 나중에 무슨 일을 하겠다고 자신 있게 말하는 아이는 없어요. 개네들은 친구를 사귀고 파티를

여는 것 말고는 관심이 없어요.

이 학생들은 미래에 대한 분명한 계획이 안 서 있지만 크게 개의치 않는 듯하다. 또다른 졸업반 학생도 고등학교를 나오면 뭘 하겠다는 생각은 막연하지만, 하지 않을 일만큼은 분명히 알고 있다.

전, 무슨 일이 있어도 꼬박꼬박 출퇴근해야 하는 직업은 안 가질래요. 사무실에 앉아서 서류나 작성하고 타이핑이나 하는 일은 질색이거든요. 생각만 해도 숨이 막혀요. 저는 밖에서 사람들이랑 어울리는 게 좋아요.

놀이꾼은 틀에 박힌 생활에 진저리를 친다. 근심 걱정 없이 사는 데 가장 큰 걸림돌은 일이라고 믿는다. 일 때문에 불행해진다고 생각한다. 또다른 고3 남학생은 직장도 안 구하고 그렇다고 대학에 갈 생각도 없다. "전 남들처럼 평범하게 살고 싶지 않습니다. 그렇겐 안 살 거예요." 놀이꾼은 틀에 박힌 생산 활동의 바깥에서 재미를 찾으려 하고 어떻게든 속박에서 벗어나려고 한다. 그들은 일에서 개인적 만족감을 얻을 수 있으리라고 기대하지 않는다. 학교를 나와서 어떤 직업을 갖겠다는 뚜렷한 생각도 없다. 반면 일꾼은 시간 낭비를 싫어하며, 좋은 직업을 갖고 생산적·독립적으로 바쁘게 살아가는 것을 즐긴다. 그들은 직업에서 개인적 만족감을 기대하며 그만큼 직업적 야심도 크다.

우리의 조사는 어디까지나 횡단면만을 들여다보았기 때문에 일에 대한 두 집단의 성향을 이렇게 다르게 만든 성장 과정의 차이가 무엇이며 어른이 되었을 때 나타나는 이런 성향의 장기적 결과가 무엇인지는 알 수 없다.

확실히 인적, 문화적, 물질적 자원이 풍부한 환경은 자라나는 청소년에게 좋은 영향을 주는 것이 사실이지만 개인의 중요성도 무시할 수는 없다. 청소부의 자식도, 넉넉한 의사의 자식도 나중에 크게 도움이 될 활동에서 최선을 다하는 즐거운 경험을 일을 통해 맛보는 법을 배울 수 있다.

청소년의 취업 경험

청소년의 취업에 대한 최근의 연구는 주로 구조적·사회적·심리적 측면에 초점을 맞추었다(그린버거/스타인벡 1981, 1986; 모티머/보먼 1988; 모티머 등 1990; 국립연구심의회 1998; 스타인벡/페글리/돈부시 1993). 연구자들은 청소년 취업이 학업 성적, 심신의 건강, 어른이 되었을 때의 직업 획득과 소득에 미치는 장단점을 놓고 다양한 주장을 내놓았다. 청소년 취업의 단기적, 장기적 결과는 복잡하고 아직 충분히 파악되지 않았다.

우리의 목적은 청소년 취업이 좋으냐 나쁘냐를 따지는 것이 아니다. 우리는 다만 조사 대상 학생들이 어떤 종류의 일을 얼마 동안이나 하고 그 일을 하면서 어떤 생각을 하는지를 알고 싶었다. 취업 경험의 특수한 결과를 부각시키는 것보다는 돈을 받으면서 일하는 학생이 대개 어떤 상황에 놓여 있는지 대강 그림을 그려보자는 데 목적이 있다.

초등학교 6학년생과 중학교 2학년생은 아르바이트를 별로 안 하므로, 다음 자료는 고등학교에 다니는 2,400명의 학생들로부터 얻은 것임을 밝혀둔다.

일하는 학생의 비율

우리가 조사한 고등학생의 약 70퍼센트는 적어도 한 번 이상 돈을 받고 일해 본 경험이 있다고 응답했다. 조사 당시 일을 하고 있다는 학생은 38퍼센트였고, 학기 중이나 여름 방학 때 일해 본 적이 있다는 학생은 30퍼센트였다. 이런 높은 수치는 전국 규모로 행해진 다른 조사들의 결과와도 일치한다. 지난 20년 동안 학생들의 취업 경험은 꾸준히 늘었다(미국 노동부 1993; 미국 상무부 1993; 미국 교육부 1991).

예상대로 학년에 따라 취업율의 차이가 나타난다. 고1과 고3을 비교하면 고1의 취업 경험이 훨씬 적다. 고1 학생의 57퍼센트가 취업 경험이 있다고 응답한 반면 고3 학생의 취업경험율은 86퍼센트로 뛰었다. 다른 조사에서도 비슷한 결과가 나타난다. 미국 청소년의 80퍼센트는 고등학교에 다니는 동안 취업 경험을 하는 것으로 보인다(바크만/슐렌버그 1992).

계층에 따라 취업 경험도 차이가 난다. 상류층 학생의 취업 경험이 가장 높았다(약 76퍼센트). 이들은 주로 학기 중보다는 여름 방학에 일을 했다. 상류 가정에서는 학업에 방해가 되지 않는 범위 안에서 일을 해보는 것이 가치 있고 보람 있는 경험이라고 여기는 것 같다. 학기 중에 일하는 학생은 대개 중하류층이었다. 흥미로운 것은 가장 못 사는 동네에 거주하는 학생의 취업 경험이 가장 낮다는 사실이다. 이들의 취업 경험

표 4.2 고등학교 학생이 경험하는 직업의 종류

직업의 종류	학생(%)
N=310	
점원/판매원	17.8
패스트푸드점 종업원	14.7
보모	13.3
사무직	10.9
잔디 깎기/막일	5.8
육체 노동	4.4
소년단 지도/인명 구조원	4.1
음식점 종업원	4.0
병원 보조자	2.8
공사장 인부	1.5
신문 배달	1.5
농장 인부	1.5
청소부	1.4
공장 노동자	1.1
기타	15.3

율은 64퍼센트밖에 되지 않았다. 못 사는 동네에는 그만큼 일자리가 없기 때문인 것으로 보인다.

청소년이 주로 갖는 직업

많은 취업 청소년들이 명확한 범주에 집어넣기 어려운 일을 한다(표 4.2). 우리가 조사한 취업 청소년의 15퍼센트는 '기타'에 해당하는 일을 한다고 응답했다. 비공식적인 일을 많이 한다는 것은 그만큼 청소년의 직업 경험이 한시적 성격을 갖는다는 것을 의미한다. 예전부터 청소년이 주로 경험하는 직업은 점원, 판매원, 패스트푸드점 종업원, 보모 등이다.

직업의 종류도 인구학적으로 차이가 난다. 청소년기에 이미 남녀의 직업에 대한 고정 관념이 나타나는 것 같다. 남학생은 잔디 깎기, 막일, 신문 배달, 육체 노동을 주로 하는 반면 여학생은 보모, 판매원, 청소부 같은 일을 주로 한다. 인종별 차이도 약간 보인다. 백인 청소년은 다른 집단에 비해 잔디 깎기·보모·막일을 많이 하고, 아시아 청소년은 사무실에서 많이 일한다.

학년별 차이도 예상대로 나타난다. 고1은 잔디 깎기·막일·신문 배달·보모 같은 비공식적인 일을 많이 하고, 고3은 판매직이나 사무직이 많다. 계층별 차이도 확연히 나타난다. 상류층 학생은 잔디 깎기라든가 소년단 지도, 인명구조원처럼 방학을 이용해 할 수 있는 일을 많이 한다. 중상류층 학생은 사무실에서 서류 정리를 하거나 안내원 같은 '화이트칼라' 일을 많이 한다. 중하류층 학생은 주로 패스트푸드점 같은 데서 일한다. '기타' 일을 한다고 응답하는 비율은 못 사는 동네에 거주하는 학생일수록 높았다.

일하는 시간

일하는 학생 중에서 3분의 1은 일하는 시간이 일주일에 15시간을 넘지 않았다. 3분의 1은 16시간에서 30시간을 일했다. 이 수치는 다른 청소년 취업 실태 조사 결과와도 일치한다. 가령 미국 회계 감사원의 조사(1991)에 따르면 고등학생은 일주일에 평균 20시간을 일한다. 남학생과 여학생의 일하는 시간은 비슷하다. 직업의 종류는 많이 다르지만 일하는 시간은 비슷하다.

고3은 고1보다 일하는 시간이 많다. 고1은 보통 일주일에 15시간 미만 일하는 반면 고3은 일주일에 16시간에서 30시간 일하는 학생이 가장 많다.[23] 인종별 차이는 아주 조금 나타난다. 아시아 학생이 가장 적게 일하고, 그 다음이 백인·아프리카 아메리칸·히스패닉 학생 순이다.[24] 계층별 차이는 아주 크다. 집안이 유복한 학생은 집안이 어려운 학생보다 확실히 일을 적게 한다.[25]

일하는 동안 느끼는 경험의 질

청소년이 일하는 동안 갖는 느낌을 알아내기 위해 우리는 다시 경험 추출법에 의존했다. 우리의 관심은 돈을 받고 하는 일이기 때문에 우리가 조사한 고등학생 중에서 직업을 가진 159명의 학생을 골랐다. 돈을 받고 하는 일은 일반적으로 중요하고 매력적인 일로 여겨지며 자기를 긍정적으로 보게 만드는 것 같다. 비중(평균 표준점수 = .34), 집중력(.36), 자부심(.37)은 평균을 웃도는 점수를 나타냈다. 하지만 감정적으로는 중간 아니면 약간 부정적으로 기우는 듯하다. 돈을 받고 하는 일에서 느끼는 감정은 보통 .03이고, 즐거움(-.17)과 행복감(-.10)은 낮은 편이다.

경험의 질에서 인종별·계층별로는 차이가 없지만, 성별·연령별로는 미세한 차이가 보인다. 돈을 받고 일할 때 남학생은 여학생보다 집중을 좀 더 잘 하고(남학생 = .55, 여학생 = .25),[26] 고1은 고3보다 즐거움을 더 느낀다(고1 = .10, 고3 = -.29).[27] 하지만 유급 노동은 모든 학생에게 대체로 비슷한 경험을 주는 듯하다.

우리는 유급 노동을 할 때 학생이 받는 느낌을 숙제, 교제, TV 시청 그리고 자잘한 유지 활동을 할 때 받는 느낌과 비교해 보았다. 이 다양한 활동에서 경험의 질은 예상대로 큰 차이를 보였다. 먼저 유급 노동은 다섯 가지 활동 중에서 가장 큰 '자부심'을 주었다(표 4.3). '집중력'은 유급 노동과 숙제를 할 때 TV 시청, 교제, 유지 활동을 할 때보다 아주 높게 나타났다.

중요성의 잣대가 되는 '비중'은 유급 노동이 TV 시청이나 교제보다는 상당히 높았지만 숙제보다는 낮았다. 유급 노동을 할 때 드는 '긍정적 감정'은 숙제, TV 시청, 유지 활동과 큰 차이가 없었지만 교제보다는 한참 낮았다. 또 유급 노동은 별로 즐겁지 않고 불행한 경험—숙제와 거의 비슷—으로 다가오고, TV 시청이나 교제보다 '즐거움'이 훨씬 덜 하다.

유급 노동을 하는 동안 청소년이 받는 느낌은 일 같은 활동을 할 때 갖는 느낌과 크게 다르지 않다. 자부심은 좀더 높게 나타나지만 비중과 집중력은 엇비슷하게 높고 즐거움은 낮다. 청소년이 일찍 취업을 경험하면서

표 4.3 청소년이 유급 노동을 할 때 느끼는 경험의 질

	1 유급 노동	2 학교 숙제	3 교제	4 TV 시청	5 유지 활동
N=159					
자부심	0.37[a]	-0.01	0.02	-0.25	-0.07
비중	0.34	0.59	-0.08	-0.78	-0.37
긍정적 감정	0.03	-0.15	0.32	-0.09	-0.04
즐거움	-0.17	-0.32	0.27	0.30	-0.02
행복감	-0.10	-0.17	0.28	0.01	-0.01
집중력	0.36	0.37	-0.09	-0.30	-0.38

[a] 경험의 질은 표준점수로 측정된다.

별로 재미를 못 느낀다는 것은 학생 시절의 경험이 미래의 직업에 대한 기대와 포부에 영향을 미칠 수 있다는 점에서 약간 우려되는 대목이다.

앞으로 우려되는 상황

청소년의 내면에서 일에 대한 인식이 형성되는 과정은 결코 단순하지도 자명하지도 않다. 그런 인식은 앞으로 건강한 생활인으로 살아가는 데 관건이 되는 직업 선택의 시기에 가서 중요한 영향을 미친다. 청소년들은 무엇이 일이고 무엇이 놀이인가에 대해서 어느 정도 비슷한 생각을 가지고 있다.

문화적 선입견은 아주 일찍부터 자리잡는다. 생산적 활동이나 공부는 일의 범주에 들어가고 여가 활동은 놀이의 범주에 들어간다고 생각한다. 일의 의미에 대해서도 대체로 비슷한 생각을 하고 있다. 일은 앞으로 살아가는 데는 중요하지만 별로 하고 싶지 않은 것이라는 인식이 뿌리박혀 있다.

일에 대한 대도를 보면 인종별·계층별로 싱딩한 차이가 보이고 그 차이는 우리의 예상과는 다르다. 청소년은 고학년으로 올라갈수록 자기가 하는 것을 더 일처럼 여긴다. 또 애석하게도 나이를 먹을수록 경험의 질은 점점 떨어진다. 인종별·계층별 차이는 특히 우리를 곤혹스럽게 만든다. 왜 부모의 학력 수준이 높은 백인 학생은 형편이 어려운 소수민 학생보다 일을 더 싫어하는 것일까? 왜 백인 학생은 자기가 하는 활동을 더 놀이처럼 생각하고 놀이에서 더 긍정적 경험을 하는 것일까?

이런 결과를 지켜보면서 미국 사회의 앞날에 대해 약간 불길한 시나리오를 그리게 된다. 청소년들의 일에 대한 인식은 점점 부정적으로 나아가고 있다. 앞으로 살아가는 데 일이 중요하다는 데는 누구나 동의하지만 일은 따분하고 괴로운 것이라고 생각한다. 우리의 통념과는 달리 노동 윤리를 고수하고 있는 것은 여유 있는 백인 중산층 학생이 아니다. 오히려 소수민 학생들의 자아 개념에서 일이 더 건전한 역할을 맡고 있다. 사회·경제적 지위가 떨어지는 히스패닉, 아프리카 아메리칸 학생은 일을 통해서 내적 보상을 더 많이 경험한다. 물론 일에 대해서 처음 느꼈던 매력은 훗날 불완전 고용과 실업이 기승을 부리는 현실에 눈을 뜨는 순간 고통으로 바뀔 것이다.

경제적 형편이 어려운 청소년은 여유 있는 또래 집단에 비해 유리된 상태로 보내는 시간이 많다. 즉 일도 아니고 놀이도 아닌 활동을 많이 한다. 유리된 상태는 생산적이지도 않고 즐겁지도 않기 때문에 자부심을 떨어뜨린다. 이런 불유쾌하고 산만한 상태로 너무 많은 시간을 보내면 건강한 성인으로 자라기 어렵다. 이 장에서 우선적으로 관심을 둔 것은 일과 놀이였지만, 사실은 일과 놀이에 들이는 시간보다 유리된 상태로 낭비되는 시간이 현실적으로는 더 심각한 함의를 갖는다는 사실을 잊어서는 안 된다.

이런 추세로 보아 비교적 여유 있게 살지만 일에는 별로 관심이 없는 청소년과 일에 대한 기대는 크지만 나중에 노동 시장에 진입할 때 좋은 직업을 가질 가능성이 희박한 가정 형편이 어려운 청소년으로 이루어진 세대가 앞으로 거대한 사회적 변화를 불러일으킬 것이라고 예상해도 좋을까? 이 심각하고 중요한 문제는 지금 우리가 가진 자료만으로는 해결

할 수 없다. 앞으로 몇 년 뒤에 장기 추적 조사 결과가 나오면 좀 더 확실하게 말할 수 있을 것이다.

한 가지 고무적인 결과는 또래들보다 일에 대한 거부감이 훨씬 적은 소수의 학생들이 있었다는 사실이다. 청소년이 대체로 일을 부정적으로 받아들인다는 현실을 감안할 때 이들은 놀기를 좋아하는 또래 학생들보다 더 괴롭고 힘들게 살아갈 거라고 예상할지 모르겠다. 하지만 전혀 반대다.

일에 대한 정형화된 거부감을 무시할 줄 아는 청소년은 일에서 맛볼 수 있는 가슴 떨리는 도전 정신의 소중함을 안다. 아무리 삐딱한 청소년이라도 자기 인생의 생산적인 면에 대해 긍정적 태도를 얼마든지 쌓아갈 수 있다고 우리는 본다. 그런 태도를 가진 사람이 인생을 남보다 더 즐기면서 행복하게 살아간다. 앞날에 대한 목표 의식이 있고 자신이 하는 일에서 개인적 성취감을 맛보는 것이다.

부모의 학력이 높고 경제력도 좋아야만 이런 긍정적인 노동 윤리를 더 많이 가지는 것은 아니다. 오히려 가난하고 부모의 학력이 낮은 청소년에게서 건전한 노동 윤리를 더 많이 발견할 수 있다. 그 반대편에는 자기가 하는 것은 일도 아니고 놀이도 아니라고 느끼면서 살아가는 청소년이 있다. 이들도 집안 형편이 어렵지만 일에 대한 태도는 수동적 체념에 가깝다.

물론 다음과 같은 질문은 남는다. 앞으로 자라는 세대 중에서 직업인으로서의 자기 정체성을 발전시킬 수 있는 비율은 얼마나 될까? 그런 자기 정체성은 얼마나 지속적이고 안정적으로 유지될까? 앞으로 그것이 얼마나 유용할까? 이 긍정적 자기 정체성을 청소년에게 퍼뜨리려면 무엇을 해야만 할까?

몰입의 경험이
진로를 결정한다

　　십대 초반이면 벌써 일에 대해 부정적인 마음을 갖게 되고 그런 인식이 고등학교까지 이어진다. 하지만 자기가 하는 활동을 주로 일로 받아들이는 학생은 놀이만 좋아하는 학생보다 여러 모로 나은 경험을 하는 것으로 보인다. 이 모순된 결과를 어떻게 설명할 수 있을까?

　　한 가지 설명은 '일꾼'은 일을 부담스럽긴 하지만 반드시 필요한 것으로 받아들일 줄 아는 사회화에 성공했다는 것이다. 그들은 어차피 나중에 커서 일을 가져야 한다고 생각하기 때문에 공동체가 요구하는 기준과 전통에 어긋나지 않는 방향으로 자신의 행동을 맞추어나간다. 전통과 사회적 기준에 따르는 자신의 모습을 주위에서도 알아준다고 느끼기 때문에 일 같은 활동이 별로 즐겁지는 않아도 자신에 대해서 만족해 한다.

　　이보다 더 낙관적으로 설명할 수도 있다. 생산적 활동이 주는 묘미를 어린 일꾼들이 정말로 깨달았을 가능성도 있다는 것이다. 마르크스로부터 프로이트까지, 일은 사람에게 가장 중요한 자기 표현의 수단이고 가장 깊은 만족감의 원천이라고 주장한 학자들은 예로부터 많이 있었다(프레이저 1962; 편햄 1991). 성인의 일상생활에서 가장 긍정적 경험을 제공하는 것이 일이라는 여러 조사 결과도 이런 가능성을 뒷받침한다. 일에 대한 부정적 선입견이 강한 것은 사실이지만 인생이 줄 수 있는 다른 것들과 비교하면 일은 과히 나쁜 것이 아니다.

얀켈로비치의 조사(1981)에서 미국 남성의 84퍼센트, 미국 여성의 77퍼센트가 유산을 많이 상속받아 더 이상 일할 필요가 없더라도 일을 계속할 것이라고 응답했다. 다른 조사를 보면 성인 근로자는 집에서 그냥 있을 때보다 직장에서 일할 때 적극성, 창조성, 집중력이 모두 높아지는 경향이 있다. 자부심도 높고 자기 행동에 대한 만족감도 커진다(칙센트미하이/르페브르 1989; 웰스 1988). 반면 라슨과 리처즈(1994)는 일하는 동안 집중력이 올라가고 의식이 명철해지는 것은 사실이지만 더 즐겁고 편한 것은 집에 있을 때라고 보고한다.

인생에서 가장 기억에 남는 순간은 일이 아니라 스키, 파도 타기, 영화 감상, 연애 같은 여가 활동에서 주로 오는 것이 사실이다(브란트슈태터 1991; 칙센트미하이 1990). 하지만 그런 경험을 할 수 있는 기회는 상대적으로 적다. 우리 인생에서 훨씬 많은 시간을 차지하는 것은 일이다. 따라서 일을 즐길 줄 아는 사람은, 드물게 찾아오는 여가 활동을 통해서만 인생을 즐기는 사람보다 전체적으로 삶의 질이 높다고 말할 수 있다.

다행히 일과 즐거움은 사람들의 통념과는 달리 대립적인 것이 아니다. 왜 그런지를 알아보기 위해 일과 즐거움을 하나로 연결짓는 이론적 모형을 검토하기로 하자.

도전과 즐거움의 함수 관계 : 몰입 모형

　　다양한 문화적 배경에서 이루어진 조사들에서 사람들은 자신의 능력이 주어진 일의 난이도와 엇비슷할 때 가장 즐거운 마음으로 일한다는 사실이 밝혀졌다. 높은 난이도와 높은 기량이 짝을 이루면, 활동에서 어김없이 즐거움을 느끼는 것으로 보고된다.

　난이도와 기량이 균형을 이룬 활동으로는 바위 타기, 체스, 수술(칙센트미하이 1975), 컴퓨터(트레비노/웹스터 1992; 웹스터/마르토키오 1993; 웹스터/트레비노/라이언 1993), 조립 라인에서 하는 작업과 사무 및 관리 업무(칙센트미하이/르페브르 1989), 레크리에이션(스타인 등 1995), 강의(콜먼 1994), 피겨스케이팅(잭슨 1992), 정신 재활 의학(마시미니/칙센트미하이/카를리 1987; 델레 파베/마시미니 1992), 모터사이클 타기(사토 1988/라인베르크 1995), 고등학교 수업(칙센트미하이/라툰드/훼일런 1993) 등이 조사되었다.

　즐거운 경험에는 몇 가지 공통 분모가 있다. 난이도와 기량이 균형을 이루는 것 말고도 '뚜렷한 목표'가 있다. 지금 무엇을 해야 하고 다음에는 무엇을 해야 할지 분명히 아는 것이다. 또 하나는 '피드백'이 바로바로 온다는 점이다. 자기가 일을 제대로 하는 건지 못 하는 건지 항상 알수 있다. 가령 자전거 고치기를 좋아하는 남자아이는 체인을 바짝 조여야 한다든지 등 자기가 무슨 일을 해야 하는지 알며, 체인이 제대로 작동하는지 자전거를 타보고 확인할 수 있다고 말할 것이다.

　쉬운 일은 아니지만 그 아이는 할 수 있다는 자신감을 가질 것이다. 이런 일을 하는 아이는 자기가 하는 일에 빠져들어 그 일과 무관한 것은 잠시 동안 까맣게 잊을 것이다. 학교, 친구, 가족 문제는 한동안 머리에서 사라질 것이다. 자의식도 사라질 것이다. 시간은 빠르게 흐르는 것처럼 여겨질 것이다.

이런 경험의 요소들을 모두 수반하는 일은 그 자체로 할 만한 가치가 있을 것이다. 이런 현상적 차원들을 묶어서 '몰입'이라고 부른다(칙센트미하이 1990). 몰입은 사람들이 최적의 경험을 묘사할 때 거듭 등장하는 말이다. 몰입은 자발적이고 전혀 힘들어 보이지 않는 경험의 측면을 가리킨다. 힘들어 보이지 않는 데는 이유가 있다. 일의 난이도와 그 일을 처리할 수 있는 기량이 엇비슷하기 때문이다.

자전거 고치는 일을 낙으로 삼는 소년은 아무 생각 없이 기계적으로 움직일 것이다. 손가락은 마치 저절로 움직이는 것처럼 정해진 순서에 따라서 이동할 것이다. 하지만 이것은 무엇을 해야 하는지 알고 그것을 할 수 있는 실력을 닦은 사람만이 올라설 수 있는 경지다.

물론 우리가 행동을 하는 유일한 목적이 몰입에 이르기 위해서라고 주장하는 것은 억지다. 오히려 그 반대가 맞다. 보통 때 우리가 원하는 것은 느긋하고 편하게 할 수 있는 일이다. 정력을 쏟을 필요도 없고 별다른 기량도 요구하지 않는 일이다. 여가 시간의 대부분을 차지하는 것은 뭐니뭐니해도 TV가 아니겠는가.

그럼에도 불구하고 가장 알차게 보냈던 순간, 일을 하면서 가장 큰 보람과 즐거움을 느꼈던 순간을 생각하면, 역시 자신이 가진 실력을 모두 쏟아부어 어려운 일을 해냈을 때라고 할 수 있다. 이 성취감은 기억에 두고두고 남아 다시 한 번 그런 경험을 해보고 싶다는 욕구를 불러일으킨다.

왜 외부적 보상이 없는데도 우리는 젖 먹던 힘까지 동원하여 어려운 일을 성취하는 데서 재미를 느끼는 것일까? 어려운 일을 즐기도록 어렸을 때부터 세뇌를 당했거나 훈련을 받아서 그렇게 행동하는 것 같지는 않다. 그보다는 우리가 자신이 가진 잠재력을 모두 실현하고 싶어하는 잠재적 욕망을 가지고 태어났기 때문이 아닐까 싶다. 먹이를 먹고 성 행위를 하는 데서 쾌감을 맛보는 것이 생물의 진화 과정에서 적응력을 높이는 것과 같은 이치로, 기량과 실력을 연마하는 데서 즐거움을 느끼는 개체는 그만큼 생존 확률이 높지 않을까(칙센트미하이 1993; 인길러리 1999; 코너 1990; 라이언 1992; 화이트 1959).

인간의 신경계가 발달하는 과정에서 어려운 일과 쾌감을 연결하는 통로가 뚫렸음에 틀림없다. 그 일이 꼭 필요한 일은 아니었을지라도 말이다. 창조와 진보를 가능케 하는 원동력은 바로 그런 통로에서 나온다. 이유는 저마다 다를지 모르지만 다양한 문화에 속한 수많은 사람들이 이구동성으로 대답하는 것은 고도의 기량이 요구되는 상황이나 활동에 마음이 끌린다는 사실이다.

몰입을 경험할 수 있는 능력은 누구한테나 있겠지만, 그런 경험의 빈도와 강도는 사람마다 뚜렷한 차이를 보이는 듯하다. 미국과 독일에서 조사한 바로는 전체의 15퍼센트는 몰입 상태를 한 번도 경험하지 못했다고 응답했고, 역시 15퍼센트는 하루에도 그런 경험을 여러 번 한다고 답했다. 나머지 70퍼센트는 사람마다 들쭉날쭉이지만 평균 2~3주에 한 번씩 그런 경험을 하는 것으로 보고되었다.

몰입 능력을 가진 사람은 자기 목적성을 중시하는 성격이라고 말할 수 있다. 외부적 보상보다는 활동 자체에 끌려드는 경향을 말한다. 실력도 있고 어려운 일을 마다하지 않는 뛰어난 학생, 다시 말해서 자기 목적성이 강한 성격을 가진 사람은, 특히 공부·숙제·조사 같은 생산적 활동을 하는 동안 자기의 삶을 더 긍정적으로 바라보는 경향이 있다.

우리는 누구나 자기 목적성을 가진 사람으로 성장할 수 있는 잠재력이 있다. 하지만 어린 시절의 경험과 사회적 환경으로 말미암아 많은 청소년이 운동이나 오락 같은 여가 활동이 아닌 다른 활동에서도 즐거움을 맛볼 수 있는 능력을 제대로 살리지 못했다. 놀기만 좋아하는 어른은 보람찬 삶을 살아갈 수 없다. 개인이 얼마나 잘 살고, 사회가 얼마나 잘 사는지는 결국 아이들이 생산적 활동을 하면서 몰입을 경험할 줄 아느냐의 여부에 달려 있다고 말할 수 있다.

도심의 빈민가에서 자라는 아이들은, 살아남으려면 온 정력을 자기방어에 쏟아부어야 한다는 것을 본능적으로 체득한다. 그런 아이들은 자기의 힘을 과시하고 자랑하고 남을 위협하는 옹색한 능력에서 즐거움을 맛보기 쉽다. 그러다 보니 당장의 생존에 도움이 되지 않는 기량을 연마하는 데는 소홀하기 십상이다.

교외의 중산층 아이들은 정반대. 그 아이들은 절박한 현실과 마주치는 것이 아니라 몰입보다는 권태를 낳는 보호막 안에서 살아간다. 이런 아이들은 매사에 의욕이 없고 그저 시키는 일만 마지못해 하고 사사건건 불만을 터뜨리는 어른으로 자랄 위험성이 있다. 그러므로 생산적인 삶을 살아가는 어른으로 성장하는 과정을 이해하기 위해서는 이런 질문을 던져봄직하다.

높은 기량으로 높은 난이도의 일을 하는 데 시간을 더 투자하는 청소년은 미래에 대해 더 의욕적이고 미래를 맞이할 준비가 더 잘 되어 있는가? 더 능동적이고 주체적으로 직업을 선택할 수 있는 능력을 가지고 있는가?

몰입 정도에 따라 경험의 질이 달라진다

　　일상생활에서 일어나는 몰입의 순간을 포착하기 위해 우리가 동원한 방법은 경험 추출법이다. 선행 연구에서는 신호가 갔을 때 응답자가 그 순간에 하고 있던 활동에 대한 과제의 난이도와 기량을 10점 척도로 측정했다. 그렇게 해서 몰입과 함께 나타날 것으로 예상되는 긍정적 인지 상태와 정서 상태로부터 독립된 몰입 현상 자체를 측정할 수 있었다.

　　당초 우리는 몰입과 관련 있는 아주 긍정적인 경험 상태(높은 집중력, 밀착감, 행복감, 만족감 등등)는 과제의 난이도와 기량이 균형을 이루었을 때 나타날 것이라고 예상했다. 그러나 실제로 조사해 보니 이론을 약간 수정하지 않을 수 없었다. 몰입의 효과가 유감 없이 발휘되는 순간은 과제와 기량도 엇비슷하지만 그 수준 또한 비교적 높을 때라는 사실이 밝혀졌다. 사실 그 전까지의 연구에서도 몰입은 사람이 과제의 난이도와 기량을 일주일의 평균치보다 높은 수준으로 매기는 모든 사건으로 정의되었다.[1] 우리도 몰입을 이런 식으로 정의한다.

　　우리는 또 과제의 난이도와 기량의 수준에 따라 세 가지 심리 상태를 정의하여 몰입과 비교했다. '불안'은 과제의 난이도가 평균보다 높지만 기량은 미치지 못하는 경우다. '이완'은 기량은 평균보다 높지만 과제의 난이도는 떨어지는 경우다. '무심'은 과제의 난이도와 기량이 모두 그 사람의 일주일 평균 수준보다 떨어지는 경우를 말한다. 이런 상태에서 청소년이 보고하는 경험의 질을 측정하기 위해 7가지 변수를 잡았다. 그것은 집중력, 즐거움, 행복감, 힘, 의욕, 자부심, 중요도였다.

　　우리가 조사한 청소년들은 몰입 상태에 있을 때 집중력, 즐거움, 행복

표 5.1 몰입·불안·이완·무심과 경험의 질

경험의 질 (개인 수준 표준점수)	경험 상태			
	몰입	불안	이완	무심
N=84				
집중력[a]	.48***	.26***	-.17***	-.39***
즐거움	.13***	-.30***	.18***	-.20***
행복감	.09***	-.22***	.12***	-.13***
힘	.20***	-.06**	.02	-.15***
의욕	.04*	-.27***	.12***	-.08***
자부심	.38***	-.28***	.14***	-.40***
중요도	.43***	.27***	-.17***	-.32***

* = p<.05
** = p<.01
*** = p<.001
a 각 범주는 다른 세 범주를 더한 결과와 t-검증으로 비교했다.

감, 힘, 의욕, 자부심이 올라가고, 지금 하는 일이 앞으로도 중요하다고 보고했다(표 5.1). 몰입이 청소년에게 아주 긍정적인 경험을 제공하는 것은 분명하다. 지금 하는 일이 앞날의 목표를 이루는 데 중요하다고 누구보다도 강하게 느끼는 청소년은 바로 몰입을 경험하는 청소년이다. 지금 하는 일에서 느끼는 보람이 더 큰 인생의 틀로, 따라서 앞날의 자기 발전으로 이어진다고 그들은 생각한다.

몰입 경험을 과제의 난이도와 기량이 제각각인 다른 경험들과 비교하면 더 큰 그림이 나타난다. 불안 상태(높은 난이도와 낮은 기량)에서는 집중력과 중요도가 일주일 평균 수준을 웃돈다. 이 둘을 제외하면 나머지는 모두 낮다. 즐거움, 행복감, 힘, 의욕, 자부심은 모두 평균을 밑돈다. 불안 상태에서 청소년은 의욕이 가장 낮아진다고 보고한다. 무언가 다른 일을 하고 싶다는 욕구가 강하게 들기 때문이다.

이완(낮은 난이도와 높은 기량)은 불안과는 정반대 현상을 보여준다. 사실 이완은 청소년에게는 별로 불쾌한 경험이 아니다. 집중력과 중요도는 떨어지지만 즐거움, 행복감, 의욕, 자부심은 올라간다. 이완이 불안을 뒤집어놓은 것이라면 무심은 몰입의 정반대다.

무심(낮은 난이도와 낮은 기량) 상태에서 청소년은 전반적으로 경험의 질이 가장 낮은 수준이다. 집중력, 즐거움, 행복감, 힘, 의욕, 자부심은 모두 현저하게 떨어진다. 무심을 가져오는 활동은 목표를 가진 활동과는 거리가 멀다. 청소·옷 입기·식사·휴식·통학 같은 매일처럼 되풀이하는 일과 아니면, 창 밖을 멍하니 바라본다든가 TV를 보는 것처럼 수동적 여가 활동이 여기에 들어간다.

무심이 눈앞에 만족을 가져오는 것도 아니고 미래의 보상을 약속하는 것도 아닌데 왜 청소년은 이런 상태에서 빠져나오려고 애쓰지 않는 것일까? 비록 돌아오는 보상은 거의 없지만 당장은 편하기 때문에 그런 상태를 받아들이는 것으로 보인다.

네 가지 상태를 비교하면 몰입 경험이 청소년에게 얼마나 중요한지 알 수 있다. 몰입은 높은 난이도가 즐거움, 자긍심, 지속적 발전과 연결되는 유일한 상태다. 그렇다고 해서 다른 상태에 빠지는 것을 어떻게 해서든 피해야 한다는 뜻은 아니다. 그건 가능하지도 않고 바람직하지도 않다. 과제를 풀 수 있는 실력이 모자란 상태에서 어려운 일을 마주했을 때 느끼는 불안은 배워나가는 과정의 일부분이다. 불안을 느낄 줄 알아야 모자란 실력을 키워 다음에 몰입을 경험할 수 있다.

불안과 몰입을 번갈아 체험하면서 청소년은 배움은 하나의 과정이며 실력은 향상되기 마련이라는 자신감을 느낀다. 이완 상태도 청소년의 경험에서 빼놓을 수 없는 부분이다. 많은 청소년이 그런 '죽치는 시간'을 좋아하며, 사실 반드시 필요한 것이다. 하지만 하릴없이 시간 때우기만 해서는 자기 발전이 없다. 목표를 이루는 데 필요한 일을 해결하는 데서 느끼는 즐거움은 몰입에서만 얻을 수 있다.

몰입을 낳는 활동

높은 난이도와 기량은 구체적으로 언제 경험하는 것일까? 표 5.2는 우리가 조사한 청소년들이 일주일 동안 가장 자주 하는 활동을 나열한 것이다. 각각의 활동에 대해서 우리는 그것이 몰입, 이완, 무심, 불안으로 체험되는 정도를 보고하도록 요구했다.

역시 생산적 활동을 할 때 '몰입'을 가장 많이 경험했다. 수업, 숙제, 근무는 모두 평균(26퍼센트)보다 높은 몰입 경험을 낳는다. 게임, 운동, 취미도 몰입의 빈도가 높다. 그러나 다른 모든 활동은 몰입을 가져오는 빈도가 평균을 밑돈다. 특히 휴식, 식사, TV 시청이나 영화 감상을 하는 동안에는 몰입 경험을 가장 적게 한다. 일상생활에서 몰입의 원천을 재는 또 하나의 방법은 하나하나의 응답마다 몰입 점수를 매기는 것이다.[2]

'이완'은 청소년이 휴식·식사·TV나 영화 보기·음악 감상을 할 때 가장 높고, 일이나 능동적 여가처럼 몰입을 요구하는 활동을 할 때 가장 낮다. '무심'도 비슷한 양상을 드러낸다. TV를 볼 때 무심 수준이 가장 높고 숙제를 할 때 가장 낮다. 학생들은 숙제, 수업, 게임, 운동, 근무를 할 때 평균 수준을 웃도는 불안을 경험한다. 하지만 쉬거나 TV를 보거나 밥을 먹거나 음악을 들을 때는 '불안'을 거의 모르고 지낸다.

이런 양상을 종합적으로 파악하면 청소년이 왜 어떤 일을 하는지 납득이 가기 시작한다. 생산적 활동과 능동적 여가는 몰입도 자주 경험할

활동 범주	N	몰입	불안	이완	무심
전체 활동[a]	824	26%	17%	31%	25%
생산적 활동					
수업	824	38.31***	29.12***	16.79***	15.78***
숙제	460	44.47***	30.85***	12.70***	11.98***
근무	189	41.87***	20.68**	23.55**	13.90***
여가 활동					
교제	761	19.73***	12.32***	38.27***	29.68***
게임/운동	512	44.33***	23.58***	16.52***	15.56***
TV	726	12.83***	6.13***	43.05***	37.98**
영화/음악	311	15.05***	6.62***	43.54***	34.80***
취미	625	33.85***	18.52	29.84	17.80***
생각	457	19.24***	14.83	31.45	34.48***
유지 활동					
허드렛일	389	26.46	18.09	31.18	24.27
식사	642	12.80***	6.13***	50.14***	30.93***
청소/몸단장	623	17.81***	11.34***	39.72***	31.14***
휴식	462	11.29***	4.11***	49.50***	35.10***
통학	707	17.35***	10.43***	40.18***	32.05***
기타 활동	449	22.47*	15.04	30.68	31.81**

표 5.2 다양한 활동에서 몰입 상태와 비몰입 상태가 차지하는 시간 비율

* = p<.05

** = p<.01

*** = p<.001

a 각각의 활동을 다른 모든 활동을 합산한 결과와 개인 수준의 t-검증으로 비교한 것이다.

수 있고 한마디로 즐겁지만 불안하게 만들기도 한다. 청소년은 수동적 여가 활동을 하면서 불안에서 벗어날 수 있다. 이런 활동은 즐거운 몰입 경험을 낳지 못하고 무심으로 전락할 수도 있지만 편하고 걱정 근심을 덜어준다는 장점이 있다.

더 강력한 몰입을 유발하는 활동이 따로 있을까? 우리는 생산적 활동, 사회적 활동, 능동적 여가 활동, 수동적 여가 활동, 유지 활동, 기타 활동 등 6가지의 범주로 묶었다(표 5.3). 몰입의 수준은 수업 활동, 숙제, 특별 활동, 근무 같은 생산적 활동을 할 때 가장 높았다. 취미를 살린다거나 운동을 한다거나 하는 능동적 여가 활동은 생산적 활동과 몰입의 수준이 비슷하다. 가족이나 친구와 어울리는 동안에는 몰입의 수준이 뚝 떨어진다. 음악을 듣거나 비디오를 보는 수동적 여가 활동은 식사나 청소 같은 유지 활동보다 오히려 몰입의 강도가 떨어진다.

청소년이 실제로 몰입과 관련이 있는 활동에 들이는 시간은 얼마나 될까? 우리는 몰입을 가장 많이 경험하는 학생 집단(상위 25퍼센트)과 가장 적게 경험하는 학생 집단(하위 25퍼센트)으로 나누었다. 몰입을 자주 경험하는 학생들은 생산 활동에 들이는 시간이 일주일에 7시간쯤 많고, 능동적 여가 활동에 들이는 시간이 3시간쯤 많다. 반면 사회적 활동, 수동적 여가 활동, 유지 활동에 들이는 시간은 두세 시간 적다.

두 집단은 시간을 보내는 방식이 상당히 다르지만 시간의 전체적 분포는 놀랄 만큼 비슷하다. 두 집단 모두 생산적 활동에 가장 많은 시간을 들이고 그 다음이 유지 활동, 수동적 여가 활동의 순이다. 능동적 여가 활동과 '기타' 활동에 양쪽 모두 가장 적은 시간을 들였다.[3]

이 범주들 안으로 좀 더 자세히 들어가보면 두 집단이 시간을 쓰는 방식

표 5.3 활동에 따른 몰입의 강도(개인 수준 결과)

활동 범주	반응수	평균 몰입 점수
생산적	806	5.38
사회적	735	4.04
능동적 여가	705	5.20
수동적 여가	773	3.65
유지	799	3.72
기타	588	4.32

$F = 159.94$
$p < .0000$

에서 또다른 차이가 나타난다. 몰입 경험을 많이 하는 학생은 수업, 숙제에 들이는 시간이 많고 일도 많이 하는 반면 TV는 적게 본다. 이 모든 차이는 통계적으로 의미가 있다. 그렇지만 난이도와 기량이 균형을 이루어 몰입을 자주 유발하는 과외 활동이나 운동에 들이는 시간은 비슷하다.

몰입을 많이 하는 학생과 적게 하는 학생을 비교해 보면, 청소년이 하루에 스스로 선택할 수 있는 시간이 사실 그리 많지 않다는 걸 알 수 있다. 우선 청소년은 활동할 수 있는 범위가 상당히 좁다. 학교에는 꼬박 꼬박 다녀야 하기 때문에 청소년은 주로 학교에서 시간을 보낸다. 대부분의 청소년은 그나마 남는 시간도 수동적 여가로 소일한다. 이것은 제약에 따른 불가피한 반응이 아니라 능동적 선택처럼 보일지 모르지만, 도전해 보고 싶은 일을 쉽게 접하기는 어렵다.

청소년이 생산적이고 능동적인 여가 활동을 즐기려면 어른의 지도와 감독, 격려가 필요할 때가 많은데, 이렇게 물심 양면으로 지원해 줄 수 있는 어른의 수는 애석하게도 그리 많지 않다.

하지만 시간을 보내는 방식이 거의 비슷해도 몰입을 경험하는 비율은 크게 차이가 난다. 학교 공부에 들이는 작은 시간 차이가 나중에 중요한 발달의 차이를 가져오는 것 같다. 교육 현장에서 이루어진 조사에 따르면 학생이 정말로 '배움의 기회'를 가질 수 있었다고 말하기 위해서는 수업에 들이는 시간을 포함하여 일정한 학교와 교실의 여건이 마련되어 있어야 한다.

청소년에게는 몰입을 경험할 수 있는 기회를 자꾸만 주어야 한다. 다시 말해서 청소년이 기량을 갈고 닦을 수 있는 활동을 자주 할 수 있는 기회를 주어야 한다. 그런 기회가 많으냐 적으냐의 조그만 차이가 학생이 느끼는 경험의 질과 나중에 어른이 되었을 때 시간을 활용하는 방식에서 커다란 차이로 나타난다.

타인의 존재와 몰입

청소년을 대상으로 예전에 경험 추출법으로 조사를 했을 때 어떤 활동의 경험 내용은 다른 사람이 있느냐 없느냐에 따라 달라진다는 결과가 나왔다. 식사나 쇼핑은 친구들과 같이 하면 놀이처럼 여겨진다. 반면 집에서 식구들과 이야기하는 것도 청소년에게는 일처럼 여겨질 때가 많다.

타인의 존재는 청소년이 몰입을 경험하는 데 도움이 될까 방해가 될까? 몰입을 많이 경험하는 학생은 몰입을 적게 경험하는 학생에 비해 혼자 있는 시간은 적고 여럿이 함께 보내는 시간은 많다(각각 3퍼센트 정도). 그 '여럿'은 주로 식구일 때가 많다. 몰입 빈도가 높은 학생은 식구들과 보내는 시간이 4퍼센트쯤 많다. 친구들과 보내는 시간에는 별다른 차이가 없다. 남들과 같이 보내는 시간의 전반적 분포에서는 몰입을 많이 하는 학생이든 적게 하는 학생이든 큰 차이가 없다. 두 집단 모두 주로 남들과 시간을 함께 보낸다.

몰입은 고독한 활동이 아닌 듯하다. 이것은 청소년이 나중에 독립할 수 있는 실력을 닦아나가는 과정에서 가족의 지원에 기대는 이른바 '사회적 유태 성숙'이 가질 수 있는 장점을 암시한다.

몰입과 인격의 발달

경험 전반의 질: 몰입은 당면한 경험의 질에 직접적으로 영향을 미친다. 그렇다면 몰입은 장기적으로도 커다란 차이를 만들어내는 것일까? 몰입이 생산적 활동을 하고 싶다는 의욕과 실력을 닦고 싶다는 욕구를 불러일으키는 것이 사실이라면, 몰입을 자주 경험하는 학생은 감정적으로나 이성적으로 그만큼 미래를 맞이할 수 있는 준비가 더 잘 되어 있다고 예상할 수 있을 것이다.

우리는 모든 청소년에게 특정한 종류의 활동과 타인의 존재가 몰입을 경험하는 데 도움이 된다는 사실을 이미 확인했다. 이제는 청소년이 겪는 경험 하나하나의 질이 몰입의 빈도와 관련이 있는지를 물어야 할 차례다. 이번에도 우리는 집중력, 즐거움, 자부심, 행복감, 힘, 의욕, 중요도를 물었다. 우리가 관심을 갖는 것은 이 경험의 질들이 코앞에 주어진 난이도 높은 과제나 기량과 관련 있는가, 아니면 높은 난이도와 기량을 일주일 내내 자주 보고하는 학생은 일반적으로 그런 경험의 질이 높게 나타나는가 하는 것이다. 즉 우리는 '상태로서의 몰입'과 '특성으로서의 몰입'을 구분해 보고 싶은 것이다.

몰입의 빈도가 높은 학생 집단은 생산적 활동을 많이 한다는 사실을 발견했다. 그들은 집중력, 자부심, 중요도에서 높은 점수를 보였다

(표 5.4). 즐거움, 행복감, 힘, 의욕 면에서는 몰입을 자주 경험하지 못하는 학생 집단과 별다른 차이가 없었다.

능동적 여가 활동과 수동적 여가 활동에서는 두 집단의 차이가 별로 없지만 한 가지 차이는 있었다. 몰입을 자주 경험하는 학생이 여가 활동도 더 즐겁게 여겼다. 논의와 직접 상관은 없지만 두 집단 모두 생산 활동보다는 여가 활동에서 대체로 더 긍정적 경험을 보고한다는 사실도 덧붙이고 싶다. 그들은 여가를 즐길 때 더 행복하고 강하고 의욕이 넘친다.[4]

이 결과들은 난이도가 높은 활동에 적절한 기량을 가지고 대응할 줄 아는 능력은 청소년이 지금 당장도 그렇고 나중에도 그렇고 순조롭게 살아가는 데 빼놓을 수 없는 요소임을 시사한다. 하지만 이런 능력이 나중에 훌륭한 직업인으로 성장하는 데 필요한 자세와도 관련이 있다는 증거가 있을까? 이런 물음에 답하기 위해 우리는 직업성향 조사와 경험 추출법에서 다양한 변수를 골랐다.

먼저 직업 성향 조사에서 우리가 뽑은 독립 변수들은 '미래 지향성'을 측정했다. 몰입을 자주 경험하는 학생은 미래에 대해 더 낙관적인가? 미지의 경험에 대해서 더 개방적인가? 덜 비관적인가? 두번째 변수 집단은 '의욕'과 관련 있다. 몰입의 빈도는 내재적, 외재적, 사회적 의욕의 강도와 관련이 있는가? 세 번째 변수 집단은 직업 성향 조사에서 뽑은 '직업 인식도'를 말한다. 몰입을 자주 경험하는 학생은 직업의 세계에 대해서 더 잘 알고 있는가?

마지막으로 경험 추출법을 통해 우리는 활동을 일처럼 여기거나 놀이처럼 여기는 성향과 몰입 사이의 관계를 검증했다. 활동을 일처럼 여기

표 5.4 고몰입 집단과 저몰입 집단의 경험의 질 비교(개인 수준의 T-검증 결과)

	고몰입 집단	저몰입 집단
N	202	202
A. 생산적 활동을 하는 동안		
집중력	7.02**	6.52**
즐거움	5.25	4.89
행복감	4.86	4.82
힘	4.55	4.62
의욕	3.88	3.87
자부심	6.35**	5.86**
미래 목표에서 차지하는 중요도	5.06**	4.41**
B. 능동적 여가 활동을 하는 동안		
집중력	6.82**	5.99**
즐거움	7.77*	7.30*
행복감	5.39	5.44
힘	4.90	4.88
의욕	6.13	6.01
자부심	6.38**	5.86**
미래 목표에서 차지하는 중요도	3.65***	2.86***

* = p⟨.05
** = p⟨.01
*** = p⟨.001

는 사람이 몰입을 잘 경험하는가 아니면 놀이처럼 여기는 사람이 몰입을 더 잘 경험하는가?

미래 지향성: 직업 성향 조사에서 우리는 학생들에게 미래에 대한 태도와 관련된 9개의 형용사를 주고 점수를 매겨달라고 요청했다. 이 태도를 결국 세 가지 범주로 묶으면 낙관주의(힘, 자신감), 경험에 대한 개방

성(호기심과 열정), 비관주의(미래에 대한 불신)가 된다.[5]

몰입을 자주 경험하는 학생은 미래를 다분히 낙관적으로 보는 것으로 나타났다. 이 결과는 과제의 난이도와 기량이 모두 낮거나 이 둘의 차이가 많이 나면 힘이나 자신감을 좀처럼 경험하지 못할 것이라는 이론적 예상과 맞아떨어졌다. 무심, 불안, 이완 상태로 많은 시간을 보내는 청소년은 미래에 대한 자신감을 경험하기 어려울 것이다. 우리는 또 몰입은 경험에 대한 개방성을 높이고 비관주의를 줄일 것으로 예상했다. 표 5.5의 결과는 이런 예상을 뒷받침한다.

의욕의 원천: 학생들이 중요하다고 본 보상 또는 의욕의 원천은 세 가지로 묶을 수 있다.[6] 우리는 "지금 하는 일이 흥미롭다" "지금 하는 일이 즐겁다"라는 반응을 통해 드러나는 내재적 의욕이 몰입과 정비례 관계에 있을 것이라고 예상했다. 우리의 예상은 들어맞았지만 내재적 의욕과 몰입의 상관 관계는 외재적 의욕, 사회적 의욕과 몰입의 상관 관계만큼 강하지 않았다(표 5.5). 몰입을 자주 경험하는 학생일수록 "나중에 안정된 직업을 가지는 데 필요하다" "부모님의 기대에 부응한다"는 태도를 보였다.

예상하지 못한 결과이긴 하지만 우리의 기본적 진제가 빗나갔다고 볼 수는 없다. 아쉽기는 하지만 몰입을 자주 경험하는 학생은 대부분의 활동을 내재적 의욕만으로는 끝까지 해내기 어려운 것으로 보인다. 외재적 보상과 사회적 보상이 뒤따라야만 참고 일을 해내는 것 같다. 어려운 과제를 수행할 때 이 학생들은 다양한 잠재적 보상을 기대하면서 노력을 기울이는 것으로 보인다. 열심히 일하면 목표를 달성했다는 성취감도 있겠지만 물질적 보상을 얻고 사회적으로 인정받는 데 큰 기대를 건다.

표 5.5 몰입의 빈도와 다른 태도들 사이의 관계

종속 변인	베타[a]
N=310	
미래 지향성	
낙관주의	.15**
개방성	.03
비관주의	-.08
의욕의 원천	
내재적	.09
외재적	.13*
사회적	.15**
직업 인식도	
지식	-.04
적응 점수	-.10*
학습 실천 점수	.09
일과 놀이	
일 같은 활동의 비율(%)	.23***
놀이 같은 활동의 비율(%)	.13*
둘 다인 활동의 비율(%)	.16**
둘 다 아닌 활동의 비율(%)	-.32***

* = $p < .05$

** = $p < .01$

*** = $p < .001$

a 성, 학년, 인종, 부모 학력, 성적, 지역 사회 수준이라는 변인을 통제했을 때 여러 회귀분석 모형에서 각 종속 변인을 예측하는 몰입의 표준화된 상관 계수.

여러 연구를 통해 밝혀졌지만 사실 내재적 보상과 외재적 보상은 양립 불가능한 것이 아니다. 몰입을 자주 하는 학생이 유리한 것은 또래들보다 더 큰 보상을 기대하는 법을 배우기 때문인지도 모른다. 노력에 대해서 더 많은 잠재적 보상을 머리에 그릴 수 있기 때문에 아무리 일이

지긋지긋해도 의욕을 잃지 않을 수 있는 것이다.

직업 인식도: 학생들이 직업의 내용과 역할에 대해서 얼마나 알고 있으며(지식, 적응 점수) 자기가 흥미를 느끼는 직업과 관계된 경험을 해본 적이 있는지(학습 실천 점수) 알아보기 위해 세 가지 변수를 동원했다.[7] 몰입을 자주 경험하는 학생은 직업 인식도를 재는 이 세 영역에서 모두 높은 점수를 보일 것이라고 우리는 예상했다(표 5.5). 그러나 우리의 예상은 빗나갔다. 유일하게 유의미한 관계는 몰입과 적응 점수에서 나왔는데 그것도 정비례가 아니라 반비례였다.

적응 점수는 세 가지 직업 중에서 다른 두 직업과 다른 종류의 직업을 골라내는 과제를 얼마나 잘 하느냐로 따졌다. 가령 경제학자, 은행원, 점원을 제시하면 경제학자는 전문직이니까 따로 골라내는 식이었다. 이 검사는 심리 측정 수단으로도 요긴하지만 추리 능력과 내용에 대한 지식도 측정한다. 어쨌든 몰입을 자주 경험하는 학생의 점수가 왜 유독 여기서는 낮게 나왔는지 아직은 설명하기 어렵다.

일과 놀이: 우리는 몰입을 자주 경험하는 학생이 자신의 활동을 일과 놀이로 볼 확률이 높고, 일도 아니고 놀이도 아닌 것으로 볼 확률은 낮을 것이라고 예상했다. 실제로 우리가 얻은 결과는 몰입을 자주 하는 학생은 자신의 활동을 놀이나 일로 보거나 둘 다로 보는 경향이 있다는 것을 보여준다(표 5.5). 몰입을 덜 경험하는 학생과 비교할 때 이런 학생은 자신의 활동이 일도 아니고 놀이도 아니라고 말하는 경우가 드물다. 이 결과는 청소년이 어른으로 순탄하게 커가는 과정을 이해하는 데 아

주 중요한 뜻을 갖는다.

생활 속에서 높은 난이도를 가진 과제를 자주 만나고 그것을 해낼 수 있는 능력이 자기한테 있다고 느끼는 청소년은 일상의 활동은 일과 놀이로 이루어져 있다는 의식을 내면화한다. 반면 어려운 과제를 피하고 그걸 해낼 기량도 부족한 청소년은 활동은 해도 그것을 생산적이라고 느끼거나 즐겁다고 느끼지 못한다. 자꾸 그런 식으로 살아가다 보면 자신이 하는 활동에서 점점 소외당하는 불행에 빠지게 되고, 어른이 되어서도 이렇다 할 성취감이나 보람을 못 느끼면서 살아가게 될지 모른다.

청소년기에는 다양한 도전이 필요하다

높은 난이도를 가진 과제와 높은 기량을 경험하는 것은 청소년에서 성인으로 넘어가는 과정에서 아주 중요한 징검다리의 역할을 한다. 어려운 과제와 맞닥뜨렸어도 기량이 받쳐주는 상황이면 경험의 질은 어김없이 높게 나타난다. 이런 종류의 경험은 공부 같은 생산적 활동을 하거나 능동적 여가 활동을 할 때 특히 많이 나타난다.

높은 기량으로 어려운 과제에 많이 도전해 본 청소년은 또 전반적으로 양질의 경험을 하고 생산적 활동을 많이 하며 의욕적이고 낙관주의적이고 자부심도 높다. 이런 성향은 계층, 연령, 인종, 그밖의 복잡한 변수들을 일정하게 유지해도 일관되게 나타난다. 또 생산적이고 일 같은 활동은 부정적으로 받아들여지는 경향이 있음에도 불구하고 그러하다.

우리가 조사한 청소년들이 무작위로 울리는 삐삐 신호음을 받았을 때 어려운 과제에 도전하고 있다고 보고한 것은 정확히 무엇이었을까? 개개인의 반응을 좀 더 구체적으로 따지고 들어가면 도전이라는 개념도 복잡하고 애매모호해진다.

한 여학생은 테니스를 도전으로 보았다. "있는 힘껏 공을 치는 건 너무나 짜릿해요. ⋯⋯ 꼴보기 싫은 사람의 얼굴이 떠오르면 공을 그 사람이라고 생각하죠. ⋯⋯그리곤 냅다 후려쳐요." 어떤 남학생은 합창단에서 노래 부르고 있었고, 어떤 여학생은 수학 문제에 도전하고 있었다. 가정 문제를 해결하느라 끙끙 앓는 친구도 있었고, 법관이 되기 위해 열심히 공부하는 학생도, 운전을 배우는 학생도 있었다.

살다 보면 우리는 늘 자잘구레한 문제에 부딪힌다. 누나의 생일 선물을 무엇으로 선택할 것인가 하는 문제, 숙제를 어떻게 하면 제 시간에 마칠 것인가 하는 문제로 늘 골치를 썩인다. 청소년에게 물어보면, 열에 아홉은 어떤 일에 도전하기보다는 그저 편히 지내는 게 좋다고 대답한다. 선택을 하라고 하면 그들은 아마 문제의 난이도는 낮고 기량은 높은 이완 상태로 남아 있기를 원할 것이다.

하지만 그럼에도 불구하고 청소년이 경험을 통해 가장 많은 것을 얻을 때는 자신의 기량을 총동원하여 도전에 뛰어들었을 때라는 사실을 우리는 경험 추출법을 통해 확인할 수 있었다.

아이의 직업관 형성에
가정은 어떤 영향을 미치는가?

가정의 특성과 가정이 제공하는 경험은 아동기와 청소년기에 마음에 품는 직업의 유형에 강한 영향을 미친다. 200년 전까지만 하더라도 아이는 가정이라는 울타리 안에서 어른의 일을 배웠다. 농부의 아들은 밭에 나가서 아버지 일을 거들었고 석공의 아들은 아버지 밑에서 석공이 되기 위한 도제 수업을 받았다. 여자아이는 집안 살림을 꾸려가는 데 필요한 복잡한 기술을 어머니한테 배웠다.

대부분의 아이들이 가정이라는 울타리 바깥에서 일의 쓰라린 맛을 처음 경험하게 된 것은 19세기 중반의 산업 혁명 이후 산업 국가들이 나타나면서부터였다(톰슨 1963).

지금의 부모는 자녀에게 어른이 되었을 때 필요한 직업 기술을 거의 가르치지 않는다. 아이를 장차 어엿한 직업인으로 키우는 과정에서 가정이 할 수 있는 역할은 학교 생활에 적응할 수 있도록 지도하고 어른이 되었을 때 생산적이고 만족스러운 직업을 갖는 데 도움이 될 만한 가치관, 의욕, 자세, 기대를 자녀에게 심어주는 것으로 상당히 축소되었다. 하지만 파슨즈가 주장하듯이(1952), 아이가 규율을 받아들이고 행위 규범을 내면화하는 법을 배우는 주된 장은 가족끼리 살을 맞대고 살아가면서 감정적 결속을 강하게 느끼는 가정이라는 울타리다.

가정이라는 역동적 구조와, 이 구조가 청소년의 태도와 행동에 미치는 영향은 표본의 규모가 방대한 여러 조사에서 소홀히 다루어졌다. 거기에는 이유가 있다. 가정 안에서 이루어지는 상호 작용을 움직여나가는 중요한 성분들을 확인하고 분리하고 측정한다는 것이 이만저만 어렵지 않기 때문이다.

그래서 그 동안의 연구는 주로 가정의 특성과 학생의 학업 성취도의 관계에 초점을 맞추었다. 이런 연구에서 부모의 학력, 경제력, 사회적 지위는 아이의 학교 성적과 상당히 관련성이 높다는 사실이 밝혀졌다.

하지만 이런 조사 결과는 상황을 개선할 수 있는 신통한 대안을 부모나 교육 당국에 제시하지 못한다. 게다가 이런 가정의 특성은 가정이라는 환경을 개괄적으로밖에 묘사하지 못한다. 따라서 구체적으로 아이가 가정에서 어떤 식으로 영향을 받는지 막상 설명하려고 들면 논리가 궁색해진다.

예를 들어 어머니의 경제력은 똑같다 하더라도 자식을 몇 두었느냐에 따라 아이에게 쏟을 수 있는 시간과 정성은 달라지기 마련이다. 맏이가 경험하는 가정과 막내가 경험하는 가정은 다를 수밖에 없다. 가정의 역동적 구조와 청소년의 학업 성적 사이의 관계를 분석할 때는 청소년이 자신의 가정을 어떻게 보고 있는지를 반드시 고려해야 한다.

청소년기는 독립을 시험하더라도 아직은 가정이 제공하는 든든한 뒷받침이 있어야 안심하는 시기다. 청소년은 보통 여러 방향에서 자신을 밀고 당기는 힘을 의식한다고 말한다. 그 힘은 본인 안에서 나오기도 하지만 친구, 선생님, 가정에서도 나온다. 청소년의 욕구와 사회적 참여가 가정 너머로 확대되어도 가정은 여전히 청소년의 발달에 영향을 미치는 것일까? 밖에서 이루어지는 사회적 교제의 틀이 가정의 영향력을 잠식하는 것은 아닐까?

아동기부터 형성된 틀은 십대에 오면 어느 정도 고착되므로 가정의 지속적 영향력은 줄어들 것이라는 예측이 가능하다. 구성주의 시각에서 아동 발달을 연구한 심리학자 비고츠키 식으로 말하자면 '대화 심리'는 이미 '독백 심리'로 굳어져 있다(비고츠키 1978). 청소년은 어린이보다 사회적 활동 반경이 넓기 때문에 또래 집단의 영향을 훨씬 많이 받는다(해리스 1998). 또 TV, 책, 음악, 영화 같은 상징 매체를 자유롭게 접할 기회가 어린이보다 훨씬 많다.

하지만 이런 가정 바깥의 영향력에도 불구하고 연구 결과, 부모가 전하는 사랑과 규율(자녀 지도서들마다 명칭은 다양하지만)은 청소년의 발달에서 여전히 중요한 것으로 드러났다(데이먼 1983; 어윈 1987; 매코비/마틴 1983). 가령 라이스(1981)는 가정은 청소년이 세상을 자기 나름으로 인식하고 경험하는 방식에 강한 영향을 미치는 일종의 '준거틀'을 제공한다고 주장한다.

학교에서 받는 여러 가지 영향(문화, 교사의 성향, 수업 내용, 교우 관계 등)을 과소 평가하는 것은 아니다. 그렇지만 청소년이 코앞에 주어진 상황과 과제를 해석하는 방식에 지대한 영향을 미치는 것은 가정에서 형성된 기본적 성향이라는 것이다.

가정에서 이루어지는 상호 작용에는 여러 종류가 있다. 그중에서 어느 것이 최적의 발달 환경을 만드는 데 가장 큰 기여를 하는 것일까? 바움린드(1987, 1989)는 반응과 요구가 적절한 조화를 이룬 환경에서 청소년은 자기 역량을 한껏 발휘한다고 본다. 쿠퍼 등(1983)은 결합과 분화가 조화를 이룬 가정 환경(남의 생각을 귀담아 듣고 의견의 조율을 꾀하면서도 자기 의견을 분명히 밝히는 분위기)에서, 청소년이 자기 정체성을 기르고 역할을 받아들이는 능력을 키우게 된다고 말한다. 이 두 연구 결과는 '차별화'와 '통합'이 모두 필요한 과정이라는 사실을 일깨운다.

자기 정체성을 만들어나가는 과정은 반드시 대안을 모색하는 위기의 시기를 낳는다. 중대한 결정을 하는 결단의 순간은 그 다음에 온다(마시어 1980). 역할을 받아들이려면 자기의 입장을 정할 때 남의 입장을 고려할 수 있어야 한다(쿠퍼 등 1983). 마지막으로 하우저의 연구(1991)는 가정의 대화가 '격려'(정서적 고취)와 '도전'(인식적 고취)을 불러일으키는 쪽으로 움직일 때 청소년의 자아 발달을 돕는다는 사실을 밝혔다. 자아 발달이 높은 수준에 이르면 대화가 차지하는 비중이 점점 커지는 것 같다는 연구 결과도 나와 있다(키건 1982; 로빙거 1982).

'가정의 후원'은 특히 부모가 자녀에게 적절히 반응하는 것을 의미하지만 넓게는 가족 전체의 호응까지도 들어간다. 이런 가정에서 자녀는 편안해 하며 식구들과 잘 어울리며 자신이 사랑과 보살핌을 받고 있다고 생각한다.

도전은 부모를 비롯한 식구들이 아이에게 내놓는 자극, 규율, 훈련을 말한다. 그 의도는 자율성과 자발성을 키우는 데 있다. 식구들이 자기한테 걸고 있다고 아이가 판단하는 기대, 그리고 그런 기대에 부응하고 싶어하는 아이의 마음도 크게 보면 모두 도전이다. 이런 가정에서 부모가 자녀에게 거는 기대는, 더 큰 책임을 갖고 새로운 실력을 닦고 더 높은 개인적 성숙에 이를 수 있도록 모험도 감수하라는 것이다.

청소년은 자신의 관심 영역을 재조정하는 요령, 객관적으로 생각하는 요령, 새로운 기대와 목표를 받아들일 수 있는 실천 계획을 짜는 요령을 익혀나간다. 후원과 자극을 골고루 주는 가정 환경에서 부모는 자녀가 자기만의 관심거리를 안전하고 비교적 갈등이 없는 환경에서 추구할 수 있도록 여건을 조성해 주며 아이가 하는 말을 섣불리 판단하지 않고 귀 기울여 들어준다. 그런 분위기에서 자라는 청소년은 세상으로 나서는 데 부담을 덜 느끼고, 요구에 대한 강박 관념도 덜 느끼고 자기의 주관적 경험에 세심하게 반응할 줄 알게 된다.

가정의 후원은 특히 놀이에 가깝고 자발적이며 감정이 많이 실린 경험을 할 때 중요한 것으로 보인다. 또 가정의 자극은 목표가 뚜렷하고 자기를 많이 의식해야 하는 활동에 도움이 되는 듯하다. 두 가지 조건이 모두 갖추어지면 청소년은 능력과 열의를 모두 가지고 어른스러운 책임을 선뜻 맡겠다는 자신감을 갖는다(칙센트미하이/라툰드 1993; 칙센트미하이/라툰드/훼일런 1993; 라툰드 1996).[1]

가정이 돌아가는 생리는 이런 것이라고 일률적으로 말할 수는 없겠지만 우리는 청소년의 가정 경험을 좀 더 보편적으로 담아낼 수 있는 유사성을 찾아내고 싶었다. 그리고 청소년이 가정에서 경험하는 자극과 격려의 다양한 수준을 좀 더 잘 반영할 수 있도록 가정 상황을 새롭게 범주화하는 방법을 알아내고 싶었다. 이렇게 해서 만들어진 것이 가정의 역동적 구조가 청소년의 생활에 미치는 다양한 효과를 새롭게 이해하고 측정할 수 있는 길을 열어주는 가족의 네 가지 유형이다.

자극과 후원을 더 많이 제공하는 가정은 그렇지 못한 가정보다 자녀를 낙관적이고 의욕적이며 일하는 습관이 더 올바른 청소년으로 자라게 하는가? 이런 차이는 아이의 학업 성적과도 관계가 있을까?

후원과 자극 측정하기

청소년의 가정 환경에서 후원과 자극이 어떻게 주어지고 있는지를 알아보기 위해 우리는 후원 자극 설문 조사(SCQ)를 실시했다. 후원 자극 설문지는 칙센트미하이, 라툰드, 훼일런(1993)이 우수한 청소년들을 조사하기 위해 사용한 것으로, 케빈 라툰드가 동료들과 함께 만들었다. 이번 조사에서는 이것을 조금 더 확대하여 청소년 생활 설문지의 일부로 집어넣었다.

후원 자극 설문지를 구성하는 항목의 3분의 2는 '그렇다'와 '아니다'의 척노로 후원과 자극을 별노로 측성한다. 가령 후원과 관련하여 청소년은 "우리 집에서는 나를 있는 그대로 인정해 준다"나 "식구들과 즐겁게 식사를 하고 대화를 나눈다"는 설문 내용에 가부를 밝히도록 했다. 자극과 관련해서는 "우리 집에서는 내가 최선을 다하기를 기대한다"나 "우리는 사회 문제에 대해서 생각이 다르더라도 각자의 의견을 밝힌다"는 설문 내용에 응답해야 한다.

항목은 긍정적 내용과 부정적 내용을 모두 담고 있으며 가정의 역동

적 구조를 전반적으로 잘 드러낼 수 있게 만들었다. (부록 C에 설문 내용이 모두 수록되어 있다.)[2]

가정을 유형화하기 위해 후원과 자극의 지표를 중간값을 기준으로 각각 이등분했다. 여기서 네 개의 유형이 만들어졌고 학생들은 이 중 어느 하나에 집어넣었다. 네 유형은 높은 후원/높은 자극(45퍼센트), 높은 후원/낮은 자극(11퍼센트), 낮은 후원/높은 자극(14퍼센트), 낮은 후원/낮은 자극(30퍼센트)이다.

우리는 높은 후원/낮은 자극 가정에 속한 학생이 가족과 가장 많은 시간을 보내고 낮은 후원/높은 자극 가정에 속한 학생이 혼자 보내는 시간이 가장 많을 것이라고 예상했다. 이 가설을 검증하기 위해 경험 추출법에서 나온 반응을 토대로 가족과 함께 보내는 시간과 혼자서 보내는 시간을 계산했다.

예상했던 대로 높은 후원/낮은 자극 가정에 속한 학생은 낮은 후원/높은 자극 가정에 속한 학생보다 일주일에 가족과 함께 보내는 시간이 평균 4시간 더 많았다.[3] 혼자 보내는 시간은 높은 후원/낮은 자극 가정에서 자라는 학생이 낮은 후원/높은 자극 가정에서 자라는 학생보다 약 4시간 적었다.[4] 결국 후원 지표와 자극 지표는 상관관계가 높지만 가정의 엄연히 다른 특성을 반영한다고 말할 수 있다.

가정의 후원과 자극을 받은 아이는 어떻게 자라는가?

가정의 네 가지 유형을 분석한 첫 번째 조사는 가족이 가장

표 6.1 가정의 유형과 관련이 있는 것으로 밝혀진 변수들

가정에서……

높은 자극과 높은 후원을 받는다고 생각할 때 청소년은

　일 같은 활동을 한다고 응답할 가능성이 높다[*a]

　더 큰 자부심을 보여줄 가능성이 높다[****]

　자기가 하는 활동이 중요하다고 응답할 가능성이 높다[***]

높은 후원만 받을 때 청소년은

　몰입 경험을 자주 한다고 응답할 가능성이 높다[*]

　더 낙천적인 반응을 보일 가능성이 높다[***]

　새로운 경험에 대해 더 개방적일 가능성이 높다[***]

　내재적 동기의 영향을 받을 가능성이 높다[****]

　외재적 동기의 영향을 받을 가능성이 높다[**]

　사회적 동기의 영향을 받을 가능성이 높다[***]

높은 자극만 받을 때 청소년은

　일이면서 놀이인 활동에 더 많은 시간을 투자할 가능성이 높다[*]

　일도 아니고 놀이도 아닌 활동에 들이는 시간이 적을 가능성이 높다[**]

　일주일 중 기분 좋게 지내는 시간이 평균보다 많을 가능성이 높다[****]

　덜 비관적일 가능성이 높다[***]

F 값의 유의미도: [*]$p < .1$ [**]$p < .05$ [***]$p < .01$ [****]$p < .001$

[a] MANCOVA(높은/낮은 후원과 높은/낮은 자극), 성별, 학년, 인종, 성적, 부모 학력 변수를 통제.

큰 자극을 주거나 가장 큰 후원을 준다고 생각하는 학생이 더 낙관적이고 더 의욕적이며 더 양질의 경험을 하는가를 알아보는 데 목적이 있었다. 우리의 예상은 모두 들어맞았다(표 6.1).[5]

　집에서 자극과 후원을 모두 받는다고 응답한 학생은 다른 학생보다 자부심이 상당히 높게 나타난다. 그들은 또 자기가 하는 일이 미래의 목표뿐 아니라 현재의 목표에 비추어서도 중요하다고 생각하는 경향이 있다. 아울러 자기가 하는 활동을 놀이보다는 일처럼, 일도 아니고 놀이도 아닌 것보다는 일처럼 여기는 비율이 높았다.

청소년 시기에 가정이 맡는 역할은 학생의 의욕을 강화하고 구체화하며 미래 지향성, 낙관주의, 자부심, 다양한 자극에 대한 감수성을 키워주는 것이라고 볼 수 있다. 가족의 후원이 높은 것과 몰입을 경험하는 시간의 길이는 아주 희박한 관련성만을 맺고 있다. 그렇지만 가족의 후원을 많이 받는다고 느끼는 청소년은 확실히 낙천적이며 의욕적이고, 가정으로부터 자극을 많이 받는다고 느끼는 청소년은 양질의 경험을 하고 목표 의식도 뚜렷하다.

가정의 뒷받침을 많이 받는 학생은 다른 학생에 비해 낙천적이고 새로운 경험에 대한 거부감이 덜하다. 더 결정적인 차이는 의욕에서 나타난다. 내재적 동기에서건 외재적 동기에서건 사회적 동기에서건 이들은 더 강한 의욕을 느낀다.

가정이 자극을 많이 준다고 응답한 학생은 경험 추출법으로 조사를 했을 때, 기분이 좋다고 응답하는 비율이 다른 학생들에 비해 높았다. 그들은 또 자기가 하는 활동을 일이면서 동시에 놀이라고 많이 응답했고, 일도 아니고 놀이도 아닌 활동을 하는 시간이 적었다. 자극을 많이 받는 학생은 비관주의로 흐르는 경향이 눈에 띄게 적었다. 끝으로, 자극도 많이 가하고 후원도 많이 하는 가정에서 자라는 학생은 자부심이 가장 높았고 자기가 하는 활동이 미래의 목표와 관련이 있다는 의식이 가장 분명했다.

가정의 유형과 직업 세계에 대한 학생의 지식은 뚜렷한 관련성이 없었다. 이것을 측정하는 세 가지 변수(지식, 적응 점수, 학습 실천)는 가정의 유형에 따라서 이렇다 할 차이를 보이지 않았다(이 변수들의 상세한 내용은 부록 C를 참조할 것).

학교에서 생활하는 자세와 학업 성적은 그러나 네 가지 유형의 가정에서 판이하게 다른 결과가 나왔다. 이런 사실과 여기서 보고되는 경험과 태도의 구체적 결과는 가정에서 이루어지는 역동적 상호 작용이 청소년이 미래를 맞이할 준비를 얼마나 잘 하느냐에, 특히 직업 세계로 어느 만큼 성공적으로 이행할 수 있느냐에 중요한 영향을 미칠 수 있다는 점을 시사한다.

가정 환경과 학교 생활

가정 환경과 학교 생활의 관계를 알아보기 위해 학교에 대한 태도, 숙제에 들이는 시간, 성적, 이 세 가지 결과를 분석했다. 이것들을 선택한 데는 두 가지 이유가 있다. 먼저 이전 연구에서는 이것들을 학교에서의 성취도와 연결시켰다. 가령 학교와 교사, 급우에 대해서 긍정적인 태도를 가진 학생은 그만큼 여유있고 학교 생활에 적극적이며 따라서 배우려는 자세가 되어 있다. 둘째, 학생이 느끼는 의욕에 대해서 알아낸 광범위한 자료를 토대로 우리는 가정의 후원과 자극이 그런 결과들에 강한 영향을 미치리라 기대했다.

분석은 인종, 학교 성적, 남녀, 부모 학력은 통제 변수로 두고 전체 코호트 표본을 대상으로 했다. 여기서 나온 결과는 가정의 후원과 자극 수준을 보면 청소년의 학교 생활을 어느 정도 예측할 수 있음을 시사한다.

표 6.2 가정 유형별로 본 학생의 학교에 대한 태도

	높은 후원 높은 자극[a]	높은 후원 낮은 자극	낮은 후원 높은 자극	낮은 후원 낮은 자극	F-검증 통계[1]
교사에 대한 긍정적 태도	17.02[a] (3.1)[3] N=1246	16.5[b] (3.0) N=300	15.8[d] (3.4) N=398	15.0 (3.6) N=833	$F_{후원} = 92.2$*** $F_{자극} = 19.2$*** $F_{후원*자극} = 1.1$
학우에 대한 긍정적 태도	7.2[b] (1.8) N=1276	7.1[c] (1.8) N=307	6.8 (1.9) N=408	7.0 (1.9) N=867	$F_{후원} = 9.9$** $F_{자극} = 0.3$ $F_{후원*자극} = 2.2$
안정감	9.5[a] (1.6) N=1299	9.2[b] (1.7) N=306	9.0[d] (1.8) N=404	8.7 (1.9) N=864	$F_{후원} = 47.2$*** $F_{자극} = 11.1$** $F_{후원*자극} = 0.1$
학교와의 일체감	8.4[a] (1.7) N=1292	8.2[d] (1.7) N=309	8.0[d] (1.8) N=411	7.8 (1.7) N=874	$F_{후원} = 26.5$*** $F_{자극} = 8.2$** $F_{후원*자극} = 0.0$

[1] F-검증 통계는 2X2 MANCOVA(높은/낮은 후원과 높은/낮은 자극)의 결과이며 성별, 부모 학력, 인종, 학년 같은 공변수는 같이 조정했다.

*p<.05 **p<.01 ***p<.001

[2] 평균은 공변수를 조정한 값이다.

작은 영문 기호는 가정 유형별로 상당한 차이(p<.05)가 있음을 뜻한다.

[a] 고후원/저자극, 저후원/고자극, 저후원/저자극 가정과 상당한 차이

[b] 저후원/고자극, 저후원/저자극 가정과 상당한 차이

[c] 저후원/고자극 가정과 상당한 차이

[d] 저후원/저자극 가정과 상당한 차이

[3] 괄호 안은 표준편차.

학교에 대한 태도

우리는 가정에서 후원을 많이 받는 학생은 학교에 대해 긍정적인 태도를 가질 것이라고 예측했다. 청소년 생활 설문지 가운데 16개의 항목은 학교, 교사, 학우에 대한 학생의 태도를 조사하는 것이다(설문 내용은 부록 C를 참조할 것). 이 질문들에 대한 요인을 분석했더니 네 가지 범주가 만들어졌다. 교사에 대한 긍정적 태도, 학우에 대한 긍정적 태도, 안정감, 학교에 대한 일체감이었다.[6]

이 분석 결과는 원래의 가설을 어느 정도 뒷받침한다(표 6.2). 배경 변수들을 통제하면 오직 가정의 후원만이 학우에 대한 긍정적 태도를 예측하는 의미 있는 지표였다. 가정의 후원은 또 가정의 자극보다 교사에 대한 긍정적 태도, 학교에서 느끼는 안정감, 학교에 대해서 느끼는 일체감을 더 분명히 예측하는 지표가 된다. 높은 자극도 교사에 대한 긍정적 태도, 안정감, 학교에 대한 일체감과 무관하지는 않았지만 후원이 이런 측정치들의 다양한 폭을 더 잘 설명했다.[7]

설문지 측정 결과는 또 가정의 후원을 많이 받는 학생이 더 '명랑'하고 배움에 대해 적극적임을 시사한다.[8]

숙제에 들이는 시간

청소년의 학교 생활과 미래에 대한 준비도를 말해 주는 또 하나의 중요한 지표가 되는 것은 숙제에 들이는 시간이다. 숙제를 끝내려면 대개는 미리 계획을 짜야 하고 다른 활동을 미루는 자기 절제력을 발휘해야 하므로, 가정에서 자극을 많이 받는 학생(다시 말해서 식구들의 기대에 부응해야 한다는 압박감을 느끼는 학생)은 숙제를 더 많이 할 것이라고

표 6.3 NELS와 ESM에 따른 가정 유형별 숙제 시간

	높은 후원 높은 자극[a]	높은 후원 낮은 자극	낮은 후원 높은 자극	낮은 후원 낮은 자극	F-검증 통계[1]
NELS 추정시간					
학교에서 숙제하는 시간[4]	2.92[a] (1.5)[3]	2.7 (1.3)	2.9 (1.6)	2.7 (1.5)	$F_{후원}$= 0.1 $F_{자극}$= 6.1* $F_{후원*자극}$= 0.7
	N=1090	N=250	N=316	N=693	
학교 밖에서 숙제하는 시간	3.9[a] (1.9)	3.2 (1.8)	3.7[a] (1.9)	3.3 (1.7)	$F_{후원}$= 0.0 $F_{자극}$= 37.4*** $F_{후원*자극}$= 3.6
	N=1146	N=252	N=347	N=746	
ESM 추정시간					
숙제 시간	13.8[b] (8.7)	11.5 (7.1)	14.6[a] (10.3)	11.6 (8.3)	$F_{후원}$= 0.6 $F_{자극}$= 8.8** $F_{후원*자극}$= 0.2
	N=330	N=49	N=99	N=155	

[1] F-검증 통계는 2X2 MANCOVA(높은 후원/낮은 후원과 높은 자극/낮은 자극)의 결과이며 성별, 부모 학력, 인종, 학년 같은 공변수는 같이 조정했다.
*$p < .05$ **$p < .01$ ***$p < .001$

[2] 평균은 공변수를 조정한 값이다.
작은 영문 기호는 가정 유형별로 상당한 차이($p < .05$)가 있음을 뜻한다.
  [a] 고후원/저자극, 저후원/고자극, 저후원/저자극 가정과 상당한 차이
  [b] 저후원/고자극, 저후원/저자극 가정과 상당한 차이
  [c] 저후원/고자극 가정과 상당한 차이
  [d] 저후원/저자극 가정과 상당한 차이

[3] 괄호 안은 표준편차.

우리는 예측했다. 청소년 생활 설문지와 경험 추출법이라는 성격이 비슷한 두 측정 자료를 이용할 수 있었기 때문에 이런 가설을 검증하기에는

더없이 좋은 기회였다.

청소년 생활 설문지의 두 항목은 숙제에 대해서 물었다. 하나는 학교에서 숙제를 하는 데 투자하는 시간을 물었고, 또 하나는 학교 밖에서 숙제하는 데 들이는 시간을 물었다. 응답은 1점에서 8점까지로 구분했다. 각각의 응답 범주는 일주일 동안에 숙제에 들이는 시간을 가리켰다 (예를 들어 3 = 2~3시간, 4 = 4~6시간, 5 = 7~9시간).

한편 경험 추출법에서는 숙제 같은 특정한 활동을 한다고 보고하는 횟수를 헤아리는 방법으로 시간을 측정했다. 이 횟수를 그 응답자가 일주일 동안에 보낸 전체 신호의 횟수로 나누어 퍼센트를 구하여 숙제를 몇 시간 동안이나 하는지 추정치를 냈다. 표 6.3은 청소년 생활 설문지와 경험 추출법으로 알아낸 시간 사용에 관한 자료다.

두 조사에서 모두 높은 자극을 주는 가정에서 자라는 학생은 숙제를 더 많이 하는 것으로 나타났다.[9] 또 자극은 상당한 효과를 내는 반면 후원의 효과는 미미하며 후원과 자극의 상호 작용도 별반 없는 것으로 나타났다. 생활 설문지에서 얻은 추정치의 평균을 비교하면, 높은 자극 가정에서 자라는 학생은 낮은 자극 가정에서 자라는 학생보다 학교 밖에서 숙제를 두세 시간 더 하는 것으로 드러났다. 경험 추출법으로 계산한 시간 추정치에서도 비슷한 결과가 나왔다. 높은 자극 집단이 낮은 자극 집단보다 숙제를 일주일에 평균 두 시간 정도 많이 했다.[10]

학교 성적

최종 분석에서는 학생이 스스로 밝힌 성적을 이용했다. 스스로 밝히는 성적은 실제 성적보다 신뢰도가 약간 떨어지는 것이 사실이지만 두 수치는 상관도가 상당히 높다. 게다가 성적이라는 것은 학생이 미래를 준비하는 데 도움을 주는 성격이나 의욕에 대해서 극히 일부분밖에 알려주지 않기 때문에 긍정적인 생활을 알아보는 데 폭넓은 시야를 제공하지 못한다. 그렇지만 다른 생활 관련 점수에서 높은 점수를 받은 학생들이 학교 성적도 제일 좋았다.

청소년 생활 설문지에 오른 두 가지 질문을 바탕으로 성적을 측정했다. 첫 번째는 "다음 중 여러분이 마지막으로 받았던 성적에 가장 가까운 것은 무엇입니까"라는 물음에 대한 학생의 응답에 토대를 두었다. 두 번째는 영어, 수학, 과학, 사회 과목 중에서 "6학년부터 지금까지 여러분이 거둔 성적에 제일 가까운 항목에 동그라미를 치세요"라고 요구했다. 두 번째 질문에 대한 응답을 모두 더한 다음, 네 과목으로 나누어 6학년부터 지금까지 학생 개개인의 종합 점수를 산정했다.

우리는 성적이 가정의 후원, 자극과 관련이 있을 것이라고 예상했다. 가정에서 자극을 많이 받는 학생은 좋은 성적을 거두었을 때 그만큼 뿌듯하게 여기고 열심히 공부하려는 마음의 자세가 되어 있기 때문에 성적이 올라갈 확률이 높을 것이다. 또 가정에서 후원을 많이 받는 학생은 학교 공부를 하는 동안 긍정적인 생각을 많이 하게 되므로 성적도 그만큼 좋아질 것이다. 표 6.4에 두 가지 분석 결과를 요약했다. 높은 자극과 높은 후원은 최근 성적과 지금까지의 누적 성적과 모두 관련성이 높았다.[11]

가정에서 자극과 후원을 많이 받은 학생은 다른 세 집단의 학생들보다 최근 성적, 누적 성적이 모두 높았다. 높은 자극/높은 후원 가정에서 자라는 학생은 성적이 보통 A 아니면 B였다.

학교 생활과 가정 환경의 상호 작용에서 우리는 다음과 같은 결론을

표 6.4 가정 유형별 최근 성적과 누적 성적

	높은 후원 높은 자극[a]	높은 후원 낮은 자극	낮은 후원 높은 자극	낮은 후원 낮은 자극	F-검증 통계[1]
최근 성적[4] (지난 학기)	2.52[a] (1.5)[3]	3.0[c] (1.7)	3.0[c] (1.7)	3.3 (1.8)	$F_{후원}$= 23.1*** $F_{자극}$= 27.0*** $F_{후원*자극}$= 2.31
	N=1215	N=276	N=377	N=804	
누적 성적[5] (6학년 이후)	3.2[a] (0.6)	3.0 (0.6)	3.1[b] (0.7)	2.9 (0.7)	$F_{후원}$= 4.2* $F_{자극}$= 36.4*** $F_{후원*자극}$= 1.6
	N=728	N=186	N=207	N=450	

[1] F-검증 통계는 2X2 MANCOVA(높은/낮은 후원과 높은/낮은 자극)의 결과이며 성별, 부모 학력, 인종, 학년 같은 공변수는 같이 조정했다.

*p<.05 **p<.01 ***p<.001

[2] 평균은 공변수를 조정한 값이다.
작은 영문 기호는 가정 유형별로 유의미한 차이(p<.05)가 있음을 뜻한다.
　　a 고후원/저자극, 저후원/고자극, 저후원/저자극 가정과 유의미한 차이
　　b 고후원/저자극, 저후원/저자극 가정과 유의미한 차이
　　c 저후원/저자극 가정과 유의미한 차이

[3] 괄호 안은 표준편차

[4] 최근 성적 입력표: 1=주로 A, 2=절반은 A, 절반은 B, 3=주로 B, 4=절반은 B, 절반은 C, 5=수로 C, 6=절반은 C, 절반은 D, 7=주로 D, 8=그 이하

[5] 누적 성적 입력표: 4=A, 3=B, 2=C, 1=D, 0=그 이하

내릴 수 있다. 가정의 후원은 낙관적 사고 방식을 드러낸다고 볼 수 있는 사회 정서적 변수들과 관련성이 아주 깊다. 가정의 후원을 많이 받는 학생은 교사가 자기를 이해해 주고 도와주려 한다고 생각하고 학교에서

심리적으로도 육체적으로 안전하다고 느끼며 학교 문화에서 더 일체감을 느끼고 다른 학우를 긍정적으로 바라본다.

한편 가정의 자극은 의지력과 긴밀한 연관성이 있다. 가정에서 자극을 많이 받는 학생은 숙제를 좀 더 객관적으로 받아들였다. 미래의 성장과 발전을 위한 수단으로 공부를 받아들이는 경향이 강했다. 당연히 가정에서 자극을 받는 학생은 숙제하는 시간도 많았다. 적어도 다른 학생들보다 일주일에 두 시간은 더 많이 했다.

끝으로, 좋은 성적은 후원·자극과 모두 관련이 있었다. 최근 성적이든 여러 과목에 걸친 누적 성적이든 그런 학생은 설령 추락하더라도 자기를 인정하고 보듬어주는 가정이라는 울타리가 있다는 걸 알고 있기 때문에 어려운 일에 도전하려는 생각이 강하고 그만큼 학교에서도 좋은 성적을 거둔다.

낙천성은 가정의 후원과, 의지력은 가정의 자극과 관련이 깊다는 사실은 학생의 전반적 태도를 조사한 표 6.1의 결과와 여러 모로 일치한다. 학교 안에서건 밖에서건 청소년이 경험하는 가정 안의 상호작용은 근본적으로 두 가지 차원에서 그들의 생활에 영향을 미치는 듯하다. 첫째는 현재를 얼마나 만끽하는가, 둘째는 미래를 맞이할 준비가 얼마나 되어 있느냐이다.

학교 활동에서 얻는 경험

적극성 또는 산만하지 않은 흥미가 '현재'와 '미래'의 측면에서 어떻게 나타나는지를 알아보기 위해 경험 추출법에서 두 가지 보완되는 변수를 뽑았다. 즉 '기분'과 '비중'이다. 기분은 들뜸, 느긋함, 행복, 자신감, 적극성, 사회성, 자부심 같은 개인적 항목을 모두 합한 것이다.[12] 비중은 미래의 목표와 자신의 삶에서 어떤 활동이 차지하는 중요성에 대한 의식을 말한다.[13]

따라서 경험 추출법에서 기분과 비중이 모두 높게 나온다는 것은 학생이 긍정적이고 적극적이며(가정의 후원과 관련이 깊을 것이라고 예상되는 변수) 자신이 미래와 관련이 깊은 목표를 향해 나아가고 있다는 사실을 의식하고 있음(가정의 자극과 관련이 깊을 것으로 보이는 변수)을 의미한다. 이것은 놀이 지향성과 일 지향성을 두 축으로 하는 체험 양식의 숨은 의미도 일깨워준다. 기분과 비중 두 변수의 점수는 학교와 관련된 활동을 하는 동안 보낸 모든 경험 추출 신호(다시 말해서 교실에서 수업을 하거나 생산적 활동을 하고 있을 때 보낸 신호)를 취합하여 학생별로 계산했다.

학생의 경험 내용은 예측한 대로였다. 가정의 후원은 학교에서 학생이 느끼는 기분과 아주 관련이 깊었다. 반면 가정의 자극은 기분에 이렇다 할 영향을 주지 않았고 후원과 자극의 상호 작용도 나타나지 않았다.[14] 비중감은 가정의 자극과 관련이 깊었지만 가정의 후원과는 상관이 없었고 자극과 후원의 상호 작용도 나타나지 않았다.[15]

가정에서 후원을 많이 받는다고 응답한 학생은 학교에서 기분 좋게 지낸다고 응답하는 비율이 높았고 열심히 노력한 성과를 알아주고 더 큰 기대를 거는 가정에서 자라는 학생은 직업과 관련된 목표의식이 상대적으로 높았다.[16] 그림 6.1은 공변수들의 영향을 감안하여 네 가지 가정 유형에 따른 기분과 비중의 평균을 나타낸 것이다.

우리가 얻은 결과는 예전에 칙센트미하이, 라툰드, 훼일런(1993)이 우수한 학생들을 대상으로 조사한 연구에서 내린 결론과 일치한다. 그 연

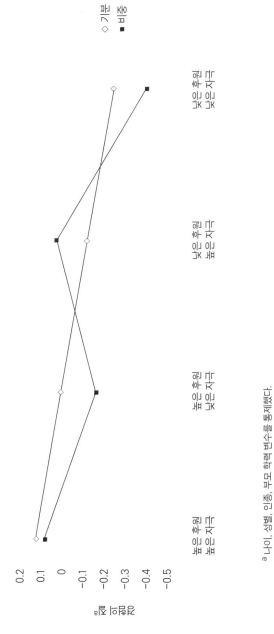

그림 6.1 학교 활동에 대한 청소년의 기본과 비중

a 나이, 성별, 인종, 부모 학력 변수를 통제했다.

구에서 가정의 후원은 일시적인 기분과 관련이 높은 것으로 나타났고 가정의 자극은 목표 의식과 관련이 깊은 것으로 나타났다. 표본의 크기가 옛날 표본의 약 3배나 되고 연령대, 인종, 사회 경제적 배경도 훨씬 다양하기 때문에 우리의 결론은 우수한 학생에서 얻은 결과를 더욱 일반화한다고 볼 수 있다.

따라서 따뜻하고 일관되게 관심을 표명하는 가정에서 자라는 학생은 수업을 받거나 숙제를 할 때 긍정적인 기분이 든다고 응답할 가능성이 높아진다. 결국 후원이 많은 가정에서 자라는 학생은 생산적인 활동을 할 때 더 즐거워하고 더 적극적이며 부담을 덜 갖는다. 가족들간의 대화가 활발하고 목표 지향적인 행동을 중시하고 기대치가 높은 가정에서 자라는 학생은 학교에서 하는 활동이 자신의 미래에서 중요한 비중을 차지한다고 응답하는 비율이 다른 학생들보다 상대적으로 높았다.

여기서 우리는 다시 한 번 가정의 역동적 환경이 청소년이 생산적 활동에 참여하는 능력을 키워주고 그런 경험을 미래와 결부시키려는 마음 자세를 키워준다는 사실을 확인한다. 결국 자극과 후원은 학업과 직업의 길을 성공적으로 걸어나가는 데 모두 중요하다.

아이와 부모가 직접 말하는 가정 생활

예상했던 대로 양적 데이터는 가정의 구조와 역동성, 청소년의 성취 사이에 긴밀한 관련이 있다는 것을 보여준다. 핵가족은 허약할 것이라는 선입견과 아이들에게 영향을 미치려고 경쟁을 벌이는 기관들이 즐비하게 늘어서 있음에도 불구하고 우리의 조사 결과는 청소년의 가정 경험은 청소년의 태도, 의욕, 습관, 학교 성적, 자부심과 상관이 높다는 것을 보여준다.

그러나 숫자와 표는 복잡성에서 차이가 나는 가정 생활의 다양한 실상을 생생하게 드러내지는 못한다. 그래서 우리는 학생과 학부모를 직접 만나 그들의 입을 통해 가정에서 의사소통이 어떻게 이루어지고 있는지를 들어보았다. 학부모와 학생의 인터뷰 결과는 가정 유형에 따라 분류한 다음 부모와 학생의 인터뷰가 모두 있는 것을 포함시켰다. 부모나 학생 어느 한쪽의 인터뷰만 있는 경우도, 양쪽 인터뷰를 고집함으로써 인종적, 지역적 대표성을 유지하기 어려울 때는 포함시켰다.

우리가 선택한 인터뷰는 완전한 표본을 대표한다. 하지만 그 내용을 체계적으로 분석하지는 않았고 다만 살아 있는 실례로 활용했다. 여기서 내리는 결론은 증명이라기보다는 하나의 제안으로 받아들여주기 바란다.

인터뷰를 읽으면 자식과 부모 사이에는 인생에서, 또 서로에게서 무엇을 바라고 무엇을 높이 평가하는가에 대해 강한 공감대가 이루어져 있다는 느낌을 받는다. 모든 가정에서 상당수의 공통된 화제가 나타나는 것을 볼 수 있다. 거의 모든 청소년은 부모가 책임감 있게 행동하고 정리 정돈을 잘 하고 학교에서 최선을 다하고 인생의 성공자가 되라고 말한다고 보고한다. 또 부모는 자녀가 무슨 일이든 자기가 하는 일에서 행복을 느끼기를 바란다는 것을 청소년의 입을 통해서 알 수 있었다.

부모의 입을 통해 들어본 결과도 마찬가지였다. 부모는 무엇보다도 자식이 행복해지기를 바라고, 원하는 일을 하면서 그 일에서 성공하기를 바라고, 자신의 잠재력을 최대한 발휘하기를 바라는 것으로 드러났다.

자식의 미래에 대해 큰 희망을 걸기는 했지만 부모는 대부분의 희망이 완전히 실현되기 어렵다는 사실을 경험으로 알기 때문이어서인지 대체로 신중하게 발언했다.

이렇게 비슷한 점도 있었지만 의사소통, 가족 간의 어울림, 부모와 자식의 신념이나 목표의 명확성 등에서는 상당한 차이가 있었다. 부모와 자식이 나누는 대화의 빈도, 폭, 내용은 가정마다 천차만별이었다. 어떤 가정에서는 의사소통의 방식이 청소년이 부모에게 얼마나 쉽고 편하게 다가갈 수 있는가, 부모와 자식이 어떻게 어울려 지내는가에 영향을 받았다. 또 어떤 가정에서는 의사소통의 길은 열려 있지만 알맹이 있는 내용은 거의 오가지 않는 것으로 보인다.

가정 생활에서 아주 큰 차이를 낳는 또 하나의 차원은 식구들끼리 어떤 방식으로, 얼마나 깊이 서로의 생활 속으로 들어가느냐 하는 것이다. 어떤 아이는 부모가 완전히 동떨어진 삶을 살아가는 사람인 것처럼 말한다. 대화는 있을지 모르지만 교감이나 같이 하는 활동, 관심이나 열정을 공유하는 법은 거의 없다.

그런가 하면 어떤 가정에서는 청소년과 부모가 서로에 대해서 이야기하는 내용을 들으면 마치 한 편의 드라마를 보는 것 같다. 거기서는 청소년의 행동이 부모의 행동과 얽혀 있으며 꿈과 계획이 때로는 지나치다 싶을 만큼 공유되고 있다.

끝으로 부모가 의도적으로 자식의 발달에 영향을 미치려는 정도에서도 가정마다 차이가 난다. 부모가 자식을 교육시키고 사회화시키려는 노력을 거의 포기한 것처럼 보이는 가정이 있다. 그런 가정의 부모는 인생의 낙오자라고 생각해서든, 자신이 부적격자라고 생각해서든, 그 어떤 이유에서든 자식에게 충고를 하고 올바른 길로 이끌려는 노력을 하지 않는다. 반면 어떤 부모는 자식을 이끌고 가려는 확고한 방향이 있다. 그런 상황에서 청소년은 자신이 너무 부모에게 휘둘리고 있으며 선택권이 없다고 불만을 토로하기도 한다.

그런가 하면 어떤 가정에서는 부모와 자식의 행동이 단기적으로건 장기적으로건 미래의 목표를 항상 의식하는 가운데 이루어진다. 이와 같은 다양성을 염두에 두면서 이런 차이점이 각 가정 유형에서 나타나는 후원과 자극의 차이와 밀접한 관련이 있는지를 물어야 한다.

고자극 고후원 가정

이런 가정의 부모와 청소년은 분명한 의도를 가지고 행동을 하는 편이라고 본인 스스로 밝힌다. 부모는 강한 의욕을 보이며 자식이 거기서 배우기를 기대한다. 가족들은 깊숙이 어울리며 교회, 대가족, 친목 단체처럼 좁은 의미의 가족 바깥에서 후원을 하고 사회화의 장을 제공하는 네트워크로부터 영향을 받는다고 말한다. 부모와 자식은 서로의 삶에 깊숙이 들어가 있다. 트레이시라는 여학생의 이야기를 들어보자.

토요일이면 식구들과 교회에 가요. 할머니 집이 교회 바로 옆이라서 우리는 거기서 저녁을 먹죠. 할아버지와 할머니, 우리 식구, 삼촌네, 이모네, ……모두 모여서요. 저녁을 먹고 나서 어른들은 유커라는 카드 놀이를 진지하게 하곤 해요. ……아빠하고는 운동을 늘 같이 하게 돼요. 아빠가 우리 소프트볼 팀의 회계를 맡고 있거든요.

부모님은 적어도 공부만큼은 자식들이 당신들보다 더 많이 하기를 원하십니다. 우리 집은 경제적으로 여유 있는 편이에요. ……부모님은 늘 "최선을 다하라"고 말씀하십니다. 제가 노력을 하고 그 결과에 만족하면 부모님께서는 더이상 바라는 게 없으시대요.

다음은 트레이시의 아버지가 하는 말이다. 자식의 자유를 존중하지만 자식이 앞으로 이렇게 살아가면 좋겠다는 생각이 분명하다는 데 주목하자.

제 자식이 이렇게 살았으면 좋겠습니다. ……그냥 자기 잠재력을 최대한 발휘해야 한다는 생각만 제대로 가져줬으면 합니다. 못한다는 소리만 듣지 않는 선에서 슬렁슬렁 살아가는 건 곤란하죠. 자기가 하는 일에 만족하면, ……저로서는 만족입니다. 좀 구식이긴 하지만 그래도 나름대로는 아이에게 맡기려고 노력하는 편이에요. 그 아이의 삶이니까. 저는 우리 애가 괜찮은 대학에 들어가서 잘 지낼 거라고 확신하고 있고, 엄마가 살아가는 모습을 보면서 컸을 테니까 그 점은 걱정하지 않아요.

이 집단에 속한 대부분의 부모가 그렇지만 제시카의 엄마도 자식의 독립성을 존중하는 만큼 자식에 대한 기대도 큰 편이다. 그녀는 아이에게 자극을 주기 위해서 집에서 어떤 노력을 기울였는지 설명한다.

그동안 여행을 참 많이 다녔어요. 아이가 어렸을 때는 박물관에 자주 갔고, 발레나 뮤지컬 공연도 많이 보러 다녔죠. 학교에서 배우는 게 있으면 그건 그것대로 고마운 일이지만 적어도 자식 교육만큼은 부모가 시켜야 한다는 게 우리 생각입니다. 공부 자체를 가르친 건 아니었지만 공부에 여러 모로 도움이 되는 자극과 경험은 많이 주었다고 자부합니다.

제시카의 엄마는 부모로서 판단을 내릴 때 그 판단의 기준이 명확하다. 부모는 자신이 가치 있다고 믿는 경험을 아이에게 많이 접하게 해야 한다는 것이 그녀의 소신이다. 제시카도 엄마의 그런 생각을 고맙게 받아들인다. 하지만 어떨 때는 공동의 목표 의식이 부족해서 자식은 자식대로 부모는 부모대로 자기만의 목표를 향해 나아가는 게 아닌가 하는 느낌을 주기도 한다.

행크는 자기 포부를 털어놓으면서 부모의 기대가 워낙 커서 다소 부담스럽다는 입장을 밝힌다.

부모님은 저더러 대학에 가라고 말씀하십니다. 제가 대학에 갈 걸로 아시구. …… 저도 가고는 싶지만, 대학에 곧장 가야 하는 건지 아직 판단이 잘 안 섭니다. 한두 학기 있다가 가도 좋을 것 같고, …… 저는 전문대학에 가고 싶습니다. 거기서 건축을 배우는 게 오히려 알차거든요.

행크의 부모와 면담을 한 결과 자식의 미래를 부모가 잘 이끌어야 한다는 의식이 분명했다. 행크 부모의 대화를 여기 소개한다.

엄마 : 우린 아이들한테 원하는 건 얼마든지 하라고 말해요. 얼마나 원하는지는 본인들한테 달렸지만. 그걸 본인들이 깨닫도록 만드는 게 중요하죠.

아빠 : 아이한테 그건 하나마나 한 말이요. 아이는 자기가 무엇을 원한다는 게 무슨 뜻인지 잘 모르잖소. 다음번 파티 생각만 하고 있는 아이한테 "뭐든지 하고 싶은 대로 해라" 이렇게 말한다는 게 가당키나 할까?

엄마 : 하지만 우리가 뿌려놓은 씨앗이 있잖아요. 지금 당장은 못 알아들어도 씨앗이 있으니까……뭐든지 선택할 수 있을 거에요.

아빠 : 그 아이가 대학 졸업하는 걸 내 눈으로 보는 게 소원이요. 학비도 댈 생각이고. 나는 누구의 도움도 받지 않고 내 손으로 벌어서 다녔지만.

어떤 경우에는 자식의 의욕이 부모의 기대를 넘어서기도 한다. 셰일러가 바로 그렇다. "부모님은 일단 시작한 일은 최선을 다해서 끝내라는 당부 말고는 이래라저래라 하는 법이 없어요. ……대학에 꼭 가야 한다는 말씀도 안 하시구요. 아마 속으로는 갔으면 하실 거에요. 하시만……부모님이 정말로 바라는 건 제가 행복하고 편안하게 사는 거에요. 오히려 제가 더 안달이죠. 더 잘 해야 한다는 생각을 부모님보다 제가 더 많이 합니다."

명확한 목표 의식이나 의욕을 부모와 자식이 공유하건 어느 한쪽이 주로 가지고 있건, 이런 가정은 분명한 방향 감각을 가지고 있으며 목표를 이루기 위해 어떤 과정을 밟아야 하는지를 청소년에게 잘 전달한다.

인용문에서 알 수 있듯이 자극과 후원의 수준이 모두 높은 가정에서는, 개인은 확고한 주관을 가져야 하고 자신의 잠재력을 완전히 발현해야 하며 누구나 행복하게 살 권리가 있다는 믿음을 강하게 표명한다. 이런 가정에서는 기대를 분명히 밝히지만 개인의 자유도 인정한다. 자기실현은 책임감과 맞닿아 있다. 식구들 모두가 사랑을 품고 있으며 서로가 잘 되기를 진심으로 바란다는 공감대가 이루어져 있다. 하지만 사람은 누구나 다를 수밖에 없으며 각자 최선을 다할 뿐이라는 인식도 공유하고 있다.

이렇게 복잡한 체계를 끌고 가기는 정말 쉽지 않다. 이런 가정은 여러모로 복이 많다. 부모는 학력이 높고 이혼을 안 한 경우가 많다. 하지만 이것만으로는 충분치 않다. 이런 가정은 확고한 가치관과 소명감을 가지고 있다. 목표 의식을 갖고 움직이며, 예기치 못한 사태에 대처할 수 있다는 자신감이 있다.

고자극 저후원 가정

이 집단에 속한 가정의 부모와 자녀가 하는 말 중에서 커다란 비중을 차지하는 것은 성공하겠다는 의욕이다. 여기서 말하는 성공은 단순히 높은 자리에 오르거나 부자가 된다는 뜻만은 아니며 잠재력을 최대한으로 발휘한다는 본연의 의미를 담고 있다.

하지만 형제들 사이에서도 나타나는 다소 지나친 경쟁심, 부모가 너무 자기를 몰아붙이고 턱없이 높은 기대를 품고 있다는 불만에서 갈등의 조짐이 보인다. 가족 간의 대화가 원만하지 못하고 서로의 생활이 겉돌 때 상황은 안 좋아지며 자녀는 부모의 기대가 자의적이고 과시적이라고 생각한다. 휴는 자기 집을 이렇게 설명한다.

식구들이랑 뭘 하느냐고요? 제가요? 식구들하고는 아무것도 안
해요. 하기야 결혼식, 장례식, 뭐 그런 데는 가죠. 손님들이 우리 집
에 올 때도 있고. 하지만 제가 어울릴 수 있는 모임은 아니에요. 우
리 집에는 제가 낄 자리가 없어요. 그냥 저 혼자 있고 싶어요.

휴의 엄마는 휴가 자라서 의미 있는 일을 했으면 좋겠다고 말한다. "우
리 집안에는 간호사가 있고 의사가 있고 변호사도 있어요. 휴가 공부를
계속해서 의사가 되면 좋겠습니다. 바른 길로만 가면 신경 안 씁니다."
부모님이 기대를 많이 하느냐고 묻자 이 집단에 속한 캐즈라는 학생
은 이렇게 대답한다.

무지무지 많이 해요. 올 A를 원하시죠. 지난 학기에는 올 A를 받
았지만 이번 학기엔 그럴 마음 없어요. 부모님이 그걸 당연시하시
니까요. 일단 성적이 좋게 나오면 그걸 평생 유지하라고 할 거예요.
그러니 아예 기대를 안 하도록 만드는 게 상책이죠. 부모님한테는
이렇게 말해요. "저도 숨 좀 쉬면서 살자구요."

캐즈의 아빠는 말한다.

애가 중압감을 느끼는 것 같습니다. 제가 좀 엄하긴 하죠. 공부
건 뭐건 열심히 하라고 다그치는 편입니다. 그래서 부담을 많이 느

끼는지 요즘은 게을러졌어요. 매사에 수동적이고, 새로운 일을 시작하지 않고……, 그게 제일 걱정입니다.

주디라는 여학생은 대학교에 가야 한다는 말을 두 살 때부터 귀에 못이 박히도록 들어서 만약 대학에 안 가면 부모가 "죽이려들 것"이라고 말한다. 주디의 엄마도 딸의 성공을 바라는 복잡한 심경을 털어놓는다.

아이한테 이래라저래라 잔소리하는 게 싫어요. 그건 백해무익하죠. 머리로는 저도 열심히만 하면 무슨 일을 하든 괜찮다고 말하고 싶지만, 아이가 잘 못하는 상황에 부딪혀본 적이 없어서 앞으로 그런 상황이 닥치면 어떻게 해야 할지 모르겠어요. 머리로는 받아들이겠지만 실제로는 실망이 이만저만 아닐 것 같아요.

어떤 가정에서는 아이의 의욕, 학업 성적, 목표 의식의 결여에 실망한 나머지 후원을 덜 하는 경향이 있다. 자녀가 앞으로 유익한 일을 하면서 살아주기를 바라는 부모의 마음 밑바닥에는 이런 실망감이 도사린 경우가 적지 않다. 이런 가정의 청소년은 부모가 자기한테 거는 기대가 무엇인지를 잘 알고 거기에 일부 공감하기도 하지만 거기에 완전히 동의하지는 못한다. 어떤 자녀는 거기에 반발하기도 한다.

저자극 고후원 가정
앞의 두 집단과 마찬가지로 여기서도 부모는 결과가 어떻게 나오든 자식이 최선을 다하기를 바란다. 하지만 자식을 '몰아세우지 않는다'는 생각이 더욱 확고하며 자식도 그 점에 대해 이의를 제기하지 않는다. 부모는 자녀의 의사를 존중하며, 자녀가 교사, 간호사처럼 사회적으로 남을 돕는 직업을 갖기를 원한다고 응답하는 경우가 많다. 가족끼리 신뢰하고 존중한다는 이야기가 많이 나오고, 식구 간의 내실 있는 대화도 꾸준히 오가는 것 같다. 이 집단에 속한 일부 학생들은 부모가 자기 생활에 너무 깊숙이 들어와 있다고 불평하기도 한다.

트리시는 집에서 얼마나 과보호를 받고 자라는지를 고백한다.

> 우리 엄마는 정말로 못 말려요. 끊임없이 무언가를 걱정하지 않으면 불안해서 못 사는 그런 타입이에요. 걱정거리가 있어야 얼굴에 생기가 돈다니까요. ……우리 엄마는 나를 위해서 모든 걸 바치고, ……항상 누군가를 위해서 무슨 일이든 하세요. ……우리 아빠는 학교 숙제까지 팔을 걷어붙이고 도와주세요. 하지만 이거 해라 저거 하라, 최고가 되라고 스트레스를 주는 그런 부모님은 절대로 아니에요.

트리시 엄마의 말을 들어보자.

> 우린 아이가 올 A나 올 B를 받아왔다고 해서 상을 주는 그런 부모는 아니에요. 난 그저 최선을 다하라고만 말합니다. 그리고 C가 최선을 다한 결과라면, ……그 이상을 기대하지 않는다고 말해요. 우린 아이들한테 뭐든지 걱정거리가 있으면 무슨 이야기라도 좋으니 우리한테 와서 말하라고 하고, ……그렇게 지내는 게 우린 편해요.

고등학교 1학년생인 스티브는 고등학교를 졸업하고 대학에 진학할 생각을 요즘 들어 슬슬 하게 되었다. "대학교에 간다고 하면 아빠가 너무 좋아할 테니까." 하지만 아직은 모르겠다. 식당을 열든가, 기계 일을 해보든가, 아니면 치열 교정사에도 관심이 있다. 가끔 부모님과도 장래 문제를 놓고 대화하지만 부모님이 어느 쪽으로 강요한다는 느낌을 받아본 적은 없다. 스티브의 엄마가 아들에게 바라는 것은 무엇일까.

> 정말로 자기가 하고 싶어하는 일을 발견해서 그 일을 하기를 바랄 뿐이에요. 돈 문제는 걱정할 필요가 없어요. 모아둔 돈은 얼마든지 있으니까요. ……스티브가 돈에 얽매이지 않기를 바래요. ……자기가 좋아하고 잘하는 일을 발견했으면 좋겠습니다.

조앤의 엄마도 딸이 행복하기를 바란다. 조앤이 대학교에 진학할 것 같냐고 묻자 이렇게 대답한다. "그런 게 왜 질문거리가 되죠? 그 또래의 아이들은 보통 가는 걸로 알고 있는데." 이것이 이 집단에 속한 부모와 청소년의 대표적인 반응이었다. 그들은 현재와 미래에 대해서 확고한 의지나 목표를 갖고 결정을 내리지 않는다.

이런 가정은 대개 따뜻하고 가족 간의 유대감이 깊지만 좀 더 자극적인 환경을 제공하는 가정에 비해서는 목표 의식과 경계선이 느슨한 편이다. 이런 가정에서 중시되는 것은 가족 간의 끈끈한 정이다. 완벽하지는 않지만 이런 가정은 부러울 만큼 안정적이며 청소년에게 정서적 후원을 아끼지 않는다. 특히 후원이 낮은 가정과 좋은 비교가 된다.

저자극 저후원 가정

이 집단에 속한 가정은 긍정적 미래로 자녀를 이끌 준비가 되어 있지 않다. 부모는 집을 비울 때가 많으며 집에 있어도 자녀와 대화를 안 하고 생활에 개입도 안 하는 것으로 보인다. 학생은 식구들과 보내는 시간이 거의 없다. 다른 가정 유형들에 비해 목표가 모호하며 자녀에게 거는 기대를 물으면 본인이 알아서 할 거라는 식이며, 질문을 하면 모르겠다는 답변을 많이 한다.

변호사가 되고 싶다는 샘이라는 고등학교 3학년생과 나누었던 이야기를 소개한다.

(엄마가 바라시는 게 뭡니까?)

성적 올라가는 거요.

(좋은 성적이란 뭘 말하는 거죠?)

A와 B.

(그밖에 바라시는 게 있다면?)

책임감이요.

(무엇에 대한 책임감이요?)

전부 다요.

(예를 들면?)

집안 청소하는 거요. 제가 어질러놓으니까. …… 집에 일찍 들어오는 것, …… 대충 이런 거요.

(대학은 어때요?)

제가 대학에 가기를 바라세요.

(장래 문제로 엄마와 대화를 나누나요?)

아니요.

(왜죠?)

왜냐하면 …… 글쎄요. 제가 책 읽기를 싫어하고 골치 아프게 따지는 걸 싫어한다는 건 엄마도 아세요. 제가 변호사 되기를 엄마가 바라는 건 그게 좋은 직업이라서예요. 나도 트럭이나 몰면서 살기는 싫어요.

3학년생인 리사도 고등학교는 마칠 생각이지만 그 다음은 미정이다. 부모님하고는 장래 문제도 그렇지만 제대로 대화를 나눠본 적이 없다. 리사의 엄마도 '나처럼 무식한 여자'가 안 되려면 리사가 고등학교를 나와야 한다고 생각한다. 리사가 결혼하기 전까지는 리사의 학비를 힘 닿는 데까지 대고 싶지만 딸의 장래를 생각하면 답답한 생각이 앞선다. "공부는 다 마치라고 말은 하지만 공부를 안 하겠다면 뭘 시킬지 막막하네요."

재로드의 꿈은 야무지다. "뭔가 되고 싶어요. 초등학교 5학년 때는 우주 비행사가 되고 싶었고, 그 다음에는 의사였고, 지금은 레이저 기술자나 컴퓨터 전문가가 되고 싶어요." 하지만 이런 계획을 부모님에게 말한 적은 없다. 재로드의 엄마는 아들의 정서가 불안정하고 성적이 낮아 걱정이다. 공부를 도와주고도 싶지만 그건 선생님이 알아서 할 일이라고 생각한다.

또다른 셰리라는 여학생은 부모님의 기대 정도를 묻자 이렇게 대답한다. "모르겠어요. ……그런 얘기는 별로 안 해요." 셰리의 엄마에게도 딸에게 거는 기대를 물었다. "모르겠어요. ……돈 쓰기를 좋아하니까 돈을 잘 벌었으면 좋겠어요. 백화점에 가서 가격표도 보지 않고 마음에 드는 블라우스를 척 살 수 있을 만큼. 그게 에미의 바람입니다."

이런 가정의 부모는 자식이 잘 되기를 바라고 열심히 노력한다. 하지만 만나서 대화해 보면 갈피를 못 잡고 있으며 깊은 패배감에 젖어 있다. 그러면서도 자식에게는 현실과는 동떨어진 기대를 건다. 성적이 바닥인데도 자식이 변호사나 의사가 되기를 바란다. 이런 가정의 자녀는 미래를 혼자서 준비하는 것으로 보인다. 하지만 부모처럼 막막하고 답답한 심정이다.

이런 가정이 불리한 것은 자신감, 응집력, 목표 의식이 부족하기 때문이다. 부모와 자식이 대화를 더 많이 나누고 공동의 목표를 정하고 거기에 매진하면 자녀의 생활과 장래가 훨씬 밝아질 것이다. 이런 불리한 여건은 사회적 지위가 낮고 경제적으로 쪼들린다는 사정과도 무관하지 않다. 물질적으로 어려우니 자유로우면서도 일체감을 주는 가정을 만들기 어렵고 이런 불리한 가정 환경은 자녀의 장래에 암운을 드리운다. 악순환이다.

하지만 경제적으로 어려운 가정도 고자극 고후원 가정에 포함되는 경우가 있었던 데서 알 수 있듯이, 부모가 확고한 가치관을 가지고 자녀와 강한 유대를 맺으려고 애쓰면 악순환에서 얼마든지 벗어날 수 있다.

부모의 보살핌과 청소년의 발달

가정의 후원과 자극이 청소년에게 얼마나 중요한지는 이제 충분히 전달되었다고 본다. 경험적 연구 결과를 통해 이 두 요인의 중요성을 제대로 입증하는 데는 당연히 한계가 있을 것이다. 하지만 우연적 의미가 아니라 분명한 상관 관계를 보여주는 우리의 연구는 부모의 보살핌과 자녀의 발달에 대해 그 동안 알려진 많은 사실을 확증해 줄 뿐 아니라 가정이 청소년의 발달에 미치는 영향을 새로운 각도에서 이해할 수 있는 길을 열어주기도 한다.

단적인 예로 우리는 사랑받는다는 느낌과 함께, 자기에게 걸린 부모의 기대도 의식하게 만드는 가정이 청소년의 발달에 가장 바람직한 영향을 미친다는 사실을 확인했다. 이런 후원과 자극의 결합은 청소년의 자부심에 직결되고, 지금의 행동을 미래와 관련지어 생각하게 만든다. 그런 뒷받침이 있을 때 학생은 가장 안정된 심리 상태에서 좋은 성적을 낸다.

가정의 후원이 클수록 학생은 낙천적이고 자신 있게 생활한다. 가정에서 경험하는 자극이 많을수록 자기가 미래를 위해서 생활한다는 의식이 강했고 숙제에 들이는 시간이 많았다.

가정 유형을 학생의 성취도와 관련 짓는 이런 결과들은 성별, 연령, 인종, 부모 학력 같은 중요한 변수를 통제한 다음에 얻은 것이다. 다시 말해서 가정 안의 역동적 변수들은 이런 사회 구조적 변수들과는 무관하게 청소년의 행동을 설명할 수 있다. 따라서 부모가 노력해서 바람직한 분위기를 조성하면 가정 형편이 어려운 학생도 밝은 미래로 나아갈 수 있다.

이 연구 결과는 또 가정의 복잡한 역학 구조를 좀 더 깊이 있게 파고들 만한 가치가 있음을 말해준다. 청소년이 식구들과의 관계를 어떻게 받아들이는지가 그 청소년의 앞날에 결정적인 영향을 미치기 때문이다.

CHAPTER 7

아이들은 학교에서
무엇을 하는가?

　　교실 안에서 이루어지는 여러 유형의 활동은 고등학생의 일상 경험에 어떤 영향을 미칠까? 교과목과 반 배치에 따라 교실 경험은 어떻게 달라질까? 이 장의 목적은 학습 환경의 본질을 심도 있게 이해하는 것, 힘든 일을 척척 자신 있게 해치울 수 있도록 의욕을 북돋우는 활동이 무엇인지 알아보는 것이다.

　우리는 수업 활동이 학교 공부에 대한 학생의 흥미와 참여도에 곧바로 영향을 미치고 궁극적으로는 학생이 미래의 목표를 정하는 데도 영향을 미친다고 믿는다. 지금, 그리고 앞으로 교육을 얼마나 받을 수 있겠는지에 대한 학생의 생각은 학교 생활 전반에서 하는 경험을 통해 영향받겠지만, 그중에서도 특히 중요한 것이 학교 활동의 난이도, 학생들의 자기 능력에 대한 확신, 학교 활동에 참여하려는 의욕, 그리고 학교 활동에 부여하는 비중이다. 교실에서 이루어지는 활동은 난이도와 흥미 정도에 따라 성격이 크게 달라질 것이다. 한 활동에서 다른 활동으로 넘어갈 때 학생에게 어떤 변화가 일어나는지 눈여겨보면 교과목의 설계와 교육학적 선택이 학습 기회를 어떻게 북돋우거나 꺾어버리는지 이해하는 데 커다란 도움이 된다.

예를 들어 학생은 교사의 강의를 들을 때, 교육용 비디오를 볼 때, 시험을 볼 때 중에서 언제 집중을 더 잘 하는가? 장래의 목표를 이루는 데 더 중요하다고 여기고 또 즐겁게 받아들이는 것은 교실에서 개인적으로 하는 활동인가 아니면 집단으로 하는 활동인가?

이 장에서 우리는 고등학생이 학교에서, 특히 교실 안에서 어떻게 시간을 보내는지를 알아보려 한다. 그리고 나서 일반적인 교실 활동에서 난이도, 집중도, 즐거움, 미래 목표와 관련된 비중, 학생의 의욕 수준이 어떻게 달라지는지에 초점을 맞추겠다. 다음에는 최적의 경험, 곧 몰입을 다양한 차원에서 측정하여 학교의 다양한 활동에서 최적의 학습을 할 수 있는 기회가 얼마나 주어지는지를 비교한다. 그리고 학생들이 능력 수준에 따라 과목을 어떻게 경험하는지 알아본다. 마지막으로 우리가 관찰한 경향이 모든 학생들한테서 골고루 나타나는지 알아보기 위해 학생의 여러 가지 개인적, 환경적 특성도 짚고 넘어간다.

학교에서 주로 시간을 보내는 곳

우리는 학생이 학교에 있는 교실 안이나 밖에서 다양한 상황 속에 놓여 있다는 것을 안다. 청소년은 학교에 있는 동안 정확히 어느 곳에서 어느 만큼의 시간을 보낼까? 경험 추출법에서 학생들이 보인 반응을 분석한 결과 학교에 있는 시간의 55퍼센트에 해당하는 3시간 가량을 교실에서 보낸다는 것을 알 수 있었다. 이 시간 동안 학생은 수학, 영어, 역사, 과학, 사회, 외국어를 배운다. 그리고 12퍼센트는 체육, 예능, 실업, 보건처럼 공부와는 직접적으로 관련이 없는 활동으로 보낸다. 학교에 있는 시간의 3분의 1, 그러니까 약 2시간은 교실이 아닌 곳, 즉 식당, 체육관, 복도, 학생회관, 도서관, 행정실, 아니면 운동장 같은 데서 슬렁슬렁 보낸다.

이렇게 미국 학생들이 학교에서 슬렁슬렁 보내는 시간은 다른 나라에 비해 유난히 많다. 특히 일본 고등학교의 경우 학생들은 자습실도 자유 시간도 없고, 점심은 자기 책상에 앉아서 먹으며, 도서실은 방과후에만 이용한다. 일본 고등학생은 매시간 교사와 수업을 해야 하므로 슬렁슬렁 보낼 수 있는 시간이 사실상 없다(롤렌 1983; 제3차 국제 수학 과학 조사 1996).

이전의 연구를 바탕으로 우리는 슬렁슬렁 보내는 비생산적 활동은 최적의 경험, 즉 몰입 경험을 거의 낳지 못할 것이라고 예상했다. 칙센트미하이는 슬렁슬렁 보내는 시간에 겪는 경험의 질은 나태, 휴식, 비목적적 활동을 조장하며 이것은 몰입과는 반비례 관계에 있다는 사실을 알아냈다(1997).

가령 5장에서 살펴보았듯이, 수업·숙제·아르바이트 같은 생산적 활동은 청소년에게 가장 알찬 몰입의 원천이었던 반면, 휴식·식사·텔레비전 시청 같은 활동은 생산적 몰입으로 거의 이어지지 않는다는 것과 일맥상통한다.

다양한 교실 활동으로 보내는 시간

우리는 수업을 하는 시간과 수업을 하지 않는 시간에 어떻게 시간을 보내는지부터 분석해 보았다(그림 7.1). 학생들의 활동을 범주로 묶으려는 우리의 시도는 사실 정밀하지는 않다. 우리가 수집한 경험 표본이 다양한 학급과 활동에서 나왔다는 사실을 감안하면 더욱 그렇다.

게다가 교사들은 강의, 토론 지도, 질문에 대한 답변, 그 날의 과제에 대한 설명을 수업 중에 뒤섞어서 하기 때문에 이것들을 엄밀히 가르기는 쉽지 않다. 그럼에도 불구하고 우리는 교실에서 이루어지는 활동의 전체적 양상과 수업 방식에 대한 유익한 정보를 얻을 수 있었다고 믿는다.

경험 추출법에서 학생들이 보고한 내용에 따르면 가장 자주 일어나는 활동은 선생님의 강의를 듣는 시간(23퍼센트)과 혼자 공부를 하는 시간(23퍼센트)으로, 이 둘을 합한 시간이 교실에서 보내는 시간의 절반 가까이 된다. 숙제하고 자습하고 강의 듣고 필기하는 시간을 모두 더하면 교실에서 보내는 시간의 대부분—일주일에 20시간 정도—은 가만히 앉아서 남들과 어울리지 않고 혼자서 하는 활동이다.

학생들은 시험을 보거나 선생님의 질문에 답하거나 텔레비전이나 비디오를 보는 데도 많은 시간을 들인다. 학생들끼리 공동으로 하는 활동은 놀라우리만큼 적다. 학급의 토론 시간은 5퍼센트에도 못 미쳤고 공동 작업을 하는 시간은 불과 3퍼센트였다.

이런 결과를 종합하면 학생은 교실에서 지내는 시간의 절반 이상(54퍼센트)을 자습, 노트 필기, 숙제, 시험 같은 개인적 활동으로 보낸다고 말할 수 있다. 그리고 이런 활동은 학생에게 지적으로 부담과 긴장을 동시에 가져다준다. 그러나 3분의 1(32퍼센트)은 가만히 앉아서 선생님이

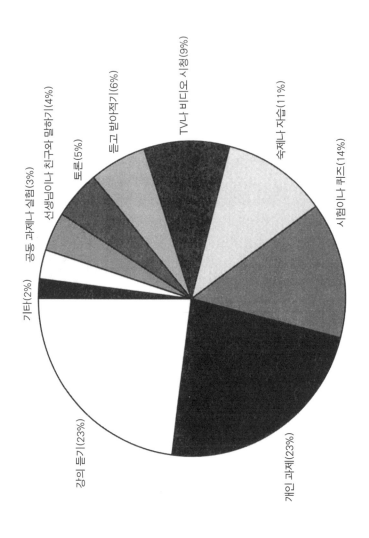

그림 7.1 교실 활동에 들이는 시간

TV나 비디오 시청(9%)

숙제나 자습(11%)

시험이나 퀴즈(14%)

듣고 받아적기(6%)

토론(5%)

선생님이나 친구와 말하기(4%)

공동 과제나 실험(3%)

기타(2%)

강의 듣기(23%)

개인 과제(23%)

반 전체 학생을 대상으로 설명하는 내용을 수동적으로 듣는 시간이었다(수업을 듣는 시간과 비디오나 텔레비전을 보는 시간).

토론이나 그룹 활동 같은 협동 시간은 겨우 8퍼센트에 지나지 않았다. 반 전체 학생을 대상으로 한 정보를 가만히 앉아서 듣는 시간에 비해 교사와 학생이 개인적으로 이야기할 수 있는 시간은 지극히 적었다(기껏해야 2퍼센트).

교실 활동에서 느끼는 다양한 감정

이제는 교실에서 이루어지는 다양한 활동에 대해서 학생이 어떤 느낌을 받는지 알아볼 순서다(그림 7.2). 예상했던 대로 학생들은 시험을 보거나 질문을 받을 때 가장 부담을 많이 느낀다. 반면 수업을 듣거나 텔레비전이나 비디오를 시청할 때는 마음이 홀가분해진다. 집중도와 미래 목표와의 상관도에서도 비슷한 양상이 펼쳐진다. 한 가지 지적하고 넘어갈 것은 학생들은 선생님의 강의를 듣는 것이 다른 활동보다 미래 목표를 이루는 데 훨씬 더 중요하다고 생각하지는 않는다는 사실이다.

이러한 결과는 학생들이 교실에서 하는 경험에 대해 두 가지 중요한 시사점을 던진다. 첫째, 학생들이 학교 생활에서 상당한 부담을 느끼는 활동의 양과 거기에 대해서 학생들이 부여하는 비중 사이에는 상당한 괴리가 있다는 사실이다. 둘째, 교실에서 학생들의 집중력은 활동의 난이도나 미래 목표와의 상관도와 밀접한 관련이 있다는 사실이다.

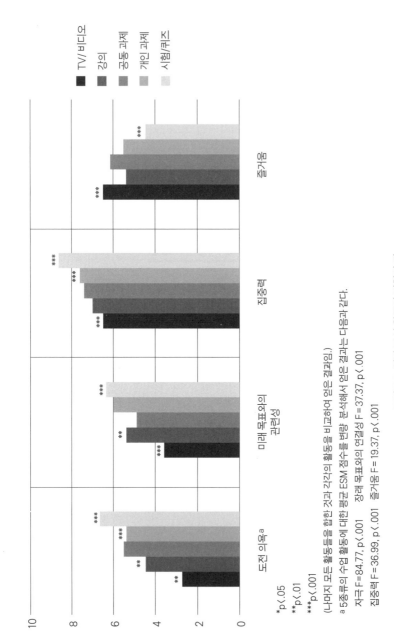

*p<.05
**p<.01
***p<.001
(나머지 모든 활동들을 합한 것과 각각의 활동을 비교하여 얻은 결과임.)
a 5종류의 수업 활동에 대한 평균 ESM 점수를 변량 분석해서 얻은 결과는 다음과 같다.
자극 F=84.77, p<.001   장래 목표와의 연결성 F=37.37, p<.001
집중력 F=36.99, p<.001   즐거움 F=19.37, p<.001

그림 7.2 일반 교실 활동의 경험의 질

범례:
- TV/비디오
- 강의
- 공동 과제
- 개인 과제
- 시험/퀴즈

똑같은 활동에서 느끼는 즐거움을 조사하면 정반대의 흐름이 감지된다. 시험을 보거나 질문에 답하는 것은 가장 부담이 크고 교실 활동에서 가장 중요한 것임에도 불구하고 학생들에게는 제일 즐겁지 않은 일로 받아들여졌다. 반면에 텔레비전이나 비디오는 가벼운 마음으로 보았고 가장 즐거워했다. 공동 작업은 개인 작업보다 부담도 적었고 미래와의 상관성도 낮았지만 개인 작업보다 더 즐거운 것으로 나타났다.

하지만 둘 사이의 차이가 통계적으로도 의미 있지는 않았다. 활동을 하고 싶다는 학생의 소망과 긍정적 감정(행복해 하고, 사교적이고, 자부심을 느끼고, 편안해 하는 정도) 사이의 차이를 비교했을 때도 비슷한 결과가 나왔다. 한 가지 예외는 다른 활동에 비해 개인 활동을 할 때 긍정적 감정과 자기 통제력을 더 많이 느꼈다는 사실이다. 수업을 듣는 동안에는 비록 재미는 못 느끼고 중요하다는 생각도 안 들지만, 그리 부담은 안 느끼기 때문에 적어도 자기 통제력은 유지하고 있다고 생각하는 듯하다.

가장 곤혹스러운 결과의 하나는 선생님의 강의를 듣는 동안 학생이 보고한 경험의 질이 낮았다는 점이다. 강의가 전체 수업 시간의 4분의 1 가까이를 차지한다는 점에서 이것은 심각한 문제가 아닐 수 없다. 마찬가지로 곤혹스러운 것은 과학 기술의 중요성이 점증하는 이 시대에 비디오 같은 시청각 교재를 학생들이 재미있어 하면서도 별로 중요하게 여기지 않는다는 사실이다.

시험에 대해서 학생들이 나타내는 반응은 예상했던 대로였다. 학생이라면 누구나 시험을 가장 부담스러워하고 괴로워한다. 시험을 좋아하는 학생이 없고 시험 말고 다른 것을 하고 싶다는 생각을 부쩍 많이 한다는 사실이 이 점을 입증한다. 그러나 미래와의 상관도, 난이도, 집중도

면에서는 시험이라는 공식적 평가만큼 비중 있게 다가오는 활동도 없다. 학생들은 아무래도 학교 활동을 부담으로 받아들이거나 재미로 받아들이지, 부담스러워하면서도 재미있어 하지는 않는 것 같다.

공부라는 압박감을 덜 느끼면서도 의욕과 긍정적 감정을 느끼는 한 가지 활동은 개인 공부였다. 아마도 혼자서 공부를 하는 동안은 상당한 수준으로 자기 통제력을 유지할 수 있기 때문이 아닌가 싶다. 그룹 활동의 수는 의미 있는 결과를 낳기에는 너무나 사례가 적지만 아무튼 다른 활동들에 비해서는 긍정적 감정을 더 많이 느끼고, 공부에서 느끼는 압박감 면에서도 중간 정도의 위치를 차지하는 것으로 보인다.

교실에서 몰입을 경험하는 순간

높은 기량을 가지고 난이도가 높은 활동을 할 때 몰입이라는 이상적 상태에 도달할 가능성이 가장 높다. 몰입 상태에서 학생은 목표를 수행하기 위해 도전을 즐기는 법을 배운다. 학생들이 학교라는 장에서 경험하는 최적 경험과 그들이 보고하는 난이도와 기량의 수준은 선행 연구에서 수없이 입증되었다(칙센트미하이, 라툰드, 훼일런 1993; 모네타, 칙센트미하이 1996).

이 연구들은 또 난이도와 기량의 수준 사이의 균형은 학생의 집중력에도 긍정적 영향을 미친다는 것을 알아냈다. 가령 모네타와 칙센트미하이는 이렇게 결론짓는다. "만일 학교가 높은 수준의 과제와 기량을 학생에게 제공한다면 학생의 집중력과 참여도를 최대화할 수 있는 이상적

조건이 주어지는 셈이다."(1996, 303)

학교 수업 환경에서 몰입을 가장 자주 경험할 수 있는 상황은 언제일까? 칠판에 적힌 내용을 받아적으면서 무작정 외우라는 지시를 받을 때 학생의 참여도는 낮아질 것이며 무언가를 정말로 배웠다는 느낌을 받지 못할 것이다. 건물의 청사진을 만든다든지 예산을 짠다든지 하는 흥미롭고 도전 의욕을 자극하는 과제를 주면 학생은 훌륭한 배움의 기회를 갖게 될 것이다. 이런 활동이 단순히 재미만 있는 것이 아니라 미래의 목표를 이루는 데도 도움이 된다면 학생은 더 적극적으로 참여할 것이고 그만큼 몰입을 자주 경험할 것이다.

우리가 조사한 활동의 대부분은 경험의 지적 측면이나 정서적 측면 중에서 어느 한쪽만을 두둔했기 때문에 우리는 이 두 영역 모두에서 어떤 활동이 긍정적 경험을 북돋는지 알아내는 것이 중요하다고 느꼈다. 우리는 과제의 난이도와 기량은 물론 집중력과 즐거움까지 감안하여 몰입 수준을 빈틈없이 잴 수 있는 복합적 측정 수단을 개발했다.

그 결과를 보면 시험, 질문, 공동 작업, 개인 공부는 모두 평균 이상의 몰입 경험을 낳고 교사의 강의를 듣거나 비디오와 텔레비전을 보는 것은 이렇다 할 몰입 경험을 낳지 못한다. 이런 결과는 교실 활동을 좀 더 다채롭게 진행하는 것이 학습 효과를 높이는 데는 그만큼 효과적이리라는 추측을 낳게 한다.

가령 영어 교사가 단편소설의 토론을 이끌면서 학생과 많은 대화를 할 수 있다면 좋을 것이다. 또는 개인 공부와 그룹 공부에서 문제를 푸는 시간의 비중을 늘리거나 연구를 통해서 보고서를 제출하는 숙제를 더 많이 내서 학생의 적극적 참여를 유도하는 방안도 있을 것이다. 이런 모든 활동에서 학생은 명확한 목표 의식을 가지고 문제 해결 과제에 전념해야 하며 주제를 명확히 이해하고 있다는 것을 보여주기 위해 자기가 가진 능력을 최대한 발휘해야 한다.

반면에 강의나 텔레비전 프로그램을 통해서 일반적인 내용의 정보가 모든 학생에게 전달되는 수동적 활동에서는 몰입을 경험할 수 있는 기회가 줄어들고 몰입의 강도도 약해진다. 이런 결과는 세심한 교육가들이 오래전부터 강조해 온 말과 맞아떨어진다. 사람은 모름지기 행위를 통해 학습한다는 것이다.

그렇다고 해서 예시, 관찰, 설명이 학습 과정에서 아무런 역할을 못한다는 뜻은 아니다. 능동적 참여의 기회를 보장하는 데는 무관심하면서, 학생들에게 가만히 앉아서 듣기만을 요구해 온 종래의 수업 방식으로는 아무리 값비싼 시청각 기제와 첨단 장비를 도입해 보았자 시간과 돈의 낭비에 불과할 수 있다는 사실을 짚고 넘어가보자는 뜻이다.

개인 공부와 집단 공부에서 보고되는 높은 수준의 몰입 경험에 대해서도 특별히 언급할 필요가 있다. 일부 교육학자와 전문가는 효과적인 교육의 활로를 집단 활동에서 찾아야 한다고 주장하지만(슬래빈, 1983) 우리가 얻은 자료에서는 개인 공부나 집단 공부 중 어느 한쪽이 압도적 우위를 보이지 않았다. 둘 다 학습을 자극할 수 있는 그 나름의 장점과 가능성을 가지고 있다.

가령 개인 공부를 통해 학생은 자기 중심을 잃지 않은 상태에서 배운 것을 스스로 정리하고 설명하는 기회를 갖게 된다. 그런가 하면 집단 활동은 대화와 협조를 통해서 남들로부터 배울 수 있는 기회를 학생에게 제공한다. 둘 다 가치 있는 경험이라고 할 수 있다.

학생은 교실에서 무슨 생각을 할까?

　　교사는 학생의 관심을 끌기 위해 많은 정력을 쏟아붓는다. 아무리 공부를 잘 하는 학생도 몽상에 잠길 때가 있고 수업에 집중하기 위해 무척 애를 써야 할 때가 있다. 분명히 학생들은 수업을 들으면서도 머릿속에 저절로 떠오르는 온갖 상념과 잡념에 자기도 모르게 빠져든다. 경험 추출법 자기 보고서 양식에서는 신호를 받았을 때 무슨 생각을 하고 있었는지를 학생에게 묻는다. 이렇게 하면 다양한 교실 활동을 하는 중에 학생이 공부 생각을 했는지 공부가 아닌 다른 생각을 했는지 알 수 있다. 우리가 얻은 결과에 따르면 학생들이 주로 하는 공부와는 거리가 먼 생각은, 자기 자신·친구·이성·먹는 것·집에 가는 것이다. 아무 생각 없이 멍하니 있을 때도 있다.

　수업을 듣거나 시청각 교재를 보는 동안 공부 생각을 하는 비율이 절반을 조금 넘는다는 사실(54퍼센트)에 많은 교사들은 당혹을 금치 못할 것이다. 공부와 관련 있는 생각은 그룹 활동을 하거나(67퍼센트) 개인 과제를 푸는 동안(63퍼센트) 훨씬 자주 했다. 하지만 이런 수치도 교육 관계자에게는 여전히 실망스러운 수준일 것이다. 반면 시험을 보거나 선생님이 내준 문제나 질문에 답하는 동안에는 공부에 대해서 생각하는 비율이 압도적으로 높았다(81퍼센트).

　이 결과는 다양한 교실 활동에서 학생이 느꼈던 감정과 대체로 맞아떨어진다. 짜임새가 없는 활동은 학생의 몽상을 유발하는 듯하다. 반면에 짜임새가 있는 그룹 연구나 개인 과제를 푸는 동안에는 학생들은 덜 산만해졌다. 시험이나 쪽지 시험을 보는 동안 딴 생각을 하는 학생은 거의 없다. 시험은 짜임새 있는 과제이고 학생이 중요하다고 여기는 과제이기 때문이다.

과목에 따른 경험의 차이

그 다음으로 우리는 학생이 다양한 과목을 어떻게 경험하는지를 조사하고 수업 시간에 학생이 참여하는 활동을 분석한다. 여섯 가지 본과목인 수학, 영어, 과학, 역사, 외국어, 사회와 세 가지 부과목인 예능, 컴퓨터, 실업 비교 대상으로 삼았다.[1]

거의 모든 학과목은 선생님의 강의를 듣고 필기하는 형식으로 이루어지지만 시간의 할당 방식에서는 과목마다 상당한 차이가 있다(표 7.1). 가령 역사는 강의의 비중이 가장 높아서 33.5퍼센트를 차지하는 반면 나머지 학과목은 20~28퍼센트 수준이다. 공동으로 실험을 해야 하는 과학의 경우는 집단 활동의 비중이 다른 과목들(1~3퍼센트)보다 월등하게 높은 8.6퍼센트다.

반면에 컴퓨터는 개인 과제 위주로 진행된다. 개인 과제로 할당되는 시간이 무려 62.5퍼센트로 다른 과목들의 2배가 넘는다. 수학도 개인 과제로 배정되는 시간이 27.6퍼센트로 다른 과목들(15~23퍼센트)보다 많은 편이다. 시청각 기제는 사회(17.4퍼센트)와 역사(15.8퍼센트)에서 애용하며 수학(1.8퍼센트)과 과학(4.1퍼센트)은 이용도가 크게 떨어진다. 시험을 가장 자주 보는 과목은 수학(26.3퍼센트)과 외국어(23.3퍼센트)이다. 부과목에서는 시험의 비중이 낮다(5~8퍼센트).

다음에는 학생들이 교실에서 과목을 어떻게 받아들이는지를 알아보았다. 개인 과제와 평가에 크게 의존하는 수학을 학생들은 가장 부담스럽게 받아들였고 또 장래 진로에도 수학이 중요하다고 생각했다.[2] 그러면서도 다른 과목들보다 수학을 싫어했다. 마지못해서 하는 학생이 많았다.[3] 예체능 수업을 하는 동안 학생들이 느끼는 감정은 이와는 정반대였다.[4] 재미와 긍정적 감정을 가장 강하게 느꼈다.[5] 그렇지만 장래 진로에서 가장 적은 비중을 차지한다고 학생들이 생각하는 과목 또한 예능이었다.[6]

본과목, 부과목을 통틀어서 난이도, 재미, 비중 등 정서와 의욕을 평가하는 거의 모든 항목에서 가장 낮은 점수를 기록한 과목은 역사였다.[7] 역사 과목은 다른 과목에 비해 강의에 많이 의존하며 집단 과제가 주어지는 경우가 드물다. 하지만 역사가 이렇게 낮은 점수로 일관하는 데는 다른 이유도 있다고 우리는 생각한다. 역사 수업을 진행하고 구성하고 전개하는 방식에도 개선의 여지가 많다고 본다.

일반적으로 학생들은 딱딱한 본과목을 공부할 때보다는 예체능 과목을 할 때 긍정적 감정을 더 느낀다.[8] 그러나 예능과는 달리 컴퓨터와 실업은 장래 목표를 이루는 데도 중요한 과목으로 받아들인다.[9] 아쉬운 것은 학생들은 딱딱한 본과목을 별로 좋아하지 않는다는 통념과 맞아떨어지는 결과가 나왔다는 점이다. 학교 활동에 참여하려는 학생의 욕구는 예체능 과목보다는 본과목에서 현저하게 낮았다.[10]

학생들은 예능, 컴퓨터, 실업 같은 비수험 과목에서 몰입을 잘 했다.[11] 수험 과목 중에서는 수학에서 몰입 경험을 상대적으로 많이 했다. 수학은 난이도도 높았고 집중도도 높았다. 반면 영어, 과학, 사회는 특히 비수험 과목과 비교할 때 몰입의 빈도가 현저하게 떨어졌다.[12] 예상대로

표 7.1 수업 방식의 과목별 분포

강의

1. 직업 교육	40.0[a]
2. 역사	33.5
3. 예술	30.1
4. 영어	28.6
5. 수학	27.6
6. 과학	26.9
7. 사회	21.3
8. 외국어	20.0
9. 컴퓨터	8.0

그룹 활동

1. 과학	8.6
2. 예술	4.8
3. 외국어	3.3
4. 사회	2.9
5. 수학	2.1
6. 영어	2.0
7. 직업 교육	1.6
8. 역사	1.3
9. 컴퓨터	0.0

개인 과제

1. 컴퓨터	62.5
2. 직업 교육	35.0
3. 예술	30.1
4. 수학	27.6
5. 외국어	23.3
6. 영어	21.5
7. 과학	18.7
8. 사회	17.5
9. 역사	14.5

시청각 교육

1. 사회	17.4
2. 역사	15.8
3. 예술	14.4
4. 영어	13.8
5. 외국어	11.1
6. 과학	8.6
7. 직업 교육	8.3
8. 컴퓨터	4.1
9. 수학	1.8

시험/퀴즈

1. 수학	26.3
2. 외국어	23.3
3. 역사	18.3
4. 사회	14.6
5. 과학	14.0
6. 영어	12.7
7. 컴퓨터	8.3
8. 직업 교육	5.0
9. 예술	4.8

[a] 각 과목별로 다양한 수업 활동의 백분율을 더해도 100은 나오지 않는다. 여기 보고된 것이 전부가 아니라 빈도수가 가장 높은 것으로 나타난 다섯 가지 활동을 과목별로 집계한 결과이기 때문이다.

역사는 가장 낮은 수준의 몰입을 경험하게 했다.[13]

이런 결과는 고등학생이 정규 수험 과목보다는 비수험 과목에서 더 긍정적 경험을 하며 참여도도 높다는 사실을 시사한다. 수험 과목은 부담스럽게 생각하는 만큼 중요하게 여겼지만, 비수험 과목에 참여할 때 의욕도 높았고 몰입·재미·긍정적 감정·자부심이 모두 올라갔다.[14] 앞의 교실 활동에서도 비슷한 결과가 나왔지만 학생들이 중요하다고 여기면서도 부담스러워하는 과목과 재미를 느끼는 과목 사이에는 상당한 괴리가 있는 듯하다. 이것은 학생들이 비수험 과목을 수험 과목보다 좋아하면서도 비수험 과목을 크게 부담스러워하지 않고 장래 목표와의 관련성도 낮다고 생각하고 있음을 암시한다.

학교에서 배우는 과목들은 각각의 과목이 요구하는 활동의 성격 말고도 명백히 다른 점들이 많지만, 해당 과목에서 학생들이 보고하는 경험의 내용과 활동의 유형 사이에는 연관성이 있는 것으로 보인다. 조사 결과를 보면 교실에서 몰입을 경험하는 빈도는 학생이 혼자서 공부하는 시간의 양과 밀접한 관련이 있다. 실제로 학생이 몰입을 가장 많이 경험하는 과목을 순서대로 배열하고 학생이 혼자서 공부해야 하는 시간이 가장 많은 과목을 순서대로 배열했더니 거의 똑같았다.[15]

결국 학생은 현재의 실력과 미래의 잠재력을 드러내 보이기를 요구하는 약간은 부담스러운 상황에서 몰입을 가장 많이 경험하는 것으로 보인다.

수업 과목과 진로의 관계

우리는 학생으로부터 얻은 경험 추출 보고서를 보완하기 위해 직접 면담도 가졌다. 여기서도 학생들이 학교에서 즐기는 것과 장래를 생각할 때 중요하다고 여기는 것 사이에는 괴리가 많다는 사실을 확인할 수 있었다. 장래 꿈이 건축가인 어떤 학생은 영어 과목이 어떻냐고 묻자 이런 반응을 보였다.

> 따분해요. 선생님이 좀 마음에 안 들긴 해도 전 제도가 좋아요. 제도 시간과 타이핑 시간이요. 기하학도 마음에 들고요. 건축가로 일하려면 수학이 중요하죠.

앞서 우리가 얻은 결과와 마찬가지로 이 학생(미셸)도 영어 같은 전통적인 과목은 좋아하지 않으며, 비수험 과목을 좋아한다. 하지만 수학은 다른 과목들보다 상대적으로 중요하다고 생각한다. 제도 시간은 너무나 신나고 재미있다고 말한다. 제도를 하고 있는 동안에 미셸은 눈앞의 과제에 대해서 아주 높은 집중력을 보여주었다. 일종의 몰입 상태였다. 학교에 있을 때는 별로 그러는 적이 없는데 제도 시간만큼은 푹 빠지게 된다고 본인도 말한다. 앞으로 자기가 가지려는 직업과 관련된 과목을 할 때는 대개 집중이 잘 된다고 말한다.

> 전 제도가 좋아요. 재미있거든요. 일단 제도를 시작하면 다른 생각은 하나도 안 나요. 온통 거기에만 빠져들어요. 그래서 좋아요.

마음에 드는 과목을 할 때는 미셸은 자기 실력이 얼마나 되는지 알고, 주어진 과제를 완성하려면 어떤 기량을 더 익혀야 하는지도 안다. 장래 어떤 직업을 가져야겠다는 생각도 분명하다. 그래서 직업에 관련된 실용적 과목의 관련성과 중요성도 알고 장래의 목표를 이루려면 수학도 소홀히 할 수 없다는 생각을 한다.

직업에 대한 목표 의식이 뚜렷한 학생은 자기가 원하는 직업과 관련이 있는 문제를 해결하는 데 강한 성취 의욕을 보인다. 장래와 직결된 문제라는 걸 알기 때문이다. 그런 학생은 목표가 뚜렷하게 정의되어 있고 목표를 이루면 금세 피드백을 얻을 수 있는 과목을 좋아한다. 그런 의욕이 뒷받침되면 실수를 하더라도 해결책을 찾아내기 위해 그 자리에서 고민하는 모습을 보인다. 가령 집을 제도하는데 벽이 정확히 90도가 안 되면 미셸은 그 자리에서 선을 다시 그려서 문제를 해결한다.

실업 과목과 비수험 과목을 공부하는 학생은 학업의 진척도를 그때그때 확인할 수 있다. 그래서 수험에 치중하는 활동보다는 직업과 관련이 있는 활동이 아무래도 자기 적성에 맞는다는 생각을 가지게 된다.

장차 엔지니어가 되기를 꿈꾸는 밥이라는 학생도 앞으로 자기가 지망하는 분야와 관련이 있는 공부에만 흥미를 보인다.

대학에 가고, 설계나 엔지니어링 분야에서 좋은 직업을 갖는 것이 가장 큰 목표입니다. 이 답답한 고등학교에서 빠져나갈 수 있는 유일한 길은 제도를 잘 하는 것이라고 생각해요. 그래야 좋은 직장을 구할 수 있거든요. 전 제도를 하면서 문제를 풀어나가는 게 재미있어요.

밥은 친구들이나 급우들과 함께 문제를 풀어가는 것이 중요하다고 말한다. 수업 시간에 선생님의 도움 없이 학생들끼리 과제를 해결하다 보면 힘은 들어도 보람이 크다. 어려운 일을 내 손으로 하고 있다는 뿌듯함은 느껴본 사람만이 안다. 밥은 이렇게 덧붙인다. "저처럼 제도를 좋아하는 아이들이 있어서 수업 시간이 특히 즐겁습니다. 우리는 공동으로 작업해요. 여럿이 지혜를 짜내는 게 제 체질에 맞는 것 같아요."

밥과 친구들은 가능하면 선생님에게 도움을 청하지 않고 개인적으로 또는 힘을 합쳐서 스스로 문제를 해결하고 싶어한다. 수학 시간도 예외는 아니다.

모르는 문제가 있으면 우리는 서로서로 물어봅니다. 그러면 답이 척 나와요. 문제의 정답을 풀어나가는 과정이 즐겁습니다. 머리를 써서 문제를 해결하는 게 재미있고, 생각하는 것도 즐겁고, 남들의 의견을 듣는 것도 지겹지 않습니다.

그런가 하면 어떤 학생은 수험 과목을 공부할 때 강한 성취 의욕을 느낀다. 그런 학생은 학업 성적이 뛰어나야만 진출할 수 있는 직업 분야가 많다는 걸 잘 안다. 그러니 원하는 직업을 얻기 위해서는 공부를 열심히 해야 한다. 좋아하는 과목이 무엇이냐는 물음에 마리아는 마지못해 대답한다.

영어요. 숙제가 너무 많아서 영어 선생님은 맘에 안 들지만 솔직히 앞으로 목표를 이루고 살아나가는 데 여러 모로 도움이 될 거라는 생각을 속으로 하고 있어요. 우리 학교에서 제일 꼬장꼬장한 선생님이 우리를 들들 볶아요. 우리한테 너무 많은 걸 기대하시죠.

하지만 시간을 내기가 좀 어려워서 그렇지, 못할 일도 아니에요.

다른 학생들처럼 마리아도 선생님이 수업 중에 내주는 과제가 너무 버거워서 돌아버릴 지경이라고 곧잘 하소연한다. 그렇지만 선생님이 수업 시간에 어느 정도 틀이 잡혀 있고 혼자서 하는 과제를 내주면 마리아는 실력을 쌓을 수 있는 좋은 기회라 여기고 그 과제에 적극적으로 매달리려고 한다. 그러다 보면 실력도 늘고 모르는 것을 배워나가는 재미도 쏠쏠하다. 마리아의 꿈은 우주비행사다. 하지만 그것은 먼 미래의 일이고 우선은 고등학교와 대학교에서 좋은 성적을 얻는 것이 중요하다고 생각한다.

우주 항공 산업으로 뛰어드는 지름길은 어려운 과목에 도전하여 고등학교에서 실력을 쌓는 겁니다. 그래야 대학교에 들어가서도 뒤처지지 않겠죠. 준비를 해야 해요. 대학 준비 과정을 수강하는 이유도 여기에 있습니다.

마리아는 단 하루도 결석하지 않았고 우등상을 받았으며 대학교 수준으로 공부하는 과목이 여러 개다. 뚜렷한 직업 목표가 있고 그런 목표를 이루기 위해서는 공부를 잘 해야 한다는 생각이 확고하다.

수업 도중에 보낸 신호에 대해서 학생이 적어낸 자기 보고서와 면접 중에 학교 생활에 대해서 학생이 밝힌 내용을 종합하면 직업과의 분명한 관련성, 적당한 난이도, 이 두 가지가 학생의 성취 의욕에 결정적 영향을 미치는 두 요인임을 알 수 있다. 이밖에 독립성, 다른 학생과 어울릴 수 있는 기회도 학생의 의욕에 중요한 영향을 미친다.

기술 교육에 치중하는 과목 이외에 영어, 수학 같은 전통적 과목도 이런 중요한 자극 요인을 웬만큼 제공할 수 있는 것으로 보인다. 하지만 역사, 사회 같은 과목에서는 도무지 흥미를 느끼지 못하는 학생이 많다. 이것은 교사가 주도하던 전통적 교육에서 좀 더 혁신적인 강의 형식으로 탈바꿈하는 데 가장 크게 저항하는 과목이 역사, 사회라는 점과도 무관하지 않을 것이다.

공부를 잘하면 긍정적 감정도 더 많이 느낄까?

학생이 특정한 수업에 부여하는 의미는 교육에 대한 전반적 열정, 과거의 성취, 과목의 수준에 따라 달라질 것이다. 과목을 택하는 방식을 보면 인종별 교우 관계(핼리넌, 윌리엄스 1989), 자부심(오크스 1985), 학업 성적(가모란, 메어 1989), 교육열(호치키스, 도스턴 1987), 미래의 직업 선택(스티븐슨, 실러, 슈나이더 1994) 등 다양한 면모를 알 수 있다.

스티븐슨, 실러, 슈나이더(1994)는 미국 전역의 8학년생을 대상으로 3가지 난이도를 가진 수학과 과학 과목을 어떻게 이수하고 있는지 조사했다. 그리고 이른 시기에 나타나는 수학 과목의 선택 패턴이 고등학교의 과목 선택에도 지대한 영향을 미친다는 사실을 알아냈다. 또 고등학교의 과목 선택 패턴은 상급 학교의 진학 가능성은 물론 상급 학교에서 올리는 성적을 예측하는 중요한 지표가 된다는 사실도 발견했다.

수학과 과학은 앞으로 상급 학교로 진학하여 좋은 성적을 내는 데 중요하므로 수학과 과학의 상·중·하 세 단계를 학년별로 구별했다.[16) 학생은 도전 의욕, 기량, 집중력, 즐거움의 수준에서 통계학적으로 의미 있는 차이를 보고하지 않았다. 그러나 자부심과 긍정적 감정에서는 수학과 과학의 상급 단계를 배우는 학생이 중급 단계, 하급 단계의 학생보다 현저하게 낮았다. 뿐만 아니라 중급 단계의 학생은 하급 단계의 학생보다 자부심과 긍정적 감정을 더 많이 느꼈다.[17)

앞서 이루어진 연구와 비교하면 이것은 언뜻 상식에서 벗어나는 희한한 결과로 보인다. 실제로 이런 결과는 공부를 못하는 학생의 자부심이 가장 낮다는 오크스(1985)의 연구를 정면으로 반박한다.

우리는 경쟁률이 치열한 명문 대학에 진학하려는 상급반 학생은 좋은 성적을 얻어야 한다는 강박 관념 때문에 성적이 떨어지는 학생보다 수업 시간에 더 큰 심적 부담을 느끼는 것이라고 이런 현상을 해석한다. 불안감이 크다 보니 자연히 스스로에게 좋은 감정을 가질 수가 없다. 기대 수준은 높지만 과연 그 기대에 부응할 수 있을지 확신이 안 서는 것이다.

반면에 경쟁이 치열하지 않은 반에서 공부하는 학생은 수준과는 무관하게 마음이 편하다. 따라서 수학과 과학을 잘 하는 학생의 자부심과 긍정적 감정이 낮게 나타나는 것은 학교 공부에 임하는 학생의 자세로 어느 정도는 설명이 된다. 특히 상급 단계를 공부하는 일부 학생은 학교 성적에 대한 기대 수준이 너무나 높아서 어지간한 결과가 나오지 않고서는 도통 만족감을 느끼지 못한다.[18)

어떤 학생이 몰입을 잘하나?

학생이 학교 생활에서 체험하는 내용은 가정 환경이나 지역 환경과 무관하지 않다. 부모의 교육 수준 같은 집안 배경은 학교 생활을 바라보는 학생의 시각뿐 아니라 학생이 스스로에게 거는 기대의 수준에도 영향을 미친다. 자기가 속한 인종과 관련된 학생의 경험은 학교 운영의 공정성과 목표에 대한 학생의 생각에 영향을 미칠 수 있다(마이클슨 1990).

광범위한 인구학적, 사회·경제학적 특징 말고도 학습 경험에 영향을 미치는 좀 더 미묘한 특징이 있다. 이유는 저마다 다르겠지만 도전을 회피하지 않고 미래에 대해서 낙관하는 학생은 토론에서도 집중력을 발휘하여 적극적으로 참여한다. 자연히 무덤덤하거나 장래를 비관하는 학생보다 몰입을 더 자주 경험한다.

어떤 학생이 수업 시간을 즐기면서 눈에 띄게 적극적으로 임하는 것일까? 남녀, 인종, 학교의 사회·경제적 지위 같은 요인을 고려하여 분석한 결과 여학생이 남학생보다 학교 생활에서 몰입을 훨씬 자주 경험하는 것으로 드러났다(그림 7.3). 여학생은 집단 과제나 개인 과제를 풀 때도, 비디오를 볼 때도 남학생보다 집중력이 높았고 활동 자체를 즐겁게 경험했다. 또 교실 안에서 이루어지는 활동, 특히 강의나 개인 과제 같은 것이 장래의 목표를 달성하는 것과 중요한 관련성이 있다고 믿는 학생의 비율도 여학생이 높았다.

인종별 특성을 보면, 아프리카 아메리칸 학생이 다른 인종에 비해 몰입을 자주 보고했다. 즐거움, 의욕, 긍정적 감정에서도 아프리카 아메리칸 학생은 높은 점수를 얻었다. 다른 인종과 비교할 때 아프리카 아메리

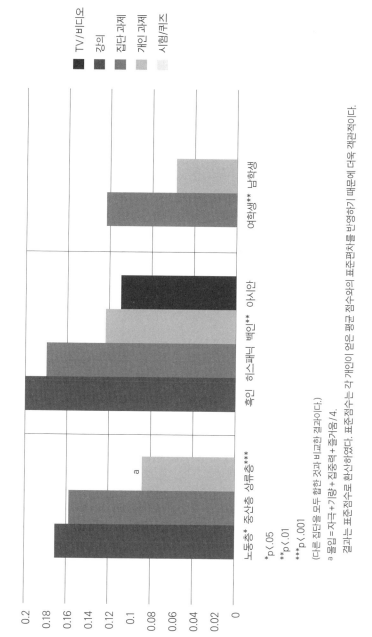

*p⟨.05
**p⟨.01
***p⟨.001

(다른 집단을 모두 합한 것과 비교한 결과이다.)

ᵃ 몰입 = 자극 + 기량 + 집중력 + 즐거움 / 4.

결과는 표준점수로 환산하였다. 표준점수는 각 개인이 얻은 평균 점수와의 표준편차를 반영하기 때문에 더욱 객관적이다.

그림 7.3 학생 특성에 따른 몰입의 비교

칸 학생은 특히 개인 과제를 푸는 동안에 즐거움을 경험하는 비율이 높았다. 히스패닉 학생은 다른 인종에 비해 학교 생활을 더 즐거워하고 긍정적 감정도 많이 갖는 것으로 나타났지만 통계학적으로 의미 있는 차이는 아니었다. 평균적으로 히스패닉 학생은 학교 활동을 더 많이 하고 싶어하고 이것이 중요하다고 생각하는 편이다.

백인 학생은 학교 생활에서 몰입을 경험하는 빈도가 낮은 편이었다. 수업 시간에도 긍정적 감정과 즐거움을 누리지 못했다. 학교 생활이 장래 목표를 이루는 데 중요하고 바람직하다고 생각하는 비율도 낮았다. 백인 학생은 특히 시험과 퀴즈를 유난히 싫어했다.

그러나 교실에서 몰입 경험을 가장 덜 경험하는 것은 아시아 학생이다. 통계학적으로 모두가 의미 있는 차이로 나타난 것은 아니지만 아시아 학생은 나머지 인종 집단을 합산하여 비교했을 때 긍정적 감정과 의욕의 수준이 일관되게 낮은 것으로 드러났다.[19] 아시아 학생은 또 텔레비전이나 비디오를 보는 동안에는 즐거움, 집중력, 몰입의 수준이 낮았던 반면 집단 과제를 푸는 동안에는 즐거움의 수준이 올라갔다.

사회·경제적 배경을 비교하면, 부유한 동네에서 사는 학생일수록 수업 시간에서 몰입, 즐거움, 집중력을 경험하는 빈도기 낮았고, 수업이 자기의 장래 목표를 이루는 데 중요하다는 생각, 수업에 들어오고 싶다는 생각도 희박했다. 한 가지 예외는 집단 활동을 할 때였다. 이때는 부유층 학생이 모든 척도에서 높은 점수를 보고했다. 못 사는 동네에 있는 학교에 다니는 학생이 오히려 수업 시간에 몰입을 자주 보고했다. 다른 학생에 비해 수업을 즐거워했고 교실에서 하는 활동을 계속 하고 싶어했다.

혜택받은 환경에서 사는 학생과 그렇지 못한 학생이 보여주는 '경험의 간극'이 가장 명백하게 드러나는 순간은 시험을 볼 때나 퀴즈를 풀 때다. 중산층 학생도 형편이 어려운 학생처럼 교실에서 비교적 긍정적인 경험을 하는 편이다. 특히 부유층 학생과 비교할 때 교실에서 행복감, 자부심, 사교성, 편안함을 더 자주 경험했다.

태도와 행동의 차이

태도와 같은 개개인의 미세한 특성도 학생이 교실에서 어떤 체험을 하는지에 일정한 영향을 미친다. 학생은 심리적 성향과 태도에서 무수한 개인차를 드러낸다. 내재적 동기를 가졌으며 장래를 낙관하는 학생은 외재적 동기를 가졌거나 장래를 비관하는 학생에 비해 실력에 대한 자신감이 컸고 더 즐거워했고 집중력이 높았고 자부심이 높았고 긍정적인 감정을 가졌다. 심리적 성향이 이렇게 다른 학생들이 학교 안에서든 학교 밖에서든 경험하는 양상이 일관되게 다르다는 것은 분석을 통해서도 확인된다.

그렇지만 이런 한결같은 차이는 개인의 책임이 커다란 비중을 차지하는 활동과는 달리 '집단적 활동'에서는 크게 줄어든다. 장래를 비관적으로 내다보는 학생도 집단 활동을 하는 동안에는 자기 실력을 평소보다 높게 평가한다.[20] 자부심, 감정, 즐거움, 집중력, 중요성에서 낙관적 학생과 비관적 학생 사이에서 일관되게 나타나는 차이는 집단 활동을 하는 동안에는 사라지는 것처럼 보인다.

교실 경험의 일관성

개인적 배경의 특성에서 나타나는 차이는 학생이 교실 활동을 경험하는 차이에 대해 우리가 알아낸 결과에 영향을 미치지 않는다. 활동이 달라질 때 집단과 집단 사이에서 나타나는 차이와 비교하면 개인적 배경의 차이의 영향력은 미미하다. 강의를 듣고, 집단 과제를 풀고, 개인 과제를 풀고, 텔레비전이나 비디오를 보고, 시험을 보거나 퀴즈를 풀 때 보고되는 경험의 차이는 사회·경제적으로, 장래에 대한 태도나 의욕이 구분되는 집단 사이에서 통계적으로 의미가 있었다.

대부분의 집단에서 강의를 듣거나 시청각 교재를 접하는 동안에는 몰입의 빈도가 낮았고, 시험을 보거나 퀴즈를 풀 때는 몰입의 빈도가 높았다.[21] 우리가 선정한 학교와 학생은 엄청나게 다양했음에도 불구하고 교실에서 하는 경험의 내용은 학생이 어떤 종류의 활동에 참여하느냐에 따라 결정적으로 좌우되는 것으로 보인다.

몰입 경험을 촉진하기 위해 수업은 바뀌어야 한다

학교 교육은 우선 수동적이고 분산된 활동이라는 인상을 받았다. 학생은 신생님이 설명하는 내용을 듣고 필기를 하고 개인 과제를 푸는 데 가장 많은 시간을 보낸다. 일반 교실 수업을 얼마나 중요하게 여기고 얼마나 자극적으로 받아들이는지는 학생마다 편차가 크다. 당연한 소리지만 자극적이면서도 중요하다고 여겨지는 활동을 할 때 학생은 더 열심히 집중하고 배우는 것도 많다.

불행하게도 교실에서 자주 접하는 것인데도 학생에게 자극을 주지 못하고 중요하다는 인식도 심어주지 못하는 활동이 있다. 학생으로부터

언은 경험 추출 보고를 분석하면 수업 시간의 대부분을 차지하는 활동이 학생의 능동적 참여를 이끌어내지 못하고 있다는 것을 알 수 있다. 가령 학생의 집중도는 선생님의 설명을 듣거나 비디오를 시청할 때 현저하게 떨어진다. 뿐만 아니라 시청각 자료를 보는 것은 장래 목표를 달성하는 데 별 도움이 안 된다고 생각하는 학생이 많다. 시험이나 퀴즈는 학생에게 상당한 자극을 준다. 하지만 즐겁다고는 생각하지 않는다. 집중은 하지만 썩 달갑게 받아들이지는 않는다.

대부분 천편일률적으로 진행되고 있음에도 불구하고 학생은 수험 과목을 다른 과목보다 중요하게 받아들인다. 그렇지만 흥미나 즐거움을 느끼지는 못 하는 것 같다. 수험 과목은 자극을 주고 중요하다는 인식을 주지만 즐거움, 긍정적 감정, 동기를 북돋지는 못한다.

수험 과목에 부담감을 느끼면서도 동시에 즐거움을 얻도록 만들 수는 없을까? 반복적이고 수동적이고 천편일률적인 활동이 반복되다 보니 학교 교육은 지루하다는 인식이 박혔다. 그러나 부담과 즐거움을 동시에 주는 집단 학습이나 개인 학습도 있을 수 있다는 사실을 우리는 알아냈다. 몰입 경험을 촉진하는 것은 학생 개개인에게 실력과 지식을 드러낼 수 있는 적절한 기회를 부여하도록 체계가 잘 짜여진 활동이다.

개별 학습은 몰입 경험에 가장 크게 기여한다. 개별적으로 주어진 과제는 컴퓨터 프로그램을 짜거나 조사 보고서를 쓰거나 작품을 제작하는 것처럼 개인이 지속적으로 지적 노력을 기울여야 하는 약간은 부담스러운 과제를 말한다. 이런 과제가 주어지면 학생은 분명한 목표를 세울 수 있고 과제가 요구하는 실력에 부응하려는 노력을 기울일 수 있다. 그만큼 즐겁게 일에 빠져들 가능성이 커진다.

집단 과제도 학생 누구나 끼어들 수 있도록 유도한다는 점에서 다른 수업 방식에서 찾아볼 수 없는 장점을 갖는다. 모든 학생에게 동일한 상황을 제시하기 때문에 다른 종류의 활동에서 학생들이 경험하는 방식의 차이를 최소화하는 데 기여한다. 그렇지만 과학 실험을 제외하고는 사실 집단 활동이라 부를 만한 수업이 없는 실정이어서 여기서 뚜렷한 결론을 끌어내기에는 이른 감이 있다.

난이도와 의욕이 모두 높아서 몰입을 가장 잘 유발하는 과목은 뭐니 뭐니해도 컴퓨터나 실업, 기술 같은 비수험 과목이다. 그렇지만 수학이나 영어 같은 전통적 수험 과목을 중요하게 여기면서 장래의 목표를 이루기 위해 상급 학교에 진학하려면 이런 과목을 잘 해야 한다고 생각하는 학생도 많다.

특정한 수업 활동이나 과목과는 무관하게, 학교에서 일어나는 몰입의 경험은 그 공부가 장래 목표를 이루는 데 중요하다는 생각을 학생이 얼마나 똑똑히 하느냐와 밀접한 관련이 있는 것 같다. 그런 인식은 장래 목표가 얼마나 분명하고 그런 목표를 이루기 위해 어떤 훈련을 받아야 하는지를 학생이 얼마나 잘 알고 있느냐에 따라 크게 차이가 난다.

미래 목표는 분명하시만 목표를 이루기 위해 무슨 교육, 무슨 훈련을 받아야 하는지 잘 모르는 학생은 직업 교육 같은 과목은 중요하다고 생각하면서도 수험 과목은 덮어놓고 자기와는 무관하다고 생각하기 쉽다. 목표를 달성하는 데 필요한 교육이 무엇인지 잘 알고 그런 교육을 자기도 받을 수 있을 것이라고 자신하는 학생은 수험 과목을 공부하면서 자극과 보람을 동시에 느낄 것이다.

학교 교육에 학생을 적극적으로 끌어들이려면 짜임새 있는 수업을 개발하는 것 못지않게 그런 수업이 장래 목표와도 이어진다는 사실을 자꾸자꾸 인식시켜야 한다. 학교에서 하는 공부는 하나부터 열까지 취업과 관련이 있어야 한다는 소리가 아니다. 장래의 목표를 이루는 데 필요한 지식과 기술을 익히는 것에 지금보다 중점을 두어야 한다는 뜻이다. 학생이 과제를 선택하는 것이 아니라 학생에게 과제가 주어지는 것이 학교 운영의 현실이다. 이렇게 학교 교육이 비자발성에 기초하고 있는 현실에서 학생의 참여를 이끌어내려면 어른과 청소년의 목표 공유가 필요하다.

몰입 경험을 촉진하기 위해서 학교는 학생이 학교 교육의 포괄적 목적과 개인적으로 주어진 과제의 특수한 목표를 모두 이해할 수 있는 풍토를 조성해야 한다. 어른은 학생이 자기의 실력을 웃도는 과제를 맡았을 때 조언자와 상담자의 자격으로 학생에게 자극을 줄 수 있다.

다른 곳에서도 마찬가지지만 학교에서도 어른은 청소년에게 막연한 주문만을 할 것이 아니라 청소년이 뚜렷한 목표 의식을 가질 수 있도록 이끌어야 할 책무가 있다. 학생을 돕는 것 말고도 어른은 학생 스스로가 어떤 진로로 나아갈지 결정할 수 있는 자유도 주어야 한다. 어른의 올바른 동참이 있어야만 청소년도 학교 활동에 적극성을 발휘할 것이다.

becoming
ADULT

3부

—

몰입할 수 있는
일과 행복한 미래

CHAPTER **8**

학교에서 실시하는 진로 교육의
세 가지 입장

앞에서 우리는 가정과 지역 사회가 직업과 고등 교육에 관한 정보를 제공하는 데 얼마나 중요한 역할을 하는지 알아보았다. 이런 주제에 대해 가장 중요한 정보원 노릇을 하는 사람은 학교의 진학 상담 교사다. 이 장에서는 진학 상담 교사가 하는 역할에 대해 알아보기로 한다.

고등학교의 진학 상담 교사가 일종의 길잡이 역할을 하면서 고등학교 졸업반 학생을 대학 진학이나 취업으로 이끈다는 통념(시쿠렐, 키추스 1963)은 더 이상 학생의 욕구와 맞아떨어지지 않는다(슈나이더, 크나우트, 마크리스 1995; 로젠바움, 밀러, 크라이 1996). 1992년의 경우 미국 고등학생의 거의 3분의 2가 2년제나 4년제 대학에 들어갔다(그린 등 1995). 고등학교 졸업반 학생의 대부분은 이렇게 대학 진학을 자연스럽게 기대하고 있지만 이런 목적을 이루기 위해 고등학교가 자원을 할당하는 방식은 학교마다 상당히 다르다. 학교가 자원을 어떻게 배분하느냐는 지역 노동 시장의 상황, 인근 대학교가 받아들일 수 있는 신입생 정원, 지역 사회의 이해 관계 같은 요인에 의해 영향받는다.

우리가 조사한 모든 고등학교는 대부분의 학생이 대학에 진학하리라는 예상 아래 그에 필요한 과목을 종합적으로 가르치는 학교지만 그런 목표를 달성하기 위해 얼마나 치밀한 노력을 기울이는가에 있어서는 상당한 차이를 보인다. 가령 학생의 취업 준비 교육을 강조하는 주에 있는 한 고등학교에서는 직업에 대한 지식을 늘리고 특수한 기술의 습득을 강화하는 방향으로 교과목을 개편했다. 또다른 주의 고등학교는 인근에 있는 대학교에 가급적 많은 학생이 진학하도록 돕는 데 주안점을 두고 있다.

이 장에서 우리는 교육 행정가, 교사, 진학 상담 교사, 학생, 학부모와 가졌던 다양한 면접과 학교 현장에서 관찰한 내용을 바탕으로 세 학교가 어떻게 진학 지도와 취업 지도를 하는지 자세히 알아볼 예정이다.

학교와 지역 사회의 자원이 진로 지도에 미치는 영향

학교 자원은 보통 한 학생에게 책정된 예산이 얼마나 되는지, 교사 한 명이 맡은 학생의 수는 얼마나 되는지를 가지고 따진다. 그러나 이런 것 못지않게 중요한 것은 학교가 학생에게 분배하는 사회적 자원이다. 콜먼(1988, 1990)은 이것을 '사회 자본'이라고 부른다. 사회 자본은 고등학교 졸업생의 비율을 높인다든지 하는 공동의 목표를 중심으로 개인들이 뭉쳤을 때 형성되는 눈에 보이지 않는 관계를 말한다.

교사, 학생, 학부모 사이에서 원활한 소통이 이루어지면 가령 대학에서 깊이 있는 공부를 하는 것이 살아가는 데 왜 중요한가 하는 문제 등에 대한 공감대를 이끌어낼 수 있다. 강한 사회적 결속이 뒷받침되면 학교를 중도에 포기하는 바람직하지 못한 행동도 많이 사그라든다.

학교가 자원을 학생에게 어떻게 배분하는지 추적함으로써 해당 학교가 상대적으로 진학에 중점을 두는지 취업에 주안점을 두는지 어느 정도 판단할 수 있다. 학교는 학생의 진학 지도에 만전을 기한다고 주장하지만 실제로 진학 상담 교사가 학생을 지도하는 데 들이는 시간은 많지 않다. 판에 박힌 지도안을 짜거나 보고서를 작성하는 데 대부분의 시간을 쏟아붓는다. 진학이나 취업에 필요한 정보와 절차에 대해 학생이 알 수 있는 기회를 학교가 얼마나 제공하는지 평가하기 위해서는 상담 교사가 구체적인 활동을 하면서 학생과 얼마나 많은 시간을 보내는지를 알아야 한다.

학교가 제공하는 자원의 성격은 그 학교가 어떤 지역에 있느냐에 의해서도 영향을 받는다. 학교를 에워싸고 있는 지역 사회는 납세를 통해 경제적 자원을 제공할 뿐 아니라 인근 기업의 인턴 제도나 도제 제도를 통해 사회적 자원을 제공하기도 한다. 따라서 4년제 대학 진학에 중점을 두는 학교가 있다면 그 학교는 어느 정도 지역 사회의 경제적, 사회적 자원에 부응하는 셈이라고 말할 수 있다.

고등학교 졸업장만 가지고는 마땅한 일거리를 찾을 수 없고, 주변에 학비가 싼 2년제 대학이 많이 있을 경우 학교는 고등학교를 마치고 바로 취업 전선에 나서기보다는 일단 2년제 대학에 진학하라고 학생에게 강력히 권고할 것이다.

우리는 성격이 아주 다른 세 학교—미들 브룩, 델 비스타, 그로브—를 비교하여 상이한 목표를 이루기 위해 학교와 지역 사회의 자원이 어떻게 학생에게 배분되는지 알아보려고 한다. 이 세 학교는 지역 경제의 수준, 학교와 지역 사회의 인구 구성, 취업과 진학에 대한 학교의 명확한 입장 등 세 가지 중요한 특성을 기준으로 선정했다.

지역 경제 수준

우리는 지역 사회의 성인 노동 시장에서 취업 기회를 쉽게 찾을 수 있는지의 여부가 학교의 학생 지도 방향에도 영향을 미칠 것이라고 생각했다. 그래서 다양한 노동 시장 상황을 잘 반영하는 세 가지 예를 골랐다. 미들 브룩 고등학교는 부유한 교외 지역에 있다. 주위에는 대학교가 많으며 서비스 산업이 지탱하는 경제도 건실하다. 델 비스타는 해안 도시에 있다. 지난 5년 동안 서비스와 제조업 분야의 일자리가 급격히 줄었다. 반면 그로브 고등학교는 가족 테마 공원이 잇따라 개발되면서 인근 여러 지역의 노동 시장의 규모가 급격히 커지는 신흥 도시의 교외에 자리잡고 있다.

학교와 지역 사회의 인구 구성

두 번째로 인구 구성을 고려한 것은 학생의 구성이 판이하게 다른 학교에서 학교 자원이 어떻게 배분되는지를 알아보기 위해서였다. 지리적으로 보았을 때 이 세 학교는 각각 미국 북동부, 남서부, 남동부에 자리잡고 있다. 미들 브룩 고등학교는 백인 학생이 압도적으로 많으며 대부분 중상류층이다. 그로브 고등학교는 중산층 백인 학생이 많이 다닌다. 델 비스타는 인종적 구성이 다양한 중산층 지역에 자리잡은 학교다. 세 학교 모두 주변 지역에 사는 학생이 주로 다니며 각 학교 학생의 인종 분포는 지역 사회의 인종 분포를 정확하게 반영하고 있다(표 8.1).

진학 우선이냐 취업 우선이냐

학교를 선정하면서 고려한 마지막 기준은 상담 교사와 가진 면접에서 파악한 것으로서, 학교가 학생의 진학이나 취업을 지도할 때 얼마나 분명한 방향성을 가지고 임하느냐였다. 가령 미들 브룩 고등학교의 한 상담 교사는 학생이 "단순히 수학이나 과학 실력만을 습득하는 것이 아니라 세상에 나가서 행복하고 생산적으로 살아갈 수 있는 시민"이 되도록 가르치는 것이 학교의 임무라고 강조했다.

델 비스타 고등학교의 상담 교사는 학생이 앞으로 살아가면서 주체적으로 판단할 수 있는 능력을 길러주는 것이 가장 중요하다고 말했다. 그는 "학생의 기대 지평을 넓혀 공부를 계속할지 취직을 할지 스스로 판단하게 만드는 데" 역점을 두고 있다고 강조했다. 그로브 고등학교의 한 상담 교사는 학교의 역할은 학생이 "사회에서 능력 있는 일꾼으로 성장할 수 있도록" 준비시키는 것이라고 못박았다.

이 상담 교사들이 한 말은 우리가 조사의 초점으로 삼은 학생들이 고등학교를 졸업하고 1년 뒤에 택한 진로와 대체로 부합되었다(표 8.2). 미들 브룩 고등학교는 대부분의 학생을 4년제 대학에 진학시켰다. 교내 상담실에서 확보한 대학교 준비 과정과 자료가 아주 다양했고, 학생 1인에게 책정된 예산이 7,000달러가 넘었기 때문에 대학 진학률이 높은 것은

표 8.1 세 학교 현황

학생 현황	미들 브룩	델 비스타	그로브
인종 구성			
아프리카 아메리칸	12.0%	20.6%	17.0%
아시아인	12.0%	12.8%	3.0%
백인	71.0%	27.3%	70.0%
히스패닉	5.0%	32.3%	10.0%
기타	0.0%	7.0%	0.0%
부모 학력			
고등학교 못 마쳤음	4.2%	15.4%	10.8%
고등학교 졸업	7.0%	13.5%	25.0%
대학교 중퇴	11.0%	30.7%	30.2%
대학교 졸업	20.6%	19.2%	19.4%
대학원 졸업	57.2%	21.2%	10.4%
학교 현황	미들 브룩	델 비스타	그로브
학생 1인당 지출(1994~1994)	$7,026	$3,299	$3,937
상담 교사/학생 비율			
상담 교사 수(정식)	9	7	7
학생 수(9~12학년)	1,652	3,600	2,800
학교별 상담 교사/학생 비율	1/184	1/550	1/400

자연스러운 결과였다(표 8.1 참조). 그로브 고등학교 졸업생도 상당수가 대학에 진학했지만 다른 두 고등학교보다 훨씬 많은 학생(30퍼센트)이 취업을 택했다(표 8.2 참조).

그런가 하면 델 비스타 고등학교는 제한된 자원을 대학 진학 지원에 집중 투입했다. 델 비스타는 경제적, 인종적 구성이 아주 다양하고 제조업의 비중이 줄어드는 지역에 위치하고 있다. 학생 1인에게 책정된 예산

표 8.2 졸업생 현황

	미들 브룩	델 비스타	그로브
	n=18	n=18	n=18
4년제 대학	72%*a	11%*	22%*
2년제 대학	6%**	78%**	39%**
취직	17%	11%	33%
무직	6%	b	6%

a 반올림을 했기 때문에 퍼센트를 합해도 100이 안 될 수 있음.

b 이 학생들은 영주권이 없어서 대학에도 못 가고 취직도 할 수 없었다. 나중에 이 학생들은 모두
 고향 멕시코로 돌아갔기 때문에 현재 상황은 모른다.

* $p < .001$. ** $p < .0001$ 학교별 결과의 차이는 의미 있는 것으로 보인다.

이 그로브보다 700달러 적고 미들 브룩보다 4,000달러나 적은 상황에서도 델 비스타는 졸업생의 90퍼센트 이상을 대학에 보냈다.

그러나 숫자가 전부는 아니다. 각 학교가 그 나름의 목표를 이루기 위해 구체적으로 어떤 노력을 기울였고 자원을 어떻게 진학 지도와 취업 지도에 배분했는지를 자세히 논의하는 데 이 장의 목적이 있다.

여기에 등장하는 사례들을 통해 우리는 학교가 상담 프로그램의 목표를 어디에 설정했는지, 상담 교사는 자기의 역할이 목표 달성에 어떻게 기여한다고 생각하는지, 상담 프로그램이 얼마나 체계적으로 운영되는지(상담 교사가 주로 하는 일이 무엇인지), 취업과 진학에 관한 공식적, 비공식적 정보를 상담 교사가 주로 어떻게 제공하는지, 학생을 어떤 식으로 자극하고 격려하는지를 종합적으로 알아보았다.

미들 브룩 고등학교: 교육의 전통을 보여주다

미들 브룩 고등학교는 미국 북동부의 한 대도시에 인접한 인구 5만 5,000명의 오랜 역사를 가진 안정된 교외 지역에 있다. 이 지역에 사는 주민의 87퍼센트는 백인이고, 아시아계가 8퍼센트, 아프리카 아메리칸이 3퍼센트, '기타'가 2퍼센트이다. 이곳은 여유 있는 동네다. 공식적인 가구당 연평균 소득은 6만 1,799달러지만 성인 인구 가운데 8,000명의 대학생이 포함되어 있다는 사실을 감안하면 실제 소득은 이보다 훨씬 많을 것이다.

주민의 학력도 아주 높다. 67퍼센트가 대졸 이상이고, 57퍼센트는 박사학위를 가지고 있다. 1986년부터 1991년까지 고등 교육을 받은 이민자가 이곳으로 대거 유입되었다. 이들은 서비스 산업이 꾸준히 성장하고 있는 인근 대도시에서 주로 사무직으로 일하고 있다. 초등학생과 중고등학생의 대부분은 지역에 있는 공립 학교를 다닌다. 그러나 사립 학교에 다니는 학생의 비율은 전국 평균치보다 약간 높다.

1993년 미들 브룩 고등학교의 재적 학생은 1,700명 가량. 교외 지역에 있는 고등학교는 보통 진교생이 이 정도 된다(미국 교육 통계소 1995). 이 학교 학생 가운데 1,453명은 가까운 거리에 살고 149명은 버스 통학을 하며 50명은 다른 주나 다른 나라에서 왔다. 전교생의 약 4분의 1은 소수 민족에 속한다. 미들 브룩 고등학생의 33퍼센트는 집에서 영어를 쓰지 않는다. 전교생이 쓰는 외국어를 모두 합하면 25개나 되고 그중 러시아어를 쓰는 학생이 제일 많다. 전체 학생의 5분의 1은 외국인을 위한 영어(ESL) 과정을 공부하고 있다.

작은 대학교처럼 자유로운 생활

미들 브룩 고등학교는 울창한 참나무들이 번화한 거리의 소음을 막아주는 호젓한 곳에 있다. 학교는 구불구불한 도로 하나로만 접근할 수 있다. 이 도로는 수업이 이루어지는 4개의 큰 건물을 에워싸고 있다. 이 네 건물은 여러 층으로 된 한가운데의 커다란 안뜰로 이어져 있다. 안뜰은 학생들이 주로 모이는 곳이다. 한 교직원은, 200년 전에 미들 브룩 고등학교를 설립한 사람들이 "하버드와 예일의 건물을 본따서 이곳을 지었다"고 자랑한다. 안뜰에서는 기타를 치는 학생, 시를 낭송하는 학생을 심심치 않게 볼 수 있다. 안뜰을 넘어가면 야구장 2개와 축구장 1개가 있고 모두 관리 상태가 양호하다.

미들 브룩 고등학생은 시간을 상당히 자유롭게 쓰는 편이다. 교사나 교직원이 별로 간섭을 하지 않는다. 수업이 시작된 다음에 교실에 들어오는 학생도 많다. 여기저기 돌아다니는 학생, 강당 구석에 쪼그리고 있는 학생, 안뜰에서 어슬렁거리는 학생, 과외 활동에 참여하기 위해 수업을 빼먹는 학생을 쉽게 볼 수 있지만, 아무도 캐묻거나 교실에 들어가라고 다그치지 않는다.

학교 당국이 학생에게 제재를 가하는 경우는 드물며 두발과 복장도 학생의 자유에 맡긴다. 한 상담 교사는 이렇게 말한다. "최근에는 피어싱이 인기랍니다. 귀, 코, 젖꼭지, 좌우간 구멍을 뚫을 수 있는 곳은 어디든지 주렁주렁 고리를 매달고 다녀요."

수업이 진행되는 시간에도 다른 사람을 의식하지 않고 자유롭게 교내를 돌아다닐 수 있다는 것은 이곳이 대학교처럼 운영된다는 사실을 말해준다. 하지만 자유에는 책임이 따른다. 학교 공부를 소홀히 하면 그 결과는 학점과 앞날의 진로에 그대로 반영될 것이라는 사실을 거듭 인식시킨다. 한 상담 교사는 이렇게 말한다.

> 우리 학교에서는 몸이 아파서 결석을 하더라도 본인이 전화를 걸어야 합니다. 학교에 오고 안 오고는 부모가 판단하는 게 아니니까요. 그리고 그 결과는 학생이 감수해야 합니다. 우리 학교는 학생에게 많은 책임을 안기고, 학생도 그걸 당연하게 받아들여요. 아직은 부모가 있고 학교가 있기 때문에 완전한 독립이라고 말할 수는 없습니다. 나중에 대학에 들어갔을 때 필요한 생활 습관을 고등학교 때부터 미리 연습해 두는 셈이라고나 할까요.

학교는 학생이 당연히 대학에 진학할 것이라는 전제 아래 자율성과 책임감을 기르는 데 역점을 둔다. 미들 브룩에서는 수업 시간에 출석을 부르지 않는다. 공통 과목이라는 것도 없고 학과외 활동은 적극 장려된다. 또다른 상담 교사의 말을 들어보자.

> 우리는 교육 과정의 대부분, 아니 모든 부분에서 결정을 내리는 주체가 학생이어야 한다고 믿습니다. 또한 학생과 교사가 충분히 가까워질 수 있다고 생각하고요. 학생은 그저 좋은 직장을 얻기 위해서가 아니라 사회의 변화를 추구하고 준비하고, 어른이 되었을 때 각자의 분야나 생활에서 남에게 귀감이 될 만한 사람이 되기 위해서 학교를 다니는 것이라고 생각합니다.

학생과 교사 사이에는 격의가 없다. 교사가 권위를 앞세우지 않기 때문에 학생은 교사를 나이든 친구처럼 대한다. 쉬는 시간에 복도에서 학생과 이야기를 나누고 농담을 주고받는 교사는 볼 수 있어도, 눈을 부라리고 학생을 감시하면서 돌아다니는 교사는 찾아볼 수 없다. 교사라고 해서 꼬박꼬박 존대말을 쓰는 것도 아니고, 학생은 교사의 가정이나 사생활에 대해서도 스스럼없이 묻는다.

한 졸업반 학생은 학생과 교사가 허물없이 어울려 지낼 수 있는 풍토를 조성하는 데는 교사의 역할이 컸다고 자랑스럽게 말한다. "개인의 신상을 잘 알기 때문에 학생은 선생님과 대화하고 싶어하죠. 선생님이 자상하기 때문에 친밀감을 느끼고요. ……선생님은 저희들의 문제를 자기 문제처럼 고민해 주세요."

교사의 책임은 공부를 가르치는 데서 끝나지 않는다. 학생이 개인적으로나 사회적으로 더 성숙해지도록 돕는 것도 교사의 몫이다. 앞으로 언론계에서 일하고 싶어하는 한 졸업반 여학생은 지방 방송국에서 인턴으로 일해 보라는 교사의 조언에 무척 고무되었다고 말한다. 그 교사는 학생이 잘 모르는 언론계의 다양한 측면에 대해서 귀중한 정보를 주었다. 선생님의 격려 덕분에 그 여학생은 자신감을 갖게 되었다고 한다. "나무랄 데 없는 선생님이셨습니다. 지금까지 제가 만난 선생님 중에서 최고라고 단언할 수 있어요. 저에 대해서 항상 긍정적으로 말씀해 주시니까 어느새 저 자신도 스스로를 긍정적으로 바라보게 돼요."

교사가 성적이나 학습 태도만이 아니라 학생의 고민이나 자긍심에도 관심을 기울였음을 알 수 있다. 학생은 이런 개인적인 배려를 고마워한다. 이 학교에서 가장 역점을 두는 것 가운데 하나가 바로 교사와 학생의 관계가 가까워지도록 지원하는 것이다. 이런 돈독한 관계는 학부모와 지역 사회뿐 아니라 학교가 보유한 사회적 자원 중에서 가장 값지고 소중한 것이라고 할 수 있다.

학교의 사명

미들 브룩 고등학교가 공식적으로 밝히는 학교의 사명은 다음과 같다.

> 학생을 이상적인 삶으로 이끌어, 탐구에 몰두하는 인간, 머리와 가슴을 가진 인간, 아름다움과 희열에 감동하는 인간, 정의를 추구하는 인간으로 양성하는 것이다. 우리 학교를 나온 학생이 그 동안 인류가 쌓아올린 업적을 다방면으로 이해하여 안목과 식견을 가진 인간으로 성장하기를 바란다.

종합적 교양과 자기계발에 중점을 두는 이런 학교 운영의 원칙은 교직원의 입을 통해서도 확인된다. 한 진학 상담 교사는 이렇게 말한다.

> 우리 학교의 임무는 청소년기의 학생을 제대로 교육하여 세상과 인생의 다양한 면모를 볼 수 있는 눈을 키워주는 것이다. 단순히 수학 문제 하나를 더 풀고 못 풀고 보다는 세상에 나가서 행복하고 생산적인 시민으로 살아갈 수 있고 자기 이익만을 추구하는 것이 아니라 남을 배려할 줄도 아는 인간으로 키우는 것이다.

학교가 이런 사명을 실천에 옮기는 방법은 다양하다. 학교 측은 한 줄

업반 학생이 지역 안에 있는 노숙자 합숙소에서 자원봉사자로 일할 수 있도록 주선했다. 이런 일은 드물지 않다. 학교는 다양한 지역 사회 단체에서 일할 수 있는 기회를 학생에게 어떻게든 주기 위해 적극적으로 노력한다. 이런 일을 경험한 학생은 개인적으로 아주 만족스러워한다. 노숙자 합숙소에서 자원봉사자로 일한 학생은 그 일을 통해서 시민으로서의 책임을 깊이 자각하게 되었다고 말한다. "거기서 보낸 시간이 하나도 아깝지 않아요. 돈을 받지는 않았지만 내가 사는 지역 사회를 위해 일했다는 뿌듯함이 있습니다. 돈 주고도 살 수 없는 경험이었습니다."

이런 예는 얼마든지 있다. 학교는 학생에게 시민 의식을 일깨울 수 있는 기회를 제공하기 위해 다각도로 노력한다. 해마다 학생들이 방과후 활동을 통해 한 가지 주제를 놓고 다양한 행사를 벌이는 것을 학교는 적극적으로 권장한다. 가령 1993년에는 동성애자에 대한 관용을 중요한 활동 목표로 삼는 학생 동아리가 학교의 승인을 받았다. 한 해 동안 이 동아리는 포스터를 붙인다든지 토론회를 연다든지 저명한 활동가를 학교로 초대하여 강연회를 연다든지 하는 방법으로 전교생과 지역 사회 주민에게 동성애자에 대한 관용이 얼마나 중요한가를 알렸다.

이 운동은 대단한 성과를 거두었다. 지역 사회에서는 주 의회에 차별 반대 청원을 제기하라면서, 이 동아리에 재정적 지원을 하기도 했다. 현실 정치에서 정말로 문제가 되는 사안에 학생이 적극적으로 관여할 수 있는 기회를 학교가 보장한다는 것은, 지역 사회에 곧바로 영향을 미치는 사회적 주제에 대해 학생이 배울 수 있는 안전한 공간을 제공함으로써 학생의 자기계발과 지도력을 길러주기 위해 학교가 얼마나 애쓰는가를 보여준다.

미들 브룩 고등학교는 이렇게 시민으로서의 책임을 강조하면서도 공부는 무섭게 몰아붙인다. 졸업반 새학기가 되면 벌써 많은 학생은 4년제 대학으로부터 입학 허가를 받아놓고, 그동안 고급 과정을 공부하여 대학이 인정하는 학점도 웬만큼 따놓은 상태다. 1993년에 이 학교가 배출한 432명의 졸업생 중에서 89퍼센트가 SAT(대학 진학 기초 학력 시험)나 ACT(대학 입학 선발 종합 시험)을 보았고 31퍼센트는 대학 학점 이수 자격 시험을 보았다. 발군의 성적을 낸 소수의 학생에게 주는 내셔널 메릿 장학금을 받은 학생이 14명이고 후보까지 간 학생이 17명이었다.

상담 프로그램의 구성

미들 브룩 고등학교는 학생 상담에 엄청난 공을 들인다. 개인 상담도 받을 수 있지만 집단을 위한 상담도 있다. 지역 사회에서 활동하는 30개가 넘는 각종 상담 기관을 학교로 초대하여 학생에게 정보를 제공한다. 학교 안에는 학생지원부라는 방대한 기구가 별도로 있다. 여기서 모두 31명이 근무한다. 진학 상담 교사 9명, 심리학자 3명, 사회복지사 4명, 약물 남용 예방 전문가 2명, 직업 상담 교사 3명, 튜터링센터 코디네이터 3명, 간호사 3명, 특수 교육 프로그램 소성가 1명, 주임 교사 3명이다. 지원 교사와 학생의 비율은 1대 57이다.

상담 프로그램은 학생 개개인이 탈 없이 잘 지내도록 돕는 데 주안점을 두고 있지만 상급 학교 지원을 돕는 역할도 결코 무시할 수 없는 기능이다. 물론 명시적으로 이런 목표를 내걸지는 않는다. 상담 프로그램의 목적이 대학 입학을 돕는 것이라고 말하는 교사는 아무도 없다. 모든 상담 교사는 "진학은 학생 스스로가 결정하는 것이고, 교사는 단지 자원을 제공할 뿐"이라고 말한다. 한 상담 교사의 말을 들어보자.

> 선택은 어디까지나 학생이 해야 한다고 생각합니다. 학생의 가족
> 과 친구, 주변의 어른들이 그런 선택에 영향을 미치겠죠. ······ 바라
> 건대 학생이 스스로의 힘으로 그런 결정을 내렸으면 좋겠습니다.
> 학생이 선택할 수 있도록 다양한 가능성을 제시하려고 노력은 하
> 겠지만, 어떤 분야나 직업에 진출하는 것을 적극적으로 권하거나
> 말리는 것은 교사의 임무가 아니라고 생각합니다.

학생이 스스로 장점을 깨닫고 그것을 살리는 쪽으로 나가도록 내버려
두는 것은 자율성을 중시하는 교칙에는 합당할지 모르지만 학생의 대
학 지원을 도울 수 있는 풍부한 인적 자원을 낭비하는 게 아닌가라는
의구심이 들 수도 있다. 대학 입학에 필요한 과목을 자세히 설명하는 과
정도 물론 포함되어 있다.

실제로 진학 상담 교사는 학생에게 적당한 대학을 소개하는 데 근무
시간의 3분의 2를 투자한다. 학부모도 자원봉사자로 나서서 컴퓨터로
대학에 관한 정보를 찾는 법, 학자금을 융자받는 법을 알려준다. 진학
상담실에서는 대학 편람을 배포하기도 한다. 진학 상담실의 일차적 기
능은 대학에 관한 정보를 학생에게 제공하는 것이다. 반면 졸업 후 취업
에 관한 정보는 사실상 전무하다시피하다.

진학 상담실에는 팸플릿과 안내 책자를 든 학생들이 부지런히 들락거
린다. 진학 상담 교사에게 개인 상담을 신청할 수 있는 용지도 마련되어
있다. 이곳을 이용하는 학생이 워낙 많아서 상담을 받으려면 보통 일주

일은 기다려야 한다. 매년 신학기에 학생에게 전단을 나누어주어 상담 프로그램을 소개하고, 교내 곳곳에 관련 정보를 게시한다. '우연보다는 선택을'이라는 제목이 붙은 20쪽으로 된 장래 설계 편람도 전교생에게 배포한다.

이 편람은 대학이 신입생을 받아들이는 기준, 대학 입학 시험 일자, 각 대학의 경쟁률, 성적 관련 정보, 학자금 융자 정보, 등록금 납입 방법, 지원 절차, 학점과 교사 추천서의 중요성, 면접 요령, 지원 추세, 자기 소개서 작성법, 동창회 조직, 학생의 사전 방문을 환영하는 대학의 명단 등이 실려 있다.

상담 교사는 학생에게 특정한 대학에 지원하도록 직접적인 영향력을 행사하지는 않는다고 말하지만, 일단 학생이 특정한 학과에 흥미를 나타내면 학생의 관심사와 일치하고 개인적 장점을 최대한 살릴 수 있는 대학을 추천하는 것이 관례다.

대학 진학을 원하는 학생과는 어떤 대학이 좋을지 가급적 많은 대화를 나누려고 합니다. 그 학생이 그 동안 어떤 방면에 흥미를 보였는지 저 나름대로 생각해 보고, 추구하는 목표가 있으면 그것을 이루는 데 도움이 되는 현실적인 길을 말해 주려고 애쓰는 편이며, 학생이 비현실적인 기대를 갖지 않도록 이끄는 데 역점을 둡니다.

이 학교의 상담 교사는 학생의 대학 지원 과정에 시시콜콜 간섭하지는 않지만 상당한 안내와 지원을 한다. 한 학생을 일 년에 적어도 두 번씩은 상담실로 불러서 대학 입학 문제를 논의한다. 상담은 수업에 지장을 주지 않도록 점심 시간이나 방과후에 이루어진다.

상담 교사는 대학교의 신입생 선발 담당자와 계속 접촉한다. 인근의 4년제 대학과 2년제 대학이 요구하는 지원 자격 요건을 끊임없이 확인하고 추천서를 부지런히 쓴다. 못 마친 일은 집으로 가져가기도 한다. 한 상담 교사는 이렇게 말한다. "두 달 정도는 틈나는 대로 추천서를 쓴다고 보면 됩니다." 학생의 자기 소개서 작성을 돕는 데도 상당한 시간을 보낸다.

또다른 상담 교사는 이렇게 말한다. "에세이를 대신 써주는 건 절대로 아니지만 가끔 읽어주기는 해요. 아주 특별한 사정이 생겼을 때는 학생 대신 대학교에 직접 전화를 걸기도 하죠." 상담 교사는 지역 대학교에서 열리는 회의에도 자주 참석한다. 대학교 신입생 선발 담당자를 일 년에 두 번 학교로 초대하여 흥미 있는 학생에게 이 담당자와 상담할 수 있는 기회를 준다. 될수록 많은 상담을 받는 것을 학생에게 적극 권장한다.

델 비스타 고등학교 : 누구나 성공할 수 있다

50만의 인구(백인 58퍼센트, 히스패닉 24퍼센트, 아프리카 아메리칸 14퍼센트, 기타 4퍼센트)를 가진 델 비스타는 캘리포니아에서 다섯 번째로 큰 도시다. 캘리포니아 해안 지역에 있는 대부분의 도시가 그런 것처럼 델 비스타도 부동산 가격이 비싸다. 웬만한 주택 한 채의 평균 가격이 22만 900달러. 그래서 델 비스타는 1992년 당시 미국의 75개 대도시 중에서 다섯 번째로 집값이 비쌌다.

자기 집에서 사는 사람의 비율이 41퍼센트이고, 임대료도 월 평균 551달러로 미국 75개 도시 중에서 일곱 번째로 높다. 이렇게 부동산 가격이 높은데도 불구하고 델 비스타를 비롯한 캘리포니아의 여러 도시에서는 제조업이 급격히 쇠퇴하고 있다. 군수 산업의 침체로 캘리포니아 전체의 일자리가 많이 줄었고, 델 비스타 경기도 심각한 타격을 받았다.

델 비스타 광역 교육청에 등록된 학생의 수는 모두 7만 5,464명이며, 관할 지역 안에는 초등학교가 57개, 중학교가 15개, 고등학교가 7개 있다. 교육청 전체에서 히스패닉 학생이 차지하는 비율은 꾸준히 늘어나는 반면 백인 학생의 수는 줄어들고 있다. 1984년과 1992년 사이에 백인 학생의 수는 무려 50퍼센트나 감소했다.

델 비스타 고등학교에 다니는 학생은 주로 두 지역에 살고 있다. 버스로 통학하는 시내 거주 학생의 수가 가장 많고, 나머지는 학교 주변의 중산층 거주지에 산다. 델 비스타 고등학교는 전교생이 3,600명이다. 학교 당국의 추산으로는 학생 가운데 2분의 1 내지 4분의 3은 결손 가정에서 자라고 있다. 전교생의 3분의 1은 영어가 모국어가 아니며 30퍼센트는 외국인을 위한 영어 과정을 듣고 있다.

델 비스다 학생의 가정 환경은 천차만별이므로 학교는 학생 구성의 다양성과 한정된 사회·경제적 자원이라는 두 가지 문제를 늘 염두에 두어야 한다. 자연히 특별한 교육 서비스에 대한 수요가 높은 편이다. 델 비스타는 멕시코와의 국경 지대에 있기 때문에 상당수의 학생이 이민자의 자녀다. 학교는 이 학생들에게 지역 사회에서 특별한 서비스 혜택을 받을 수 있도록 조언하는 상담 교사와 특별 영어 교육을 제공하는 데 상당한 자원을 쏟아붓고 있다. 학생 구성의 다양성을 잘 알고 있기 때문에 학교 측은 모든 학생이 학업에서 뒤떨어지지 않도록 지원하는 데 역점을 두고 있다.

이 학교는 1950년대 중반에 지어졌다. 2개의 안뜰이 있고, 이것을 중심으로 1, 2층짜리 건물이 배치되어 있다. 캘리포니아에 있는 고등학교가 대부분 그렇지만 이 학교도 안뜰에 참나무가 심겨 있고 그 둘레로 벤치와 잔디밭이 있다. 학교 운동장에는 여러 개의 테니스장과 야구장이 있다.

상담 철학: 현실에 바탕을 둔 높은 기대

델 비스타 고등학교의 교사들이 입버릇처럼 하는 말이, "누구나 성공할 수 있다"는 것이다. 여기서 말하는 성공은 대부분의 경우 공부를 뜻한다. 공식적인 학교 소개서에도 다음과 같은 내용이 실려 있다. "델 비스타 고등학교는 모든 학생에게 인생에서 성공하는 데 필요한 인격과 실력의 함양, 뛰어난 학업 능력을 장려하는 흥미롭고 역동적인 교육 환경을 제공하겠다는 사명감을 갖고 있다."

상담 교사는 학생의 대학 진학을 도울 뿐 아니라 학생·학부모·교사·학교 당국 사이에서 중재자 역할을 하면서, "고등학교 졸업, 취직, 2년제 혹은 4년제 대학 진학, ……인격 함양과 원만한 대인 관계를 쌓아가는 실력, 그 무엇이건" 학생이 앞으로 인생을 성공적으로 살아가는 데 필요한 모든 지원을 아끼지 않는다. 한 상담 교사는 상담을 통해 "장학금을 받을 수 있도록 돕거나, 학생이 미처 몰랐던 좋은 대학을 소개할 때" 보람을 느낀다고 말한다.

델 비스타 고등학교에 다니는 학생은 대학에 진학하는 부류와 곧바로 취업할 부류로 구분되지 않는다. 학교 측은 대부분의 학생에게 대학에 진학할 것을 권한다. 하지만 학생 가운데 상당수는 대학에 들어갈 만한 자질이 없다. 그럼에도 불구하고 학생과 학부모는 대학에 당연히 가야 한다고 생각한다. 한 상담 교사는 학부모의 기대 수준에 대해서 이렇게 말한다.

문화라든가 사회·경제적 수준에 상관 없이 부모는 자식이 자기보다 좀 더 많은 공부를 하기를 원합니다. 예외가 없는 것은 아니지만 거의 모든 부모가 그렇다고 할 수 있습니다. 자기가 고등학교를 못 나왔으면 자식이 적어도 고등학교 졸업장은 얻기를 바라죠. 자기가 고등학교만 나왔으면 자식은 적어도 2년제 대학은 나오기를 바라구요.

이 상담 교사에 따르면 학생도 대부분 생각이 비슷하다. "당연히 졸업은 해야죠'라고 말해요. 그 다음에는 '당연히 4년제 대학에 들어가야죠'라고 말하고요. 학생들은 얻을 수 있는 건 최대한 얻으려고 합니다."

델 비스타 고등학교의 상담 교사는 대학 진학 상담이 이 학교 학생에게 절실하다고 말한다.

학생 가운데 3분의 1은 아마 집안에서 처음으로 대학 문을 밟아보는 사람일 겁니다. 따라서 대학이 어떤 건지 물어볼 사람이 집안에는 없죠. 이런 학생에게는 조언을 해줄 전문가가 절대적으로 필요합니다.

대학 진학에 역점을 두기는 하지만 상담 교사는 학생의 현실도 감안할 줄 안다. 한 상담 교사의 말을 들어보자.

시험을 보면 주로 D로 깔고 공부는 아니올시다인데도 의사가 되겠다고 말하면, 방사선 기사라든가 전문 간호사라든가 아무튼 그 학생이 감당할 수 있을 것으로 보이는 직업을 조심스럽게 권할 수 있고 또 당연히 그래야 합니다.

상담 교사는 학생의 비현실적인 기대를 없애고 직업을 선택할 수 있는 좀 더 현실적인 정보를 제공하는 것이 중요하다고 거듭 강조한다.

학교의 지원과 혜택, 상담 교사의 역할

상담 교사는 실제로 학업 성취에 역점을 두는 학교의 원칙을 얼마나 실천에 옮기고 있을까? 또한 상담 교사의 철학은 학교가 표방하는 사명에 어떤 영향을 받고 있을까?

델 비스타 고등학교에는 상담 교사가 모두 7명 있다. 교사 1명이 550명의 학생을 맡는다. 각 상담 교사는 9학년 한 반을 전부 맡아서 졸업 때까지 전담 상담 교사로 일한다. 4년 동안 학생의 발달 상황을 한 교사가 주욱 관찰하기 때문에 학생과 교사의 사이가 가까워질 수 있고 학생은 집안 식구가 아닌 어른과 지속적인 관계를 맺을 수 있는 기회를 갖게 된다는 것이 학교 측의 판단이다. 상담 교사의 입장에서도 같은 학생을 오래 지도하는 것이 여러 모로 유익하다고 말한다. 특히 대학교에 보내는 추천서를 쓸 때 도움이 많이 된다. 학생을 제대로 알기 때문이다.

업무량이 많음에도 불구하고 한 학생을 적어도 1년에 두 번씩은 본다고 상담 교사는 말한다.

델 비스타 고등학교는 상담 프로그램을 통해 직업 설계, 진학 설계, 인성 계발 등 여러 가지 목표를 추구한다. 상담 교사에게는 이런 목표를 실천에 옮겨야 하는 책임이 주어진다. 가령 '진학 설계'라는 목표를 이루기 위해 상담 교사는 대학교 신입생 선발 담당자와 연락하면서 시험과 장학금 수여 가능성에 대해 지속적으로 정보를 입수해야 한다. '직업 설계'를 위해 또다른 상담 교사는 고등학교를 졸업하면 취직하기를 원하는 학생이 들어갈 만한 자리가 있는지 지역 기업체에 문의해야 한다.

'인성 계발'을 위해서는 학생이 부모와 원만한 관계를 유지할 수 있도록 조언과 지원을 아끼지 않는다. 많은 상담 교사들은 성적 문제와 명문 대학 입학 문제로 부모가 자식에게 지나친 스트레스를 준다고 우려한다. 상담 교사가 하는 일 가운데 절반은 자식에 대한 과도한 기대를 버리고 지혜로운 부모가 되도록 조언하는 것이라고 해도 과언이 아니다.

델 비스타 상담 프로그램의 중요한 특징은 요주의 학생에게 적극적으로 개입한다는 것이다. 학교 측은 그런 학생에게 손을 뻗어서 중도 탈락을 막을 수 있는 프로그램을 개발했다. 9학년 때 상담 교사가 전체 학생의 성적을 일람하고 성적 불량 학생을 추려낸다. 10학년으로 올라가기 전에 이런 학생을 가려내서 성적을 보충할 수 있도록 특별 지도를 함으로써 중도 탈락자가 줄어들어 끝까지 졸업하는 학생이 늘어난다. 이렇게 정성을 기울이는데도 중간에 학교를 그만두는 학생의 비율은 25퍼센트에 이른다.

하지만 델 비스타 고등학교는 일단 학교를 떠난 학생이 다시 돌아올 수 있는 장치도 마련했다. 상담 교사들에 따르면 학교를 중퇴한 학생의 절반은 일년 안에 학교로 돌아온다고 한다. 1990년대 초반 야간 졸업반 학급의 규모는 500명이었고, 주간 졸업반 학급의 규모는 750명이었다. 야간반을 다닌 학생도 졸업장을 받고 졸업식에서 가운과 술이 달린 모자를 쓴다.

델 비스타를 나온 학생은 대부분 지역에 있는 커뮤니티 칼리지라는 2년제 대학에 들어간다(표 8.2 참조). 2년제 대학이 인기를 끄는 이유는 고등학교 상담 교사들이 '계약 보너스'라고 부르는 학자금 제공으로 학생을 적극적으로 유치하기 때문이다. 평균 성적이 4점 만점에 3.5 이상인 학생은 델 비스타 시티 커뮤니티 칼리지에 다니면서 자동적으로 소액의 장학금을 받는다. 대학에 다닐 형편이 안 되는 학생도 이런 유인책에 이끌려 커뮤니티 칼리지에 등록한다.

커뮤니티 칼리지는 이 계약 보너스는 어디까지나 장학금이라고 강조하지만 사실은 성적이나 공로와는 무관하게 누구나 한 번쯤 받을 수 있는 돈이다. 보너스를 받은 학생이 대학에 남아 있거나 첫 학기를 마친 다음에도 공부를 계속하리라는 기대를 가지고 돈을 주는 것은 아니다. 학생을 많이 끌어들여 커뮤니티 칼리지의 등록 인원을 늘리는 데 일차적 목적이 있다.

커뮤니티 칼리지는 또 학생의 편의를 감안한 다양한 과정과 프로그램을 제공한다. 성적이 잘 안 나왔거나 대학 운영에 불만을 가진 학생은 캘리포니아의 다른 2년제 대학으로 쉽게 옮길 수 있다. 한 상담 교사는 이렇게 설명한다.

델 비스타 시티 칼리지에 가서 성적이 신통치 않으면 유급을 합니다. 일년 동안 유급을 했는데도 결과가 그대로이면 그 학교를 그만두고 다른 2년제 대학으로 가서 다시 시도하구요. 부모가 학비를 대줄 능력이 있으면 또다시 학교를 옮깁니다.

델 비스타 고등학교에서 학생에게 구제의 기회를 주는 것은 지역 커뮤니티 대학의 체계가 그런 원칙 아래 운영되기 때문이라고 할 수 있다.

대학 진학을 강조하고 관련 정보를 제공하는 진학 상담

상담 교사는 학생이 델 비스타 고등학교를 나와서 대학에 들어가도록 돕는 데 상당한 시간을 쏟아붓는다. 학생의 진학률을 높이기 위해 상담 교사는 대학 지원 과정에 학부모를 적극적으로 동참시키려 노력한다. 가령 대학 지원을 앞둔 11학년 학생과 학부모를 모아놓고 대학에 관한 정보를 제공하는 행사를 갖는다. 많은 상담 교사는 주 단위와 전국 단위의 대학 신입생 선발위원 협회에 가입하여 관련 회의에 꼬박꼬박 참석하는 것은 물론, 대학교의 학사 담당자와 긴밀한 유대를 맺으면서 신입생 선발에 관한 정보를 입수한다.

상담 교사는 대학 지원 과정에서 궂은 일을 도맡아 처리한다고 자평한다. 특히 추천서 작성에 많은 시간을 빼앗긴다. 추천서는 천편일률적으로 써서는 안 된다. 그 학생이 학교에서 구체적으로 한 활동을 써넣어야만 그 학생이 얼마나 성숙하고 남다른 능력의 소유자인지를 실감나게 전달할 수 있다. 상담 교사는 또 대학에 제출할 자기 소개서를 작성하는 요령도 지도한다.

특히 대학에 지원했다가 낙방한 학생을 위해 재심사를 요청하는 일은 상담 교사에게 상당한 부담으로 작용한다. 캘리포니아주의 대학 운영 체제에서는 이런 재심사 요청으로 입학을 허락받는 경우가 극히 드물다. 하지만 "정말 아까운 학생을 위해서는 발벗고 나서서 싸울 만한 가치가 있죠"라고 한 상담 교사는 말한다.

학교의 소수민 학생에 대한 배려도 각별하다. 금요일마다 히스패닉 학생의 대학 진학을 상담하는 전문가가 학교에 온다. 이밖에도 캘리포니아 대학 기구에서 파견된 직원이 일주일에 세 번 학교에 와서 학생과 상담을 하고, 어떤 2년제 대학의 진학 상담자도 일주일에 한 번 학교에 찾아온다. 캘리포니아를 벗어난 지역의 대학교는 이 학교에 거의 모습을 보이지 않는다. 동부 명문 대학이나 경쟁률이 치열한 대학은 델 비스타 고등학교를 찾지 않지만, 델 비스타는 명문 대학 관계자가 로스앤젤레스 지역을 찾을 때 학교를 알리려고 노력한다.

지역 사회의 자원을 활용하는 취업 지도

델 비스타 고등학교는 학교에 다니는 동안 일을 하고 싶어하는 학생을 위해 다양한 프로그램을 제공한다. 지역 기회 프로그램, 직업 훈련 공조 프로그램 같은 것이 그 예다. 저소득 소수민 가정 출신의 학생을 위해 학교는 지역 사회의 자원을 결집하여 직장에서 일한 것을 학점으로 인정하는 직업 훈련 공조 프로그램을 개발했고, 일주일마다 오전에 갖는 점검 시간을 통해 직무 경험과 학업을 결합하려는 시도를 하고 있다.

학생은 오전 수업을 마친 다음, 오후에는 서던 캘리포니아 에디슨 전기 회사 같은 지역 기업에 가서 일을 한다. 이것은 학점으로 인정된다. 학생이 조경, 경리, 금융 같은 분야의 공부를 전문 기관에 가서 공부할 수 있도록 하루에 2시간씩 조퇴하는 것을 허락하는 과정도 있다.

델 비스타 고등학교는 일부러 직업 상담실을 따로 두지 않고 지역 사회의 자원을 활용하여 학생이 현장에서 직장 생활을 직접 체험하는 기회를 가지도록 하는 데 주안점을 두고 있다. 가령 토요일마다 학교에 개설된 경리 강좌를 들으면 2학기부터는 은행에서 실제로 일하는 기회가 주어진다. 한 상담 교사는 이것이 학생을 어거지로 붙들어놓는 이상의 역할은 하지 못한다고 말한다. 하지만 실제로 학생에게 도움이 된다고 주장하는 상담 교사도 있다.

학문을 하기 위해서 대학에 간다기보다는, 기술 대학이나 상업 학교 같은 데 관심이 많은 학생이 직업 훈련을 받기에 이보다 더 좋은 기회는 없을 겁니다. 고등학교를 마치고 대학에 갈 뜻이 없는 학생이라면 한 번쯤 실제 경험을 해보고 그 일이 적성에 맞는지 확인할 수 있는 절호의 기회죠.

일반적으로 상담 교사는 이런 직업 프로그램이 그런 대로 성공적이라고 본다. 분명히 이런 프로그램에서 도움을 받는 학생이 있기 때문이다. 가령 경리 과정을 이수한 학생은 거의 예외 없이 고등학교를 마치자마자 은행에 취직을 할 수 있었다. 그렇지만 상담 교사들이 한 가지 우려하는 것은 이런 과정을 밟는 학생의 대부분이 학점 미달로 고생하고 있다는 점이다. 무사히 졸업하기 위해서는 기준 학점을 채워야 하는데 직업 훈련을 받다 보면 그렇지 않아도 부족한 시간이 더욱 모자란다. 하루에 두 시간씩 현장에 가야 하기 때문에 모자란 학점을 벌충하기가 어렵다.

학교를 졸업하는 데 필요한 요건은 명확히 규정되어 있고 그것은 아주 체계적으로 관리되고 있지만 델 비스타 고등학교의 학생 취업 지도는 다소 산만하게 이루어지고 있다. 상담 교사들의 말에 따르면 사람을 뽑고 싶어하는 회사에서 가끔 고등학교로 전화를 걸어와 학생의 출석 기록을 문의한다. 하지만 성적을 문의하는 경우는 드물다. 대학교하고는 달라서 추천서를 요청하는 회사는 어쩌다가 있을 뿐이고 학교 성적에도 별로 관심이 없다.

상담 교사들은 고용주로부터 좀 더 많은 정보를 입수하지 못하는 것이 아쉽다고 이구동성으로 말한다. 구체적으로 원하는 바를 놓고 고용주와 학교가 좀 더 머리를 맞대고 논의할 필요가 있다는 것이다. 지금은 사람을 뽑는다는 연락이 고용주한테서 오면 학교는 그 내용을 게시판에 공고하는 것이 전부다. 연락은 학생이 개별적으로 해야 한다. 직업을 구하는 방법을 체계적으로 가르치는 과정은 아직 없다. 면접 준비를 한다거나 이력서를 작성하는 요령을 가르치는 시간도 당연히 없다.

그로브 고등학교 : 학교는 취업의 징검다리

그로브 고등학교는 미국 남동부에 있는 주의 펠드너라는 도시 부근에 있다. 펠드너는 크지도 작지도 않지만 최근 대형 가족 공원이 여러 곳에 들어서면서 인구가 급격히 불어난 도시다. 이곳 경제는 관광에 사활이 걸렸다고 해도 과언이 아니다. 관광 분야의 일은 난해한 전문 지식을 요구하지 않기 때문에 특별한 자격이 없어도 누구나 쉽게 일자리를 얻을 수 있는 편이다.

1980년대 내내 매달 평균 1,721명이 주변 지역으로 유입되었다. 1982년과 1991년 사이에 펠드너 시 자체의 인구는 30퍼센트밖에 늘어나지 않았지만 펠드너로 편입되지 않은 인근 지역은 주민이 기하급수적으로 늘어났다. 펠드너 주민의 주류는 백인이 78.6퍼센트를 차지한다. 그 다음이 아프리카 아메리칸으로 12.4퍼센트, 나머지 9퍼센트는 히스패닉이다.

가구당 평균 소득은 1992년의 경우 3만 8,900달러로 전국 평균보다 900달러 높다. 펠드너는 현재 두 가지 큰 변화의 조류에 휩싸여 있다. 하나는 인구가 빠르게 늘어나고 있다는 것, 또 하나는 노동 시장이 서비스 경제를 중심으로 재편되고 있다는 것이다. 이런 변화의 파장은 펠드너 지역에 있는 학교에도 미쳤다.

지역 사회와 학교

저지대에 무질서하게 뻗어 있는 그로브 고등학교에는 대형 주차장이 있다. 단층으로 된 본관 건물은 원색으로 칠해져 있다. 1960년대에 세워진 본관은 바퀴 모양으로 된 3개의 날개 건물로 이루어져 있다. 날개 건물들은 한가운데 방송센터에서 만난다. 개방형으로 설계된 교실은 각 날개 건물의 중심부에서 사방으로 뻗어나간다. 본관 뒤 2층짜리 부속 건물에는 9학년 학급이 있다. 9학년을 위한 새로운 교실 건물을 부근에서 한창 짓고 있다.

펠드너의 학생 수는 1982년에서 1991년 사이에 35퍼센트 늘었다. 모자라는 공간 때문에 본관 뒤편에는 "임시" 교실들이 잇따라 지어졌다.

해변가의 이동 주택 주차장을 방불케 하는 이 임시 교실 구역을 학생과 교직원은 유배지라고 부른다. 스프레이로 그린 캥거루 그림이 교실 외벽을 장식하고 있다. 삭막한 느낌을 조금이라도 없애보려고 학교 측이 일부러 학생들에게 그리도록 권했다. 교사와 교직원은 이렇게 외딴 곳에 지어진 교실이 은근히 불만스럽다. 이곳에서 학생을 가르치는 교사는 전화와 인터폰이 없기 때문에 무전기를 휴대하고 다녀야 한다.

표 8.1의 학생 구성은 학교 인근의 주민 구성과 비슷하다. 그로브 고등학교에는 백인 학생이 가장 많지만 학교 측에 따르면 학생들 사이의 문화적 다양성이 급속히 증가하는 바람에 어려운 점이 한두 가지가 아니라고 한다. 한 상담 교사는 이렇게 말한다.

이 지역은 너무나 휙휙 바뀝니다. 작은 동네에 있던 작은 학교에 갑자기 학생이 떼지어 몰려들었어요. 게다가 인종 구성이 다양하고, 모든 문화가 뒤섞이다 보니 서로를 어떻게 대해야 할지 도무지 알 수가 없습니다.

다른 문화적 배경을 가진 학생들끼리만 충돌하는 것이 아니다. 이곳 토박이와 '전입자' 사이에도 문화적 충돌이 있다.

이곳에서 살아온 백인은 같은 서민층이라도 북부라든가 뉴욕에서 온 푸에르토리코인을 이해하지 못합니다. 그런가 하면 아프리카 아메리칸도 있고 부잣집 백인 아이도 있어요. 그야말로 마구잡이로 섞여 있죠.

집단과 집단의 갈등이 심각하다는 사실을 학교 당국도 알고 있지만 화합을 위한 구체적 프로그램은 아직 한 번도 시도된 적이 없다. 저소득층 히스패닉 학생에게 각별한 관심을 기울였던 델 비스타 고등학교와는 달리, 특정한 집단에 우선적 관심을 쏟는 모습은 이곳에서 전혀 찾아볼 수 없다.

교육 철학: 길은 많지만 결국은 하나

이 학교의 교육 철학은 '개인의 요구에 부응하는 것'이다. 교사들은 학생의 다양한 욕구를 채워줄 수 있는 교과 과정을 마련하는 데 역점을 두고 있다고 기회가 있을 때마다 강조한다. 하지만 그로브 고등학교에 개설된 다양한 과목을 면밀히 검토하면 결국 이것들이 공통적으로 추구하는 것은 취업이라는 사실을 확인할 수 있다.

그로브 고등학교가 학업 교육과 직업 교육에 각각 어느 정도의 비중을 두고 있는지는 학생에게 일차적 정보를 제공하는 교과목 안내서에 잘 나타나 있다. 학교 측의 설명대로 과목 선택의 폭은 아주 넓다. 가령 '언어 기술'이라는 범주 안에는 모두 42개의 과목이 있다. 이 중에는 영어 4, 워드 프로세싱, 4단계의 신문 영어 같은 과정이 포함되어 있다. 직업 교육에 중점을 두고 다양한 과정을 개설한 고등학교를 가리켜 '쇼핑몰 고등학교'라고 부르기도 하지만(파월, 파라, 코언 1985) 그로브 고등학교에서 가르치는 과목은 정말로 일반 고등학교에서는 접할 수 없는 내용이 많다.

직업을 위한 준비 과정은 수많은 선택 가능성으로 이루어진 하나의 큰 틀 속에서 제공된다. 교과목 안내서에서 상당한 비중을 차지하는 것은 직업 교육과 학과가 결합된 과목, 이를테면 기술 준비반에 대한 설명이다. 이런 기술 준비반의 목적은 학생이 졸업 후에 바로 취업하거나 아니면 2년제 커뮤니티 칼리지에 들어가서 직업 훈련이나 학업을 계속하는 데 조금이라도 도움을 주자는 데 있다. 그로브 교과목 안내서를 보면 농업 기술, 제도 기술, 사무원 등 20가지 직업 기술반을 무려 22쪽에 걸쳐 소개하고 있다. 9학년부터 12학년까지 이 과목을 누구나 이수할 수 있다. 반면에 학업에 중점을 둔 우등반에 대한 설명은 겨우 한 쪽이다.

소수의 학생에게만 진학을 장려하고 다수의 학생에게 취업을 준비시키는 학교 측의 방침은 이런 과목 운영에서뿐 아니라 학생이 학교에서 시간을 보내는 방식에서도 여실히 드러난다. 고학년 학생은 이중 등록 프로그램에 참가할 수 있다. 여기에 참여하는 학생은 학교에서 수업을 듣는 시간과 근처 직업 훈련센터에서 기술을 배우는 시간을 모두 보장받는다.

고등학교에 다니면서 직장에 다니는 길도 열려 있다. 일 년에 한 번은 일정한 기간 동안 '제로 학기'를 운영한다. 이때는 수업이 오전 6시 15분에 시작되기 때문에 학교 수업을 오전 중에 다 마치고 오후에 회사로 정식 출근할 수 있다. 교사의 근무 시간도 이런 취업 학생을 위해 탄력적으로 운영된다. 기술반 프로그램을 원활하게 운영하고 조정하는 임무를 맡은 상근 교사도 있다. 하지만 우등반 프로그램의 운영을 전담하는 교사는 따로 두지 않고 있다.

상담 철학과 업무: 많은 학생, 과다한 서류 작업

상담에 임하는 철학이 무엇이냐는 질문을 받을 때마다 그로브 고등학교의 상담 교사는 개인의 요구에 부응하는 것이라고 강조한다. 한 상담 교사는 "우리가 가장 중시하는 것은 개별 상담"이라고 말한다. 대부분의 상담 교사가 비슷한 생각이다. 학생과의 관계에서도 그렇고 실제로 학교에서 주어지는 역할도 그렇고 상담 교사 본연의 임무는 학생을 정서적으로 뒷받침하고 이끌어주는 것이라고 그들은 믿는다.

학생과의 개별적인 접촉에 초점을 두는 것은, 개인적 어려움을 이겨낼 수 있도록 돕는 것이 상담의 가장 중요한 목적이고, 학생의 요구가 저마다 달라서 개별적으로 상대할 수밖에 없기 때문이다. 가정이 무너지고, 영화와 텔레비전에서는 폭력과 섹스가 난무하고, 범죄가 기승을 부리는 상황에서 개인 상담은 청소년이 원만하게 성장하는 데 그 어느 때보다도 중요한 역할을 한다.

그러나 그로브 고등학교의 상담 교사들은 다른 업무로 인해서 실제로 학생과 개인적으로 만날 수 있는 시간이 얼마 되지 않는다고 불만을 토로한다. 특히 일 년에 두 번 학생들의 성적을 평가하여 기록하고 개인별 수강 일정을 조정하는 문서 작업에 너무 많은 시간을 빼앗긴다. 그로브 고등학교의 상담 교사가 처리해야 하는 문서의 양은 다른 학교에 비해 상당히 많은 것으로 보인다.

상담 교사의 서류 업무가 너무 많다는 불평이 빗발치자 상담 교사가 전체 근무 시간에서 문서 작성에 바치는 시간의 상한선을 묶어두는 주법이 통과되었다. 그러나 그로브 상담 교사의 일반적 정서는, 학생이 개인적으로 성장하는 데 학업은 그리 중요한 역할을 맡지 못한다는 것이다. 이 학교 상담 교사들이 학업에 관련된 문서 작업에 불만을 느끼는 중요한 이유는 바로 여기에 있다. 한 상담 교사의 말을 들어본다.

우리는 지금 내년도 시간표를 작성하여 컴퓨터에 입력하는 작업을 하고 있어요. 비서를 깎아내리는 건 아니지만, 솔직히 이런 일은 비서나 아르바이트생을 써서 하면 되는 일이죠.

시간표를 작성하는 데 특별한 능력이 필요하지 않은 이유는 학생 배치에 거의 변화가 없기 때문이다. "갑돌이는 작년에 영어 보통반, 금년에도 영어 보통반. 거의가 이런 단순 반복 작업이에요. 이런 일은 석사 학위가 없어도 할 수 있는 일이에요."

이 상담 교사가 보기에 정규 학습은 학생이 직면한 정서 문제를 누그러뜨려야 하는 상담 교사로서의 역할 수행에 지장을 초래하는 판에 박힌 내용의 되풀이일 뿐이다. 이것은 학생의 학업 성취를 수시로 확인하고 지도하는 것이 상담 교사의 중요한 임무였던 미들 브룩이나 델 비스타 고등학교와 비교가 된다.

학업에 초점이 맞추어져 있지 않기 때문에 상담 활동 말고 학생들과 접촉하는 기회를 갖기 위해 상담 교사가 기울이는 노력도 공부와는 거리가 멀다. 가령 한 상담 교사는 여학생 농구팀의 코치를 맡고 있다. 학교 선생님이 학생을 '교실 다섯 번째 줄에 앉은 아이'가 아니라 '개체'로 대우한다는 사실을 학생에게 인식시키는 일이 매우 중요하다고 상담 교사들은 말한다. 그래서 교실에서 하는 수업이 학생의 인격 발달에 도움이 되기보다는 개성을 죽이는 역할을 하는 경우가 많다는 생각을 한다.

이 학교에서 한 가지 특이한 것은 정식 상담 교사 자격증을 갖고 있지 않은 교사가 가장 막중한 상담 업무를 맡고 있다는 사실이다. '학생 지원팀 조정관'이라는 직함을 가진 이 교사는 고민이 있는 학생이 누구보다도 먼저 찾아가는 사람이다. 원래는 미술 교사로 이 학교에 왔지만 학생들과 마음이 잘 통한다는 소문이 나는 바람에 학생 지원팀 조정관이라는 자리를 처음 만든 선임자로부터 이 자리를 물려받게 되었다. 다른 교사들이 학생을 보내기도 하지만 학생들이 먼저 찾아가기도 한다.

그는 약물 예방에 관한 교실 강의도 맡고 있다. 학생의 정서적 문제를 지원하는 데 중점을 두는 이 학교 상담 교사들의 성향 때문에 도움을 요구하는 학생은 점점 늘어나는 추세지만 다른 업무에 너무 많은 시간을 빼앗기는 바람에 생각만큼 도움을 못 준다는 것이 이 학교 상담 교사들의 공통된 불만이다.

미래를 위한 상담

학생이 현재 겪는 고민을 풀어주는 데 초점을 맞춘다면, 미래 설계를 위한 지도는 어떻게 하고 있을까? 학생을 이끌어가는 교육 목표를 설명하면서 여러 상담 교사는 고등학교에서도 가급적 일찍부터 학생이 '현실적' 기대를 갖도록 만들어야 한다고 강조한다. 이 학교 교감에 따르면 9학년 학생은 거의 전부 대학에 들어가겠다고 말한다고 한다. 그러나 실제로 대학에 가는 학생은 얼마 되지 않기 때문에 나중에 실망감을 느끼는 일이 없도록 하기 위해서라도 학생이 장래 진로에 대해서 취업이든 진학이든 현실적으로 생각하게 지도해야 한다는 것이다.

'정규 학습은 판에 박힌 양상의 되풀이'라는 생각은 학생의 자질이나 능력의 발전 가능성에 대한 다소 비관적인 판단으로 연결된다. 공부할 학생은 이미 고등학교에 들어오기 전부터 가려지며 적어도 공부에 관한 한 고등학교에 와서 달라지기를 기대하는 것은 무리라는 것이다.

하지만 그로브 고등학교에도 당연히 대학에 들어가야 한다고 여기는 학생들이 있다. 그런 학생을 말할 때 일반 교사와 상담 교사, 교직원은 '자질이 있다'거나 '엘리트'라는 표현을 쓴다. 기술반에만 주력하는 것은 아니고 우등반을 가르치는 프로그램도 나름대로 강화했다. 한 상담 교사에 따르면 이 학교 교감이 우등반을 육성하는 데 아주 열성적이다. "너무 열성적이어서 뛰어난 학생뿐 아니라 내가 보기에는 언제 학교를 그만둘지 모르는 학생까지도 끌고 가려고 한다."

그로브 고등학교 졸업생의 22퍼센트가 4년제 대학에 들어간다(표 8.2 참조). 하지만 대학 진학 상담은 별로 중요하지 않다고 상담 교사들은 생각한다. 실제로 일부 진학 상담은 학부모의 자원봉사에 의존한다. 한 상담 교사는 그것을 긍정적으로 평가한다.

> 우리 교장 선생님은 학생 상담을 적극적으로 지원하십니다. 우리 업무를 덜어주기 위해서 애를 많이 쓰시죠. 전에는 대학에 지원하는 학생도 우리한테 왔지만 교장 선생님이 방을 따로 하나 내준 다음부터는 학부모들이 자원봉사로 그 일을 맡고 있습니다. 지원서나 대학 안내 책자가 필요한 학생에게는 그분들이 알아서 필요한 정보를 제공합니다.

이 학교에서는 대학을 가겠다는 확고한 생각과 더불어 어떤 대학을 가고 싶은지도 학생 본인이 알아와야 한다. "문제의 대학에 관한 정보를 어느 정도 안 다음에 우리를 찾아오는 것이 좋습니다."

학업 문제

그로브의 상담 교사는 학업 성취도에 관해서 학생과 깊은 대화를 나누고 싶지 않다는 점을 분명히 밝힌다. 그렇다면 상담 교사는 학생이 매일 교실에서 받는 수업과 그 결과에 대해서 어떤 가치를 부여하는 것일까? 한 상담 교사는 시험 성적은 학생이 직업 전선에 나섰을 때 아무런 의미가 없다고 말한다. "대학에 가지 않고, 그렇다고 직업 교육도 받지 않은 학생에게는 사실 마땅한 일자리가 없어요. 세계사에서 A를 받았어도 회사에서는 아무도 알아주지 않죠."

상담 교사는 학교 수업을 '취업'이라는 목적을 이루기 위한 수단으로 여기지 학교에서 보내는 시간 그 자체가 의미 있다고 생각하지는 않는다. 그래서 고등학교에 올라가자마자 학교를 그만두었다가 마음을 잡고 공부를 다시 시작하기로 마음먹은 한 학생은 곤혹스러운 경험을 해야 했다.

> 고등학교에 올라갔을 때 여러 가지 문제가 많았습니다. 11학년이 되니까 웬만큼 고민이 해결되어서 다시 학교에 나가기로 했죠. 공부를 다시 하기로 결심했다는 뜻입니다. 그래서 상담 교사를 찾아가서 '졸업을 하려면 어떻게 해야 합니까' 하고 물었어요. 그랬더니 내 성적표를 보고는 이러시더군요. "스물한 살까지 이 학교를 다니지 않는 이상 졸업할 방도가 없다."

상담 교사의 말에 굴하지 않고 그 학생은 이것저것 대안을 제시했다.

"야간반에 들어가는 방법은 없을까요? 아니면 하루에 일곱 과목을 듣는 방법이라든가?"

"그래도 안 돼".

"제로 학기가 있으니까 여덟 과목도 들을 수 있겠네요. 서머 스쿨도 있고."

"그걸 다 듣는다고 해도 스물한 살까지는 졸업이 어렵다니까 그러네."

"그럼 전 어쩌죠?"

상담 교사는 학교를 그만두고 검정고시를 봐서 기술을 배우라고 권고했다.

그 학생이 정규 과정을 통해서 고등학교를 졸업하는 것은 무리라는 상담 교사의 판단은 아마 정확했을 것이다. 하지만 그의 조언은 정상적인 학교 생활을 계속하거나 정규 학업을 마치는 것에 대한 회의를 단적으로 보여준다. 이것은 야간반을 운영한다든지 하는 다양한 방법으로 어떻게 해서든 학생을 학교에 묶어두려던 델 비스타 고등학교와 비교가 된다.

정상적으로 교우 관계를 맺으면서 고등학교를 졸업하는 것이 검정고시를 보는 것보다 좋다는 사실은 최근에 한 연구에서 확인되었다. 대학교나 기술 훈련 프로그램을 성공적으로 마치는 비율은 정규 고등학교 졸업생보다 검정고시 출신이 훨씬 낮은 것으로 밝혀졌다(카메론, 헤크먼 1993).

상담 교사의 조언에도 불구하고 그 학생은 소신대로 고등학교로 복귀했지만 공부는 쉽지 않았다. 빡빡한 수업도 문제였지만 아무도 그 학생을 도우려 하지 않았다. 학생은 상담 교사의 말을 진지하게 곱씹었다.

> 저는 무조건 학교로 돌아가서 공부를 시작했어요. 그리고 이런 생각을 했어요. "꼭두새벽에 일어나 학교에 가서 공부를 하고 하루 종일 얌전히 지내자. 사람들이 아무리 나를 비웃어도, 선생님이 아무리 나를 무시해도 개의치 말자. 그리고 여보란 듯이 성공하자." 하지만 아무래도 스물한 살은 되어야 졸업할 수 있을 것 같은 불길한 예감이 들었습니다. 그 나이가 되면 어느 대학에서도 나를 받아주지 않을 것 같았구요. 그래서 여기저기 고민을 털어놓았더니 검정고시를 본 다음에 커뮤니티 칼리지에 들어가라고 하더군요. 결국 학교를 그만두고 검정고시를 보기로 결심했습니다.

상담 교사의 조언은 학생의 의욕을 꺾어놓은 것으로 보인다. 결국 학생은 상담 교사의 학교 생활에 대한 생각을 받아들여 학업을 단축하고 취직 준비에 전념하는 길을 택한다.

그로브가 학업과 취업에 자원을 배분하는 방식은 미들 브룩, 델 비스타와는 상당히 다르다. 우등반에 들어가는 학생은 극히 일부에 지나지 않는다. 물론 상담 교사는 이런 학생을 위해 대학교에 추천서를 열심히 써준다. 그러나 학교가 보유한 대부분의 자원은 직업 교육에 투자된다. 그 과정에서 학교인지 직업 훈련소인지 종잡을 수 없는 정체성의 혼란이 초래된다.

세 학교의 교육 철학

미들 브룩, 델 비스타, 그로브 고등학교는 학생이 미래를 설계하는 데 학교가 맡는 역할에 대해서 서로 뚜렷이 구분되는 입장을 밝힌다. 경험 추출법(ESM)으로 수집한 자료를 통해[1] 우리는 학교와의 관계에 대해서 학생 스스로 어떤 생각을 갖고 있는지 알아낼 수 있었다. ESM 보고를 요청할 때마다 우리는 "지금 하는 일이 장래 목표를 달성하는 데 얼마나 중요한가"를 물었다. 학생의 반응은 학교마다 상당한 차이를 보였다.[2]

장래 목표를 이루는 데 학교가 중요하다고 가장 많이 응답한 것은 델비스타 학생(9점 척도에서 6.23점)이었고, 가장 적게 응답한 것은 그로브 학생(5.37점)이었다. 그로브 학생의 반응은 어느 정도 예상한 대로였다. 학교가 대학 진학보다는 취업에 무게 중심을 두고 고등학교 생활 자체에도 별다른 가치를 부여하지 않으니 학생의 기대 수준이 낮은 것은 당연한 이치였다.

하지만 델 비스타 학생이 미들 브룩 학생(5.45점)보다 학교가 장래 목표를 이루는 데 더 중요하다고 응답한 것은 다소 뜻밖이었다. 미들 브룩 고등학교는 부모의 학력 수준이 높을 뿐 아니라 경쟁이 치열한 4년제 대학에 가장 많은 학생을 보내는 학교인 만큼 당연히 가장 높은 점수를 얻으리라 예상했기 때문이다. 하지만 '종합적 시민'을 양성하는 것이 미들 브룩의 교육 철학이라는 점과 인턴 활동이나 자원봉사 경험을 두루 경험하는 학생이 많다는 점을 감안할 때, 학생 스스로 장래 목표를 이루는 데는 학교 공부가 반드시 전부는 아니라는 생각을 했을 수 있다.

반면 델 비스타 고등학교는 장래 목표를 이루는 데 학업이 전부라고까지 말하지는 않아도 학업이 굉장히 중요한 역할을 한다고 보는 입장이기 때문에 학생도 자연스럽게 그런 분위기에 젖어든다고 말할 수 있을 것이다.

우리는 또 이번 조사를 통해 교사가 학생의 진로 선택에서 어떤 역할을 해야 하는지에 대해 세 학교가 아주 다른 입장을 취하고 있다는 사실도 확인할 수 있었다. 미들 브룩은 학생과 교사가 긴밀한 관계를 맺어야 한다고 생각한다. 그렇지만 학생에게 공부만을 요구하는 것이 아니라 시민으로서 지녀야 할 소양과 자기계발을 강조한다.

델 비스타도 교사와 학생의 돈독한 관계를 중시하지만 어디까지나 학업을 강조하고, 학생이 고등학교를 무난히 졸업하도록 이끌려고 노력한다. 델 비스타는 인적 자원이 제한되어 있어서 미들 브룩처럼 학교에서 교사와 학생이 개인적으로 가깝게 지내기는 다소 어렵다고 할 수 있다. 그로브도 교사와 학생의 관계를 중시하기는 하지만 대학 지원 상담을 학부모 자원봉사자에게 맡기는 데서 알 수 있듯이 학업과는 무관한 학생의 정서적 문제를 상담하는 데 역점을 둔다.

우리는 학교에서 조언을 구할 수 있는 어른이 얼마나 있는지를 학생에게 물었고, 거기서 학교마다 상당한 차이가 있다는 사실을 발견했다.[3] 학교에서 조언을 구할 수 있는 어른이 있느냐는 물음에 미들 브룩 학생은 보통 두세 명이 있다고 응답했고, 델 비스타와 그로브 학생은 주로 한 명 아니면 아예 없다고 응답했다.[4] 미들 브룩의 풍부한 인적 자원과, 교사와 학생의 친밀한 개인적 관계를 장려하는 학교 분위기가 이런 차이를 낳았다고 볼 수 있다.

결국 자원을 얼마나 가졌고 있는 자원을 어떻게 배분하느냐에 따라 학생을 지도하는 방식이 학교마다 달랐고, 이런 차이가 학생의 진로에도 영향을 미친다고 말할 수 있다. 학교의 교육 방침은 상담 교사를 통해서도 학생에게 전달된다. 상담 교사는 학생이 졸업 후에 할 수 있는 다양한 경험 중에서 솎아낼 것은 솎아내고 차단할 것은 차단하는 문지기 노릇을 하는 것이 아니다. 상담 교사는 자신의 철학에 의해서만 움직이는 것이 아니라 학교가 표방하는 교육 원칙을 대변하면서, 학교가 가진 역량과 지역 사회가 요구하는 내용을 감안하면서, 학생을 대학으로 이끌기도 하고 직업 전선으로 이끌기도 한다.

잘 사는 동네에 있는 미들 브룩 고등학교 교직원은 학생 대다수가 4년제 대학에 들어가리라는 것을 안다. 실제로 졸업생의 74퍼센트가 4년제 대학에 들어갔다. 제조업이 퇴조하고 있으며 주민의 인종 구성과 사회·경제적 구성이 복잡한 지역에 있는 델 비스타 고등학교는 지역 사회의 자원과 커뮤니티 칼리지의 까다롭지 않은 입학 절차를 등에 업고 가급적 많은 학생이 상급 학교에 진학할 수 있도록 적극 지원한다. 이 학교 졸업생의 78퍼센트가 2년제 대학에 들어갔다.

서비스 경제가 빠르게 성장하는 지역에 있는 그로브 고등학교의 교직원은 졸업한 학생이 취직하는 것을 자연스럽게 여긴다. 학생의 취업을 돕기 위해 기술반을 중점적으로 육성하고 학업과 취업을 병행할 수 있는 기회를 제공하려고 노력한다. 이 학교 졸업생의 3분의 1은 학교를 나오자마자 곧바로 취직을 한다. 그로브 고등학교는 준비된 노동력을 공급하면서 지역 사회에 기여하고 있다.

CHAPTER 9

고등학교 이후의
진로와 삶

　　고등학교를 나온 219명의 졸업생은 1년 뒤 어떤 모습으로 살아가고 있을까? 그들은 어떤 선택을 했을까? 공부를 계속했을까, 아니면 취직을 했을까? 그들의 선택에 영향을 미친 요인은 무엇이었을까? 이런 질문에 답하기 위해 우리는 졸업하고 약 1년이 지난 시점, 그러니까 우리의 조사가 2년째로 접어든 봄에 이 학생들을 면담했다. 물론 1년이 그리 긴 시간은 아니기 때문에 학생들의 진로가 확실히 정해졌다고 말하기는 어려울 수도 있다. 그렇지만 고등학교를 나왔다는 것은 상당히 의미 있는 사건이다.

　십대 후반에 결혼을 하고 평생토록 가질 직업을 선택하는 것은 몇 세대 전까지만 하더라도 주위에서 흔히 볼 수 있는 삶의 모습이었다(슈나이더, 스티븐슨 1999). 하지만 요즘은 고등학교를 나와서 바로 생활인으로 변신하는 사람을 찾아보기 쉽지 않다. 우리가 조사한 고등학교 졸업생의 4분의 3은 어떤 형태로든 공부를 계속하고 있었고, 대부분은 시간 제로 일을 하고 있었다.

이런 수치는 어느 정도 예상했던 결과이지만 이것이 함축하는 의미를 잠시 짚고 넘어갈 필요가 있다. 학문에 관심이 있거나 많은 공부를 필요로 하는 직업을 가지려는 학생은 당연히 대학에 들어가야 한다. 대학에 진학하지 않으면 앞으로 살아가면서 선택할 수 있는 기회의 폭이 좁아진다.

반면에 굳이 대학을 가지 않아도 일할 수 있는 분야로 진출하려는 학생에게는 대학이라는 것이 돈과 시간의 낭비일 수 있다. 대부분의 대학생은 절충형을 취한다. 대학생 신분으로 그들은 시간제 아르바이트를 하면서 자기의 관심과 능력에 가장 알맞은 일이 무엇인지를 모색하는 시간을 갖는다.

따라서 학생들이 고등학교를 졸업하고 나서 어떤 길을 선택했는가를 확인하는 것은 무척 중요하다. 전화 면접 조사를 한 결과 졸업생의 79퍼센트는 어떤 형태로든 학업을 계속하고 있었다. 이것은 굉장히 높은 수치다. 미국 전역을 대상으로 장기적으로 연구한 다른 조사에서는 고등학교를 나온 지 1년 뒤의 상급 학교 진학률이 62퍼센트로 나왔다(NELS: 1988~1994). 우리가 조사한 졸업생의 절반 이상(55퍼센트)은 4년제 대학에 다니고 있었다. 4명 중 1명은 커뮤니티 칼리지 재학생이었다. 어떤 상급 학교에도 안 다니는 학생의 비율은 5명 중 1명보다 약간 많았다.(그림 9.1).[1]

우리는 또 고등학교를 나오고 1년 안에 일정 기간 동안 돈을 벌어본 경험이 있는 대학생의 비율이 얼마나 되는지에도 관심이 있었다. 2년제

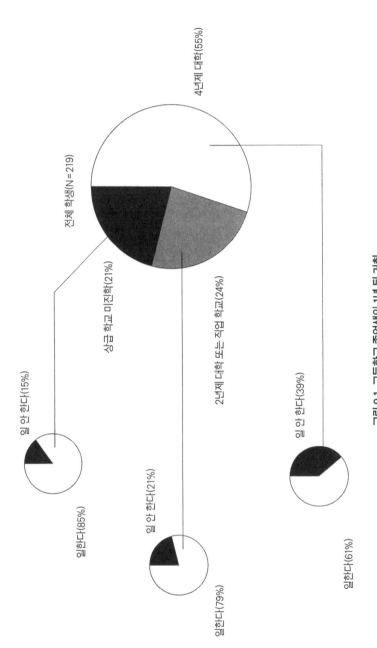

전체 학생(N = 219)

4년제 대학(55%)

상급 학교 미진학(21%)

2년제 대학 또는 직업 학교(24%)

일 안 한다(15%)

일한다(85%)

일 안 한다(21%)

일한다(79%)

일 안 한다(39%)

일한다(61%)

그림 9.1 고등학교 졸업생의 1년 뒤 거취

와 4년제 대학에 다니는 학생의 70퍼센트가 아르바이트를 해본 적이 있다고 응답했다. 대부분의 젊은이는 고등학교를 나와 대학에 등록한 다음에도 많든 적든 일을 했다. 대학교에 가지 않은 젊은이 가운데 일을 해본 경험이 없는 사람은 7명에 불과했다. 그들은 일자리를 찾고 있거나 해외 여행을 하고 있었고 나머지는 군에 지원했다.

우리는 청소년이 고등학교를 나오고 택할 수 있는 다양한 진로를 대학 미진학, 2년제 대학, 4년제 대학의 세 집단으로 크게 뭉뚱그렸다. 나중에 젊은이가 가질 수 있는 직업은 2년제 대학을 나온 준학사인지, 4년제 대학을 졸업한 학사인지에 따라 크게 달라진다. 또 같은 4년제 대학이라 하더라도 명문 대학과 그렇지 않은 대학의 졸업장은 다른 대접을 받는다.

이런 점에서 미국의 고등 교육 제도는 서열이 확실하게 매겨져 있다고 말할 수 있다. 그래서 우리는 명문 대학에 가는 학생의 공통된 특징이 무엇인지에 대해서도 관심을 가졌다.

고등학교 졸업생이 진학하는 대학을 변별하기 위해 우리는, 4년제 대학을 '아주 선별적인' 대학과 '덜 선별적인' 대학의 두 범주로 나누었다. 이 범주들은 대학의 선별성을 지원 학생의 SAT와 ACT, 고등학교 평균 성적(GPA), 신입생의 반 석차, 지원자를 받아들이는 비율을 토대로 평가하는 『배런 미국 대학 일람(*Barron's Profile of American Colleges*)』(1994)에서 빌려왔다.

'아주 선별적인' 대학에는 하버드 대학(조사 대상 학생 중 4명이 합격), 일리노이 대학 어바나-샴페인 캠퍼스(5명), 코넬 대학(3명)이 포함되었다. '덜 선별적인' 대학에는 이스턴 일리노이 대학(3명), 캔자스 주립대학

(4명), 매사추세츠 대학(3명)이 포함되었다. 조사 대상자 중 79명은 '덜 선별적인' 대학에 다녔고, 41명은 '아주 선별적인' 대학에 다녔다.[2]

가정 환경과 고등학교 졸업 후의 진로

졸업생의 진로와 관련하여 우리가 던진 첫 번째 질문은 청소년의 가정 배경과 학교 문을 나선 지 1년 뒤의 모습 사이에 어떤 관계가 있는가 하는 것이었다. 전화 면접에서 얻은 자료는 시사하는 바가 상당히 많았다(표 9.1).

여학생이 남학생보다 아주 선별적인 대학에 조금 더 많이 진학했다는 사실을 제외하면 성별 차이는 거의 없다는 사실을 확인할 수 있었다. 인종에 따른 차이도 있었지만 생각만큼 크지는 않았다. 아프리카 아메리칸 졸업생 가운데 상당수는(33퍼센트) 어떤 상급 학교에도 진학하지 않았다. 4년제 대학에 들어간 45퍼센트의 학생 중에서 아주 선별적인 대학에 들어간 비율은 4명에 한 명꼴도 안 되었다.

응답자의 57퍼센트를 차지하는 백인 졸업생은 아주 선별적인 대학에 들어간 학생의 60퍼센트 이상을 차지했다. 상급 학교에 진학하지 않은 학생은 극소수였다. 아시아 학생은 한 명도 빠짐없이 상급 학교에 진학했다. 그리고 43퍼센트가 아주 선별적인 대학에 들어갔다. 이것은 다른 인종 학생에 비해 훨씬 높은 수치다. 히스패닉 학생은 2년제 대학에 들어간 비율이 가장 높았다.

개인의 사회적 계급을 나타내는 두 지표, 즉 부모의 교육 수준과 고등

표 9.1 학생의 신상과 배경에 따른 상급 학교 진학의 추이

| | 미진학 | 2년제 대학 | 4년제 대학 | |
			덜 선별적	아주 선별적
N=219				
성별[a]				
남학생	20(21%)	26(27%)	35(36%)	15(16%)
여학생	26(21%)	27(22%)	44(36%)	26(21%)
지역 사회 등급[b]				
하	14(26%)	15(28%)	24(45%)	0
중	26(31%)	34(40%)	24(28%)	1(1%)
상	6(7%)	4(5%)	31(38%)	40(49%)
인종[c]				
아시아	0	4(19%)	8(38%)	9(43%)
히스패닉	7(30%)	8(35%)	7(30%)	1(4%)
아프리카 아메리칸	17(33%)	11(22%)	19(37%)	4(8%)
백인	20(17%)	29(24%)	45(37%)	27(22%)
아버지 학력[d]				
고졸 이하	15(32%)	14(30%)	16(34%)	2(4%)
2년제 대학 이하	1(4%)	8(30%)	13(48%)	5(19%)
4년제 대학 이상	3(5%)	9(15%)	22(37%)	25(42%)
어머니 학력[e]				
고졸 이하	16(29%)	13(23%)	21(37%)	6(11%)
2년제 대학 이하	4(11%)	10(28%)	17(47%)	5(14%)
4년제 대학 이상	3(6%)	9(17%)	19(36%)	22(41%)

a 백분율은 각 항목 안의 백분율을 말한다.
b 카이 스퀘어=100.5, 6df, p<.00001
c 카이 스퀘어=25.17, 9df, p<.01
d 86명 미확인
  카이 스퀘어=35.94, 6df, p<.00001
e 74명 미확인
  카이 스퀘어=24.66, 6df, p<.001

학교가 있는 지역 사회의 경제적 수준에 따른 상급 학교 진학의 차이도 상당히 큰 것으로 드러났지만 이것 역시 예상했던 것만큼 현격한 차이는 아니었다. 부모가 대학을 중퇴한 학생은 최소한 대학은 졸업해야 한다는 생각이 강하다. 이런 학생의 대부분은 4년제 대학에 들어갔다. 지역 사회의 경제적 수준으로 보면 중산층 출신 청소년의 상급 학교 진학은 기대에 못 미치는 수준이다. 상당수의 중산층 학생이 커뮤니티 칼리지에 다니고 있었다.

사회적 경험은 대학 진학에 어떤 영향을 주는가?

십대에 습득하는 지식은 분명히 나중에 선택하는 고등 교육의 내용과 관련성이 있다. 우리는 그 다음 단계로, 구체적으로 고등학교에서 한 어떤 경험이 대학 진학과 관련이 있는가를 조사했다. 표 9.2는 학업과 가정 환경이라는 변수가 2년째 되는 해의 진로에 미치는 영향을 예측하기 위해 고안한 로지스틱 회귀 모형에서 얻은 자료이다. 유형에 따라 결과는 조금씩 다르다.

가정 환경이라는 변수는 대학에 진학하는가 안 하는가에 이렇다 할 영향을 미치지 않았다. 가난한 지역에 사는 학생의 약 4분의 3이 어려운 형편에도 불구하고 대학에 들어간 것을 보면 상급 학교에 진학하는 데 사회적 지위는 극복 못할 장애물은 아니라는 사실을 알 수 있다.

학생이 선택한 과목의 수준과 성적은 대학교 입학을 예측하는 중요한 지표가 될 수 있다. 우리는 과학과 수학을 난이도에 따라, 미적분을

표 9.2 학업 변수로 대학 진학을 예측하는 로지스틱 회귀 분석 모형

	모형 1 N=140 미진학/ 모든 대학[a]	모형 2 N=115 2년제 대학/ 4년제 대학	모형 3 N=86 아주 선별적/ 덜 선별적	모형 4 N=140 4년제 대학/ 나머지 전부
배경 변수				
지역 사회 등급		+	+	+
양친 유무				
성별				
인종		(아시안)−		
학업 변수				
수학	+	+		+
과학		+	+	+
학점	+			
정확도[b](%)	88	88	81	86

[a] 모든 독립 변수를 각각의 모형마다 집어넣었다. 그중에서 의미 있게 나온 결과만 기록했다. 플러스 기호는 해당 독립 변수의 값이 높을수록 경쟁이 치열한 대학 범주에 들어갈 확률이 높다는 것을 의미한다.

[b] 피험자를 정확하게 분류했을 확률.

안 배우는 과정부터 가장 어려운 과정까지 상·중·하로 구분한 바 있다 (7장). 평균 수준의 수학을 배운 학생은 가장 낮은 단계의 수학을 배운 학생에 비해 대학에 들어갈 확률이 5배였다. 마찬가지로 학점이 바닥권에 있는 학생은 대학에 들어갈 확률이 낮았다. 평균 학점이 2.5 이상이고 보통 수준의 수학을 공부한 학생은 고등학교를 나온 뒤 어떤 형태로든 상급 학교에 진학하는 경우가 아주 많았다. 수학을 못한 학생은 4년제 대학보다는 2년제 대학에 갈 확률이 높았다.

학생이 사는 동네의 사회적 수준은 고등학교를 나와서 어떤 대학에 들어갈지를 예측하는 중요한 지표가 되었다. 이 변수의 영향력은 표 9.1에 나타난 백분율에 명확하게 드러난다.

과학을 잘 하는 학생일수록 명문 대학에 많이 들어갔다. 고등학교 때 고급 수준의 물리나 화학을 공부한 학생은 보통 수준의 과학을 공부한 학생보다 2년제 대학이 아니라 4년제 대학에 들어갈 확률이 4.5배나 되는 것으로 나타났다. 4년제 대학에 들어간 학생들을 비교하면 과학의 비중은 더욱 커진다. 고등학교 때 고급 과학을 배운 학생은 중급 과학을 배운 학생에 비해 아주 선별적인 대학에 들어갈 확률이 무려 17배나 되는 것으로 밝혀졌다.

개인의 신상과 가정 환경이 비슷하다고 할 때 경험이라는 변수가 미치는 영향력을 평가하기 위해 우리는 앞서와 비슷한 로지스틱 회귀 모형을 개발했다. 그 내용은 표 9.3에 나와 있다. '경험에 대한 개방성' 변수는 상급 학교 진학과 미진학을 예언하는 역할을 했다. 또 고학년 때 아르바이트를 많이 한 학생일수록 4년제 대학보다 2년제 대학에 가는 비율이 높았다. 같은 4년제 대학이라도 친구와 어울리는 시간이 많았던 학생은 아주 선별적인 대학보디는 덜 선별적인 대학에 다니는 경우가 훨씬 많았다.

대학 진학을 예측한다는 것은 관련 변수들이 무척이나 많은 데다가 이것들이 복잡한 방식으로 상호 작용을 하기 때문에 간단하지가 않다. 이런 상호 작용이 있기 때문에, 어떤 예측 모형에서는 중요한 영향력을 미치는 것으로 밝혀진 변수라도 새로운 독립 변수들의 조합을 적용시켰을 때는 탈락되는 경우가 왕왕 있다. 따라서 변수와 변수의 이러한 상호

표 9.3 경험 변수로 대학 진학을 예측하는 로지스틱 회귀 분석 모형

	모형 1 N=118 미진학/ 모든 대학[a]	모형 2 N=88 2년제 대학/ 4년제 대학	모형 3 N=66 아주 선별적/ 덜 선별적	모형 4 N=101 4년제 대학/ 나머지 전부
배경 변수				
지역 사회 등급		+		+
양친 유무	+		+	
성별				
인종				(흑인)+
사회, 가정, 심리 변수				
노는 비율(%)				
친구와 어울리는 비율(%)			−	
일하는 비율(%)		−		−
가정의 자극				
가정의 후원				
경험에 대한 개방성	+			
TV 시청				
정확도(%)[b]	92	80	82	77

[a] 모든 독립 변수를 각각의 모형마다 집어넣었다. 그중에서 의미 있게 나온 결과만 기록했다. 플러스 기호는 해당 독립 변수의 값이 높을수록 경쟁이 치열한 대학 범주에 들어갈 확률이 높다는 것을 의미한다.

[b] 피험자를 정확하게 분류했을 확률.

작용을 감안하는 통계 모형만이 상급 학교 진학에 영향을 미치는 진정한 변수를 가려낼 수 있다.

그래서 우리는 표 9.2와 9.3의 독립 변수들이 어떻게 상호 작용을 하여 대학 진학에 영향을 미치는지를 설명하는 경로 모형을 만들었다. 이 모형을 나타낸 것이 그림 9.2이다. 한 모형 안의 다양한 진로 유형을 포착하기 위해 우리는 2년째의 상태를 동간(同間) 척도 변수로 보았다(이 변수의 기록은 그림 9.2 참조). 고등학교 졸업 후의 진로 유형이 정말로 동간 변수인지는 의문의 여지가 있으므로 이 경로 모형은 표 9.2와 9.3처럼 뚜렷한 종속 변수를 가진 복수의 모형들에서 발견되는 현상의 근사치로 이해해야 한다.

경로 모형은 세 가지 단계의 독립 변수들로 구성되는데, 각각의 단계는 다음 단계보다 개념적으로 선행한다고 말할 수 있다. 그림 9.2의 맨 왼쪽에 있는 변수들은 학생 개개인의 통제 능력을 벗어나 있기 때문에 인과론적으로 후속 변수들에 선행한다. 가령 학생이 숙제에 들이는 시간의 양은 부모의 학력에 영향을 미칠 수 없다. 다음 단계의 변수들―숙제에 들이는 시간, '놀이 같다'고 분류되는 ESM 응답의 비율―은 대학 진학의 확률에 직접 영향을 미치는 학업 수행 변수를 매개하는 결과물을 표현한다.

이 수행 변수는 그 다음 단계에 나타난다. 평균 학점, 과학 공부의 수준, 수학 공부의 수준 같은 것이다. 이 학업 수행 변수를 다른 모든 변수와 함께 일반 최소 자승 회귀 분석 모형에 집어넣어 대학 진학 결과의 예측치로 활용한다. 이것이 최종적인 직접 모형이다.

최소 자승 회귀 분석 모형은 모든 선행 단계의 변수를 독립 변수로 포함시킨다. 가령 '과학 공부 수준'의 왼쪽에 있는 모든 변수는 과학 공부 수준에 골고루 영향을 미친다. 각각의 모형 안에서 통계적으로 의미 있는 영향을 미치는 변수에서만 화살표를 긋는다.

경로 모형을 보면 과학 공부와 수학 공부의 수준은 대학 진학의 중요한 예측 지표가 될 수 있음을 알 수 있다. 친구와 어울리는 시간의 양은

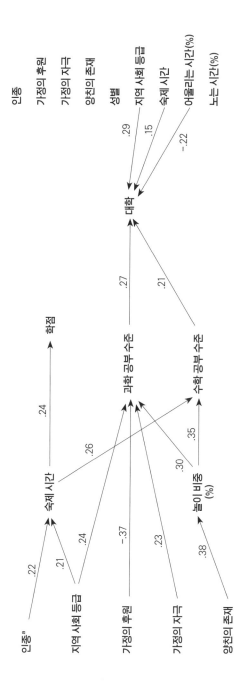

그림 9.2 대학 진학을 예측하는 경로 모형

a대학 진학에 직접적으로 영향을 미치는 요인의 최종 모형(통계적으로 이미 있는 예측치로부터만 '대학'으로 직접 화살표를 그어 나타낸 것)은 표본 수=99명(ESM 자료를 입수한 140명의 학생 중)이며 변량의 64%를 설명한다. '대학'은 1=미진학, 2=2년제 대학, 3=덜 선별적인 4년제 대학, 4=더 선별적인 4년제 대학으로 이루어진 연속 변수다.

대학 진학에 부정적인 영향을 미친다. 숙제는 정반대다. 숙제에 들이는 시간이 많을수록 대학에 갈 확률이 높아진다. 지역 사회의 경제적 수준은 다른 모형에서도 확인되었지만 대학 진학에 직접적인 영향을 미친다. 그림 9.2가 보여주는 중요한 사실은 과학 공부와 수학 공부의 수준은 가정의 자극과 후원, 부모의 학력, 놀이 같은 활동이 차지하는 비율의 영향을 받는다는 것이다(놀이와 일의 정의는 4장을 참조).

지역 사회의 경제적 수준이나 부모의 학력 같은 변수를 통제했을 때도 가정의 자극은 과학 공부의 수준에 긍정적인 영향을 미치고 이것은 다시 대학 진학에 영향을 미친다. 그러나 가정의 후원은 더 어려운 과학 공부에 도전하는 데는 부정적인 영향을 미친다.

무엇이 고등학교 이후의 진로를 결정하는가?

이 결과는, 졸업반 학생이 대학에 갈 것인지 취직을 할 것인지를 예측하는 가장 훌륭한 지표는 '학교 성적'이라는 것을 말해준다. 졸업반 학생이 4년제 대학에 갈 것인지 2년제 커뮤니티 칼리지를 갈 것인지를 예측하는 지표는 '과학 공부와 수학 공부의 수준'이다. 아주 선별적인 대학에 갈 것인지 덜 선별적인 대학에 갈 것인지를 예측하는 지표는 다소 복잡하다. 명문 대학에 진학할 가능성이 가장 높은 것은 지역 사회가 풍족하고, 부모의 학력이 높고, 학점이 좋고, 자기가 하는 일을 놀이처럼 여기는 경향이 있는 학생이다.

어떤 측면에서 보면 이런 결과는 고무적이다. 가정 형편이 청소년의 장래를 결정하는 데 직접적으로 영향을 미치는 것은 아주 선별적인 대학에 들어가는 데 국한되기 때문이다. 부모의 학력이 낮거나 못 사는 동네에 있는 학교를 나온 학생도 커뮤니티 칼리지에 들어가거나 덜 선별적인 4년제 대학에 많이 들어가기 때문이다. 그러나 학생의 배경은 간접적인 영향을 미친다. 그래서 이런 학생은 최상의 교육 환경으로 진입하는 확률이 상대적으로 낮다.

이 결과는 청소년이 열악한 환경의 장애를 극복하는 데 가장 도움을 줄 수 있는 전략이 무엇인지를 암시한다. 그것은 바로 공부를 잘 하는 것이다. 성적이 좋으면 거의 예외 없이 대학에 갈 수 있다. 성적이 좋을수록 좋은 대학에 갈 수 있다. 물론 성적이 좋아야 한다는 것은 너무나 당연해서 하나마나 한 소리일 수 있다. 성적이 안 좋은 것은 열악한 환경과 맞물려 있고, 이것은 하나의 악순환을 형성한다. 그렇지만 충분한 능력과 의욕만 있으면 이런 악순환에서 벗어날 수 있는 기회는 얼마든지 있다.

과학 공부와 수학 공부에 좀 더 공을 들이는 학생도 4년제 대학에 갈 확률이 높아진다. 실제로 모든 요인 중에서 이것은 학교를 둘러싼 지역사회의 경제적 수준 다음으로 학생의 향후 진로에 가장 큰 영향을 미친다. 물론 고등학교에 수학과 과학의 고급반이 아예 없다면 학생이 원하더라도 그런 기회를 못 누릴 수 있다. 하지만 대부분의 경우는 이런 과정이 있는데도 학생이 제대로 활용을 못한다.

가정 환경의 불이익을 극복하는 또 하나의 방법은 기대 수준을 높이는 것이다. 우리의 모형에서 드러났듯이 가정의 자극이 강하면 그만큼 난이도가 높은 과학과 수학을 공부하게 되고 이것은 대학 선택에 긍정적인 영향을 미친다. 사회적으로 상승하려는 욕구, 특히 공부라는 수단을 통해서 그렇게 하려는 욕구는 가정의 요구와 기대 수준이 높을수록 강하게 나타난다. 경험에 대한 개방성과 자신의 일을 놀이처럼 여기는 성향도 경쟁이 치열한 대학에 들어가는 데 유리하게 작용하는 좀 더 개인적 차원의 변수들이다.

이 복잡한 양상이 결국 의미하는 것은 무엇일까? 사회과학에서 증거를 해석한다는 것은 늘 어렵다. 한 가지 고무적인 것은 인종, 성별, 계층처럼 쉽게 바꾸기 어려운 '귀속' 특성은 명문 대학을 제외하고는 일반인들이 우려하는 것처럼 대학 진학에 커다란 걸림돌로 작용하지 않는다는 사실이다. 고등학교 성적만 좋으면 일류 대학에 들어갈 수 있는 길은 얼마든지 열려 있다. 좀 더 비관적인 관점에서 보자면 열악한 환경으로 인한 여러 가지 불이익이 누적되어 청소년이 상급 학교에 진학하는 데 요긴한 정보를 제대로 제공받지 못한다는 사실을 지적할 수 있다.

이런 자료를 해석하는 가장 유용한 관점은 경쟁의 장이 처음부터 공평하지는 않다는 점을 인정하되, 이것이 고등 교육을 받는 데 도저히 극복 못할 장애물로 작용하는 것은 아니라는 점 또한 인정하는 것인지도 모른다. 우리가 가진 자원을 좀 더 병능하게 배분하기 위한 첫 단계는 이런 현실적인 시각을 가지고 문제에 접근하는 것이다.

일단 초기 연구 단계에서 우리가 알아낸 것은 대부분의 미국 청소년은 고등학교를 졸업하고 나서 바로 직업 전선에 나서지는 않는다는 사실이다. 사실 고등학교 상급생들이 몇 년 동안 고민하는 것은 어떤 직업을 가질 것이냐가 아니라 어떤 대학에 들어갈 것이냐. 고등학교의 일차적 임무는 학생에게 직업 교육을 시키는 것이 아니라 대학에 들어갈 수 있는 자질을 배양하는 데 있다.

이 단계에서 학생에게 가장 필요한 것은 수학과 과학의 어려운 반을 택하여 좋은 성적을 받고 직업의 세계에 대한 풍부한 지식을 기르며 야심을 키우는 것이다. 호기심과 열정을 가지는 것도, 부모의 적절한 자극도 미래를 준비하는 데 도움이 된다.

앞에서 말한 것은 건전한 직업인으로 성장하기까지의 준비 기간을 지혜롭게 보내는 데 꼭 필요한 몇 가지 사항일 뿐이다. 옛날에는 머리보다는 힘을 써서 일을 했지만 지금은 사정이 달라졌다. 구체적 에너지가 아니라 추상적 기호를 다루는 직업이 부상하고 있다. 따라서 노동 시장에서 어엿한 직업인으로 대접받기 위해서는 고등 교육을 통해서 필요한 전문 지식을 습득하는 것이 갈수록 중요해진다.

지금까지 우리는 학생이 택하는 길을 고등학교를 나온 뒤에 어떤 유형의 학교에 들어가는지에 주안점을 두고 살펴보았다. 고등 교육에 초점을 맞추는 데는 이유가 있다. 오늘날의 대학은 노동 시장에 내보낼 인재를 키우는 데 역점을 두고 있기 때문이다. 그렇지만 아무리 고등 교육이 중요하다 하더라도 대학의 선택은 학생이 직업인으로 나아가는 과정의 일부분이라는 사실을 잊어서는 안 된다.

첫째, 고등학교를 졸업하고 1년 뒤에 하는 일이 그 사람의 인생을 결정짓는 것은 아니다. 대학에 들어갔어도 결국 졸업을 못 하는 학생이 있는가 하면, 지금은 직장에 다니지만 나중에 대학을 졸업하는 사람도 있을 수 있다. 그런 점에서 미국 대학 교육 제도의 유연성은 젊은이에게 다양한 선택과 기회를 제공하고 있다.

둘째, 고등 교육을 받았다고 해서 반드시 행복하고 건전한 생활인으로 살아가는 것은 아니다. 고등 교육을 필요로 하지 않는 직업도 이 세상에는 많다. 원만한 가정을 꾸리고 가족과 지역 사회에 헌신하면서 살아가는 것이 궁극적으로는 더 중요하다. 학교 공부를 잘 하는 데 도움이 되는 능력과 자질은 만족스러운 삶을 살아가는 데 필요한 능력이나 자질과 항상 일치하는 것은 아니다.

우리는 전화 면접에서 '전반적으로 지금의 생활에 얼마나 만족하는가'라는 질문을 던졌다. 이것은 개인의 전반적인 삶의 질을 평가할 때 주로 던지는 질문이다(마이어스 1992; 디너 미출간). 교육 수준에 대한 기대와 성적(이 둘은 아주 선별적인 대학의 진학률과 밀접한 관련이 있다)은 삶에 대한 전반적인 만족감에 반비례하는 것으로 밝혀졌다. 야심과 공부에 대한 기대 수준이 너무 높아서 웬만해서는 만족하지 못하는지도 모른다. 가정에서 자극보다는 격려를 하고 장래를 낙천적으로 보는 것은 좋은 대학에 가는 데는 도움이 안 될지 모르지만 고등학교를 졸업한 다음에 만족스러운 삶을 살아가는 것과는 분명히 관련이 깊다.

일단 직업을 갖는 데 필요한 고등 교육이 끝나면 그다음부터는 직업인으로 성공하기 위해서는 지금까지와는 전혀 다른 자질과 능력이 필요할지도 모른다. 이 단계에서는, 대학에 들어갈 때는 이렇다 할 역할을 하지 못했던 성격과 인격이 중요해질지 모른다. 하지만 고등학교를 졸업하고 겨우 1년밖에 안 지난 시점에서 이것이 어느 정도 맞는 말인지를 판단하기는 어렵다. 그것은 먼 훗날에야 대답할 수 있는 성질의 물음이다.

CHAPTER 10

어른으로 가는 길목에
필요한 것들

청소년이 어엿한 직업인으로 성장하는 데 커다란 영향을 미치는 요인은 크게 둘로 나눌 수 있다. 첫째, 누구에게는 기회를 제공하고 누구에게는 활동 범위를 제한하는 사회적 힘이다. 부모는 자식에게 유전자만 물려주는 것이 아니다. 사회적·문화적 유전자까지도 물려준다.

가정, 학교, 지역 사회는 청소년의 미래에 영향을 미칠 수 있는 지원을 다양한 수준에서 제공한다. 똑같은 노력을 기울이더라도 돈 많고 학벌 있는 부모 밑에서 태어난 젊은이는 경제적으로 쪼들리면서 편모 슬하에서 자라난 젊은이보다 고등 교육을 받는 데 더 많은 재정적·사회적 자원을 쓸 수 있다.

직업인으로 성장하는 데 영향을 미치는 또 하나의 요인은 개인의 노력이다. 유전의 덕이건 환경의 덕이건 아니면 순전히 우연의 덕이건 아무튼 어떤 사람은 남들보다 야심이 많고, 열정적이고 낙천적이며, 강한 집중력을 발휘한다. 이런 개인적 특질을 가진 학생에게는 어른이 되었을 때 책임 있고 힘 있는 자리에 오를 수 있는 기회가 그만큼 많이 돌아온다.

반면, 이런 특질이 부족한 학생은 사회적으로 유리한 지위에 있었더라면 누렸을지 모르는 밝은 미래를 영영 모르고 살아갈 가능성이 높다. 사회적 지위의 상승은 많은 경우 개개인이 미래를 준비하는 데 얼마나 많은 정력과 관심을 쏟느냐에 따라 크게 좌우된다.

학교의 주된 역할은 어른이 되었을 때 제대로 책임을 떠맡을 수 있도록 학생을 준비시키는 것이다. 청소년은 어엿한 직업인이 되는 데 도움이 되는 지식, 태도, 가치관, 습관을 상당 부분 교실에서 배운다. 물론 나중에 컸을 때 어떤 사람이 되는가에 영향을 미치는 것은 이것만이 아니다. 가정에서 보고 듣는 것, 텔레비전에서 접하는 것, 같이 어울리는 친구도 영향을 준다. 하지만 들이는 시간이나 자원으로 따지자면 아무래도 다섯 살부터 열여덟 살까지 누구나 꼬박 다녀야 하는 학교가 아이에게 가정 다음으로 중요한 사회화의 장을 제공한다고 말할 수 있다.

지금까지 청소년이 직업인으로 이행하는 과정을 추적한 연구가 기본적으로 깔았던 전제는 두 가지다. 첫째는 이런 특질을 가진 청소년은 나중에 이런 직업을 가지면 좋겠다는 식의 명확한 대응 관계가 존재한다는 것이었고, 둘째는 대부분의 청소년은 직업인이 되려는 의욕과 각오가 서 있다는 것이었다.

이런 전제 아래 학교는 능력과 흥미에 합당한 길로 학생을 잘 이끌어야 한다는 것이 사람들의 공통된 인식이었다. 고등학교에 근무하는 상담 교사의 으뜸가는 임무는 학생의 특질에 가장 어울리는 직업을 찾아주는 것이었다. 각종 검사와 설문을 통해 알아낸 학생 개개인의 직업적 자질과 소양을 토대로 기존의 직업 중에서 여기에 가장 어울리는 것을 찾아서 권했다.

하지만 지난 이삼십 년 동안 이런 전제가 크게 흔들렸다. 어른의 직업 세계는 대단히 불안하고 모호해졌다. 컴퓨터 프로그래밍처럼 요즘 가장 각광을 받는 전문 기술직도 프로그램을 짜는 소프트웨어가 일반화되면서 고급 기술직을 제외하고는 점점 위협받고 있다. 안정적이고 장래를 어느 정도 예측할 수 있는 직업을 찾아내기가 점점 어려워지고 있다. 자연히 개인의 특질과 직업을 짝짓는 일도 갈수록 고역일 수밖에 없다.

더욱이 고등학교를 졸업하면 바로 직업 전선에 나섰던 옛날 세대와는 달리 요즘 세대는 그런 절박감이 눈에 띄게 줄어들었다. 대학에 들어가는 이유도 뚜렷한 직업적 목표가 있어서라기보다는 일단 대학에 들어가서 생활하다 보면 원하는 직업을 찾을 수 있을 것이라는 기대감이 더 크게 작용한다. 가정 형편이 넉넉한 학생일수록 뚜렷한 직업을 정해놓지 않고 대학 생활을 보내는 경향이 강하다. 직업과 금전적 보상에 대한 부풀려진 기대, 다양한 직업 세계와 각각의 직업이 요구하는 자격 조건에 대한 사전 지식의 부족으로 말미암아 젊은이가 직장 현실에서 느끼는 괴리감은 갈수록 커지고 있다(슈나이더, 스티븐슨 1999).

시대 조류의 이러한 변화를 염두에 두면서 우리는 여태까지 소홀히 다루어져온 문제에 관심을 집중하기로 결정했다. 먼저 사회적 요인을 따질 때 부모의 학력, 직업, 가족 구성 같은 구조적 변수에만 관심을 한정시키지 않았다. 우리는 명확하게 포착하기는 어렵지만 이런 구조적 변수 못지않게 중요한 요인들, 가령 교우 관계라든가 직업에 관련된 활동을 학습하고 실천할 수 있는 기회라든가 가정에서 제공하는 후원과 자극의 양 같은 것에 오히려 관심을 집중했다.

다음으로 개인적 요인에서는, 학교 성적이나 직업에 대한 기대보다는 낙천성, 자부심, 약간은 버거운 활동에서 즐거움을 느끼는 경향처럼 쉽게 측정하기 어려운 특질을 중요한 변수로 삼았다. 우리는 이런 '사회적 배경'과 '개인적 특질'이 빠르게 변하는 불안정한 어른의 직업 환경에서 젊은이가 자리를 잡는 데 큰 도움이 될 것이라고 추론했다.

유능한 직업인이 되는 데 필요한 개인적 자질

장차 성실하고 유능한 직업인이 되는 데 도움이 되는 개인적 특질이 사실은 얼마나 복잡한가를 먼저 짚고 넘어갈 필요가 있다. 개인적 특질은 어떻게 보면 사회적 조건에 의해 좌우되는 '종속 변수' 같다. 예를 들어 어떤 아이가 공부를 열심히 하는 이유는 성적을 중시하는 집안 환경 때문일 수 있다. 하지만 개인적 특질은 미래의 성공을 낳는 '독립 변수'처럼 보이기도 한다. 이 경우 개인의 노력이 어디에서 유래했든 간에 유능한 직업인이 되겠는지 안 되겠는지를 판가름하는 중요한 변수가 된다.

그런가 하면 특질은 장래의 목표를 달성하는 데 얼마나 효과적인가와는 무관하게 그 자체를 하나의 바람직한 '결과물'로 해석할 수도 있다. 이런 관점에서 보면 학교 공부를 열심히 하는 것은 나중에 바람직한 결과로 이어지든 그렇지 않든 그 자체로 좋은 것이다. 우리는 개인의 특질이 그 자체로도 바람직한 것이지만 장래의 목표를 달성하는 데도 유익하다는 전제 위에서 다음의 논의를 시작한다. 하지만 겨우 1년 동안의 연구로 개인의 특질이 정말로 목표 달성에 유익한 것인지 판정하기는 어렵다. 그런 결론은 우리가 조사한 젊은이가 정말로 어른이 되었을 때까지 기다려 입수한 자료를 심도 있게 분석한 다음에야 내릴 수 있을 것이다.

정확한 정보는 현실적 기대를 낳는다

유능한 직업인으로 성장하는 데 가장 기본이 되는 개인적 특질은 직업의 세계에 대한 풍부한 지식이라고 할 수 있다. 그런데 이것이 생각만큼 쉽지 않다. 앞에서도 말한 것처럼 구할 수 있는 직업의 유형과 그런 직업을 갖는 데 필요한 자격 조건은 아주 종잡기 어려워졌다.

직업 중에서 가장 역사가 오래되었고 뿌리 깊은 전통을 가졌다고 자타가 공인하는 의학도 각광받는 분야, 쇠락하는 분야가 속출하면서 커다란 지각 변동을 겪고 있다. 의사라는 직업의 성격도 의료 보험 체계가 어떻게 달라지느냐에 따라 민감하게 영향을 받는다.

대중 매체가 만들어내는 이미지는 청소년이 직업을 현실적으로 파악하는 데 상당한 걸림돌로 작용한다. 텔레비전에는 법정에서 화려한 변론을 하는 변호사, 긴박한 상황에서 환자의 목숨을 살리는 의사, 추앙받는 운동선수, 인기의 절정에 오른 연예인이 주로 등장한다. 회계사와 보험 전문가가 영웅적으로 묘사되는 경우는 극히 드물다. 그들은 어리석은 짓을 저지르는 따분한 인물로 나온다. 노동 시장의 상당수를 점하는 전기 기술자, 건설 노동자, 수리공, 점원은 신통한 대접을 못 받는다. 더 나은 직업으로 도약하기 위한 징검다리쯤으로 묘사될 뿐이다.

이 연구에서 알아낸 한 가지 중요한 사실이 있다. 그것은 6학년쯤 되면 아이의 머리에는 이미 '일은 이런 것이고 놀이는 이런 것'이라는 이미지가 어느 정도 박힌다는 사실이다. '일'이라는 말은 강제적이고 괴롭기는 하지만 장래를 생각하면 중요한 활동을 가리키는 데 쓰인다. 청소년이 '놀이'라고 부르는 활동은 상대적으로 덜 중요하지만 자발적이고 유쾌한 활동을 말한다.

청소년은 커가면서 더 많은 활동을 일처럼 여기고, 일을 점점 싫어하게 된다. 요즘 청소년은 일이 필요하긴 하지만 자신이 정말로 하고 싶어서 하는 건 아니라는 사실을 자신을 둘러싼 문화로부터 배워나가는 듯하다. 그들은 돈과 명예를 안겨주는 일만 하려고 한다.

우리가 조사한 십대가 미래의 직업에 대해서 갖고 있는 생각은 그래서 상당히 막연한 편이다. 내일모레면 고등학교를 졸업하는데도 어른이 되었을 때 무엇을 해야 할지 갈피를 못 잡는다. "정신과 의사가 될까? 아니면 모델? 스튜어디스도 괜찮겠네. 난 여행을 좋아하니까." 대개 이런 식의 뜬구름 잡는 생각을 한다. 기대 수준이 터무니없이 높다.

학생들의 소원이 모두 이루어진다면 생산직 노동자와 전문직 종사자의 비율이 1대 10에 이를 판이다. 너무 많은 학생이 프로 선수, 가수, 배우, 연예인이 되고 싶어한다. 이렇게 튀는 직업에 대한 선호는 물론 나이를 먹을수록 점점 줄어든다.

다양한 직업의 세계에 대해서, 어떤 직업을 갖기 위해 어떤 과정을 밟아야 하는지에 대해서 청소년이 가진 지식은 빈약하기 짝이 없었다. 그러면서도 자기가 가질 직업에 대해서는 비현실적으로 높은 기대를 품었고, 그런 직업이 요구하는 학력은 과소평가하는 경향을 보였다(슈나이더, 스티븐슨 1999). 많은 학생은 4년제 대학에 간신히 들어갈 실력밖에 안 되면서도 말로는 변호사나 의사가 되겠다고 한다. 수입에 대한 기대도 너무 부풀려져 있다. 교사를 지망하는 학생과 돈을 많이 못 벌 것이라고 내다본 학생만이 유일하게 현실에 접근했다.

지식과 현실의 이러한 괴리는 상당히 우려할 만한 수준이다. 조만간에 부풀어오른 기대의 거품이 터지면, 기대는 환멸로 바뀌기 때문이다. 어떻게 하면 젊은이가 미래의 직업에 대해서 좀 더 현실적인 생각을 갖도록 만들 수 있을까? 막상 이런 질문을 받으면 대답하기가 쉽지 않다. '현실적'이라는 것이 주변 상황을 그대로 받아들이고 자기 집안의 계급적 지위에 체념적으로 순응하는 것을 의미한다면 우리는 학생에게 그런 자세를 권하지 않을 것이다. 난관을 이겨내고 성공하는 개인은 어느 정도 비현실적인 꿈에서 출발하기 때문이다. 그런 사람이 없다면 이 세상은 지금보다 훨씬 초라해졌을 것이다.

최선의 해결책은 직업에 대한 지식을 두 가지 성분으로 나누는 게 아닐까 싶다. 하나는 '인지 수준', 다른 하나는 '의욕 수준'이다. 어떤 직업이 있고 그 직업을 가지려면 어떤 준비를 해야 하는가 하는 인지 수준의 지식은 많을수록, 현실적일수록 좋다. 하지만 의욕 수준에서는 최대한 높은 목표를 갖도록 권장해야 한다. 물론 그런 목표를 이루기 위한 조건과 가능성을 철저히 알고 있어야 한다. 체념에서 나온 현실주의와 무지에서 나온 허영은 모두 피해야 한다.

직업의 세계가 빠르게 변하는 것은 사실이지만, 어느 정도의 현실 감각이 있으면서도 개인적으로 추구하는 꿈이 있다면 그 꿈이 아무리 거창하더라도 그 청소년은 유능한 직업인으로 성장하기에 유리한 조건에 있다고 말할 수 있다.

실제 일을 해본 경험

일에 가까운 활동에 접해 본 경험의 양은 학생마다 제각각이다. 주위에서 실업자만 보았을 뿐 귀감이 될 만한 어른은 단 한 명도 없었고, 따라서 버젓한 일터에서 견습생으로 일해 볼 기회도 갖지 못한 학생이 있는가 하면, 다양한 분야의 전문 직업인으로 둘러싸인 환경에서 자라면서 친척의 상점, 공장, 사무실에서 일하면서 다양한 직업의 세계를 경험할 수 있는 학생도 있다.

우리가 조사한 학습 실천 점수에 따르면 청소년은 장래 직업 선택에 도움이 되는 경험을 많이 하지 못하는 것으로 드러났다. 고등학교를 졸업할 무렵이 되면 대부분의 학생은 보모, 인명 구조원, 배달원으로 일하면서 돈을 벌어본 경험이 있지만 이런 일은 정식 직업이라고는 말할 수가 없다. 앞으로 가지려는 직업과 관련이 있는 실무 경험을 해본 경우는 극히 드물다.

이런 직접 경험의 부족을 채우는 데는 독서를 통한 간접 경험도 도움이 된다. 생물이나 화학에 관한 책을 읽는 학생은 비록 실험실에 발을 들여놓지 않아도 마치 자신이 과학자의 길을 걸어가는 듯한 느낌에 빠져들 수 있다.

그러나 바람직한 것은 역시 직접 하는 경험이다. 아이는 대개 놀이를 통해서 직업에 대한 이미지를 만들어나가기 시작한다. 아이는 흔히 경찰관, 간호사, 우주 비행사, 소방관이 되고 싶다고 말하지만 이런 꿈은 금방 잊혀진다. 하지만 그중에는 살아남는 것도 있다. 우리의 조사에서 건축가가 되겠다고 밝힌 학생(전체의 3퍼센트)의 상당수는 처음에는 모형 비행기를 조립하다가 차츰 책꽂이·선반 만들기와 집안 수리를 돕는 쪽으로 활동 반경을 넓혔고, 그 일을 무척 즐겼다.

집에서 일찍부터 일하는 경험을 쌓으면 직업에 대한 확고한 의식을 갖는 데 도움이 된다. 의사를 지망하는 학생은 보통 집안 식구 중에 의사가 있거나 아픈 형제를 보살핀 경험이 있다. 개인 병원 사무실에서 일해 본 경험이나 동네 병원에서 자원봉사자로 일해 본 경험이 있을 수도 있다. 엔지니어를 꿈꾸는 학생은 부모나 친척을 도와 자동차 엔진, 텔레비전, 선반 같은 기계를 다루어본 경험이 많다.

학생 시절에 장래 직업으로 삼을 수 있는 활동을 접할 수 있는 기회를 가진 사람은 행운아에 속한다. 우리가 조사한 한 남학생은 따분하고 아무 의욕 없는 나날을 보내다가 열다섯 살 때 우연한 계기로 금붕어를 기르는 연못에 빠져들게 되었다. 그 뒤로 틈만 나면 금붕어와 연못에 대해 공부하면서 이 분야의 전문가가 되었다. 그리고 몇 년 뒤에는 연못을 만들어주는 일을 아예 사업으로 시작했다. 한 여학생은 아일랜드에 놀러 갔다가 그곳의 신화에 푹 빠져서 '켈트 전문가'가 되어 박물관에서 유물을 분류하는 일을 돕고 있었다. 하지만 대부분의 학생은 이런 경험을 하지 못한다.

원리적으로는 핵 엔지니어, 해양학자, 배관공, 외과 의사가 무슨 일을 하는지 어린 학생이 이른 나이에 직접 접할 기회가 얼마든지 있다. 그러나 현실적으로 요즘 학생은 옛날보다 훨씬 직업 세계로부터 차단되어 있다. 19세기에는 광산이나 공장에서 어린이를 착취하지 못하게 하는 법이 나와야 할 만큼 어린이는 혹사당했다. 하지만 우리는 정반대의 극단으로 치달아 아이를 직업 세계로부터 지나치게 떼어놓고 있다. 주변 환경에 구체적이고 능동적으로 참여시키는 것이 아니라 추상적 정보, 오락, 쓸모없는 상품을 소비하는 사람으로 훈련시키고 있다.

지금 청소년에게 필요한 것은 일찌감치 단조로운 노동을 반복하면서 갖게 되는 일에 대한 환멸이 아니라 무언가를 만들어나가는 데서 얻는 희열과 책임감이다.

학업과 단체 활동

추상적 지식이 필수적으로 요구되는 분야에서 정말로 일하고 싶은 학생에게는 고등학교가 관련된 정보를 습득하는 장소가 될 수 있다. 그러나 불행하게도 가장 공부에 관심이 많은 이런 학생도 학교라는 제도의 틀을 답답해 하는 것 같다.

과학과 예술 분야에서 뛰어난 업적을 남긴 100명을 대상으로 조사한 결과, 자신이 다녔던 고등학교를 좋게 말하는 사람은 손으로 꼽을 정도였다(칙센트미하이 1996). 학생에게 진정한 관심을 기울이고 자극을 주었던 선생님을 떠올리는 사람은 드물었다. 표준화되고 정형화된 강의는 인상 깊은 흔적을 남기는 데 실패한 듯하다. 노벨상을 받은 의학자와 화학자조차도 자신이 다닌 학교에 대해서는 할 말이 거의 없었다.

물론 직업을 갖는 데 필요한 정보를 획득하는 것이 고등학교를 나니는 이유의 전부는 아니다. 학교는 근면, 규율, 질서의 원칙을 습득하는 장이기도 하다. 가정 환경도 좋지 않고 치안 상태도 불안한 동네에서 사는 불리한 여건의 학생이 부유한 학생보다 학교를 더 좋아하는 이유는 여기에 있는지도 모른다(슈미트 1998). 무엇보다도 학교는 과정을 이수했다는 자격증을 주며 이 자격증은 상급 과정으로 올라가서 직업 훈련을 받거나 공부를 계속하는 길을 열어준다. 따라서 고등학교에 아무리 문제점이 있다 하더라도 공부를 잘 하는 것은 유능한 직업인으로 성장하기 위한 중요한 전제 조건이 된다.

하지만 학교는 공부 말고도, 아이가 하는 놀이 같기도 하고 어른이 하는 일 같기도 한 활동에 참여할 수 있는 기회도 준다. 많은 학생은 학과외 활동을 통해서 모자라는 직업 경험을 보충한다. 학교 신문을 만들거나, 교내 연극을 위해 무대를 만들고 연습을 하거나, 학교 운동부에서 뛰거나, 교내 관현악단에서 연주하는 것은 모두 어른 못지않은 실력과 책임감을 요구하지만 이것은 하나같이 자발적으로 즐겁게 하는 활동이다.

그런 활동에 참여하면 학점을 비롯하여 학생의 학업 능력이 전반적으로 올라간다는 것을 보여주는 조사도 여럿 나와 있다(에클스, 바버 미출간; 마시 1992; 슈미트 1998; 슈나이더, 스완슨, 리글-크럼 1998). 청소년의 발달에 미치는 긍정적인 효과는 시민 활동이나 자원봉사 활동에서도 확인되었다(유니스, 예이츠 1997).

노벨상을 수상한 과학자나 작가 중에는 선생님으로부터 방과후에 실험실 정리를 부탁받거나 교지에 글을 실어보라는 권유를 받은 것이 계기가 되어 장래 직업을 그쪽으로 정했다고 말하는 사람이 있다. 학교가 학생의 성장에 가장 효과적으로 기여하는 것은 바로 이런 실제적 경험의 장을 제공한다는 측면에서다.

그래서 많은 학생은 학업과는 직접 관련이 없는 활동을 일 같기도 하고 놀이 같기도 하다고 말하며 장래 직업을 생각해서도 중요하지만 지금 하는 활동 자체로서도 즐겁다고 말한다. 그러나 애석하게도 학교 예산이 줄어들면 당장 이쪽 방면의 활동부터 축소시키는 것이 오늘의 현실이다.

낙천성과 자부심

명확한 직업적 목표, 일을 해본 경험, 정확한 정보가 있다고 해서 저절로 유능한 직업인이 되는 것은 아니다. 낙천성, 굳은 심지, 자부심 같은 긍정적인 개인적 자질과 태도도 함께 발전시키지 않으면 안 된다. '낙천성', 즉 미래가 자기 뜻대로 풀려가리라고 자신하는 마음가짐은 좌절을 피하고 장애를 효과적으로 극복하는 데 없어서는 안 될 자질이다. 낙천성은 의기소침, 병, 성적 부진의 완충 역할을 한다(샤이어, 카버 1992; 셀리그먼 1991). '자부심'은 특히 최근에 와서 중요한 교육적 목표로 부각되고 있다. 캘리포니아주는 각 학교가 학생의 자부심을 끌어올리는 데 역점을 두어야 한다고 명시한 법안을 통과시켰다.

개인의 특질이 중요하긴 하지만 여기에도 함정은 있다. 현실 감각이 없는 낙천성은 최선의 행동을 택하는 데 오히려 걸림돌로 작용한다. '존 헨리즘'이라는 성격 변수가 있다. 이것은 증기로 돌아가는 해머보다 더 많은 일을 할 수 있다고 자신했던 전설적인 철도 노동자 존 헨리의 이름에서 유래한 용어다. 강철 같은 의지가 있고 개미처럼 열심히 노력만 하면 인생의 어떤 문제도 해결할 수 있다고 믿는 사람을 묘사하기 위해 이런 척도를 만들었디.

존 헨리즘 척도에서 높은 점수를 받았지만 사회·경제적 지위가 낮은 사람은 고혈압에 걸릴 가능성이 높다(제임스 등 1987). 우리의 조사에서 열악한 환경에서 자란 소수민 집단 출신의 청소년은 가정 형편이 넉넉한 학생보다 더 낙천적인 것으로 나타났다. 아마 그들이 성공하기 위해서는 잘 사는 아이들보다 기대 수준을 더욱 높이 잡아야 하기 때문이라고 해석할 수도 있을 듯하다. 그러나 소망이 이루어지지 않았을 때 어떤 일이 벌어질지도 염두에 두어야 한다.

요즘은 청소년에게 무슨 문제만 생겼다 하면 무슨 만병통치약이라도 되는 것처럼 자부심을 가지라고 조언하는 것이 유행처럼 되었다. 자부심을 키워주면 평범한 아이도 뛰어난 학자, 유능한 전문가가 될 수 있는 것처럼 말한다. 그러나 심리학자 윌리엄 제임스가 벌써 100여 년 전에 한 말을 기억하는 사람은 거의 없다. 제임스는 자부심은 실제로 성취한 것과 앞으로 성취하리라 기대하는 것, 이 두 가지 요소로 이루어져 있다고 갈파했다(제임스 1890).

사람은 두 가지 중 어느 하나의 이유로 자부심을 느낄 수 있다. 하나는 성취를 많이 했기 때문이고 또 하나는 기대 수준이 너무 낮아서이다. 실제로는 이렇다 할 야심이 없는 사람이 턱없이 높은 자부심을 느끼는 경우가 너무나 많다. 공부를 잘 하는 학생, 가정 형편이 좋은 학생은 오히려 자부심이 낮게 나타난다.

그렇다고 해서 학생더러 낙천성을 버려라, 자부심 안에 갇혀 있지 말라고 말할 수도 없는 노릇이다. 어쩌면 미래와 자기 자신에 대해서 어둡게 보는 것은 사회·경제적 지위가 높은 학생만이 누릴 수 있는 특권인지도 모른다. 기댈 곳이 없는 학생이 자부심마저 없다면 그거야말로 심각한 문제가 아닐 수 없다.

낙천성과 자부심 같은 특질은 정신적 평안을 측정하는 다른 변수와도 관련이 있는 것으로 드러났다. 낙천적이고 자부심이 강한 학생은 그렇지 않은 학생보다 더 행복하고 더 사교적이며 적극적이다. 하지만 이런 긍정적인 성격이 장기적으로 학업 성적이나 직업에 대한 소양을 끌어올리는 데는 이렇다 할 역할을 못하는 듯하다. 이런 성격이 지금 살

아가는 생활의 질을 향상시키는 것은 사실이지만 직업인으로 성장하는
데도 보탬이 될 것이라고 아직은 자신 있게 말할 수 없다.

호기심과 흥미

낙천성 같은 일반적 성향을 어느 순간에 단 한 번만 측정한 결과는
해석하기가 용이하지 않다. 반면 ESM이 제공하는 일상 경험의 거듭된 측
정 결과는 학교 생활에서 생산적인 사회 생활로 성공적으로 넘어가는
데 긴요한 역할을 하는 개인적 특질이 무엇인지를 좀 더 명확하게 드러낸
다. 가령 자기가 하는 활동을 놀이처럼 느끼는 청소년은 삶에 대해서 개
방적이고 실험적인 태도를 일찌감치 드러내는 셈이다. 자기가 하는 활동
을 일처럼 느끼는 청소년은 책임감 있고 끈기 있는 태도를 드러낸다.

둘 다 그 나름의 장점을 갖고 있다. '일 지향성'은 적어도 단기적으로
는 최적의 상태를 낳는 것 같다. 일 지향적인 학생은 공부에 많은 시간
을 투자하고, 전반적인 경험의 질이 높게 나온다. '놀이 지향성'은 남학
생이나 경제적으로 여유 있는 집에서 자란 학생이 전형적으로 보여주는
특징으로 그 결과는 학생이 나중에 대학에 들어가거나 직업을 가졌을
때 뒤늦게 나타나는 경향이 있다.

가장 문제가 되는 것은 자기가 하는 활동이 일 같지도 놀이 같지도
않다고 보고하는 상황이다. 보통 학생은 일주일의 3분의 1을 이런 상태
로 보낸다. 주로 '일도 놀이도 아닌 활동'을 하면서 보낸다고 보고한 학생
은 20퍼센트 가까이나 되었다. 최악의 경험을 하는 것은 주변 상황에서
유리된 학생이다. 그런 학생은 지금 하는 활동을 즐기지 않을뿐더러 그
것이 장차 살아가는 데 도움이 되리라고 여기지도 않는다. 학교 성적도

좋지 않고, 학교 밖 활동에도 적극적이지 않다. 사회·경제적으로 불리한 환경에서 자라는 아이일수록 이렇게 유리된 상태로 살아가는 비율이 높게 나온다.

왜 어떤 청소년은 자기가 하는 활동에서 즐거움도 보람도 못 느끼는 것일까? 환경이 제공하는 객관적 여건에서 부분적으로 원인을 찾을 수 있을 것이다. 재미난 일에 끼어본 경험도 없고, 아무런 자극도 받지 않으면서 살아왔기 때문에 지금 자기가 하는 일이 현재든 미래든 아무 의미가 없는 무기력 상태에 빠져들기 쉬운 것이다.

하지만 환경이 모든 것을 좌우하지는 않는다. 사람은 똑같은 경험을 하더라도 누구나 그 경험에 자기 나름의 의미를 부여할 수 있다. 똑같은 상황에 놓여 있더라도 사람들의 반응은 천태만상으로 나온다. 아주 불리한 여건 속에서도 어떤 청소년은 주변 세계에 대한 흥미와 관심을 잃지 않고 즐겁고 생산적으로 거기에 가담할 수 있는 기회를 만들어낼 줄 안다.

유리된 상태의 정반대편에는 자기가 하는 활동이 일 같기도 하고 놀이 같기도 하다고 말하는 학생이 있다. 그런 상황에 놓여 있을 때 학생은 활력과 행복을 느끼며 자기가 지금 하는 활동이 중요하다는 생각을 가진다. 배움과 놀이가 균형을 이루는 그런 상황을 가급적 많이 만들어내는 것은 교육의 중요한 목표가 아닐 수 없다. 시간으로 따졌을 때 이런 상황이 청소년의 생활에서 차지하는 비율은 10퍼센트에도 못 미친다. 취미, 운동, 특별 활동 시간에 주로 그런 경험을 한다.

창조적 능력을 가진 개인의 가장 두드러진 특징(칙센트미하이 1996)은 여든이나 아흔이 되어서까지도 자기 주변에서 벌어지는 일에 강한 호기심과 관심을 가진다는 것이다. 그런 사람 중에는 가난하고 불우한 가정에서 자란 경우가 적지 않다. 이런 능동적 참여를 어떻게 끌어내고 평생토록 유지시킬 것인가, 사회과학이 답변해야 할 가장 중요한 문제의 하나가 바로 이것이다.

도전 의욕

청소년의 참여를 유도하는 한 가지 방법은 능력에 도전할 수 있는 활동으로 자꾸만 끌어들여 실력 향상의 기회를 주는 것이다. 청소년이 어떤 활동에 푹 빠져들어 시간 감각을 잊어버리고 일과 혼연일체가 되는 상태를 칙센트미하이는 '몰입'이라고 부른다. 몰입을 잘 하는 사람은 그만큼 많이 배우고 실력이 쑥쑥 늘어난다. 끊임없이 도전하면서 자기 실력을 향상시키는 사람은 그만큼 자기 인생을 긍정적으로 바라본다(애들레이-게일 1994; 칙센트미하이, 라툰드, 훼일런 1993; 헥트너 1996).

이렇게 자기 목적성을 가진 사람은 내재적 동기에서 우러나온 목표를 이루기 위해 노력한다. 이런 목표가 있다는 것은 곧 활동 자체에서 즐거움과 만족감을 얻는다는 뜻이다.

몰입 상태에 있는 청소년은 집중력, 즐거움, 행복감, 강인성, 의욕, 자부심에서 모두 높은 점수를 보인다. 몰입은 아주 긍정적인 경험을 안겨주며, 그 효과는 아주 오래 간다. 몰입을 자주 경험하는 청소년일수록 지금 하는 일이 장래 이루고자 하는 목표를 달성하는 데도 중요하다고 생각한다. 한편으로는 즐거움, 또 한편으로는 목표를 이루어간다는 충족감을 동시에 느낄 수 있는 보기 드문 기회를 제공한다는 점에서 몰입은 청소년의 성장에 바람직한 영향을 미친다.

이렇게 긍정적인 결과를 가져오는 몰입은 어떤 상황에서 자주 일어나는 것일까? 학교에 대한 일반적 통념과는 달리 청소년이 몰입을 가장 자주 경험하는 곳은 교실이다. 숙제를 할 때도 몰입하는 경우가 많다. 아르바이트를 하거나 운동, 취미 활동을 할 때도 몰입을 경험한다. 텔레비전을 보거나 라디오를 듣는 산만한 활동은 편하긴 해도 몰입으로까지 이어질 확률은 낮다. 몰입을 학교 안에서 더 많이 경험한다는 다소 의외의 결과를 얻기도 했지만, 몰입의 여러 가지 긍정적 효과를 생각할 때 전체적으로 몰입을 경험하는 빈도는 우리가 기대했던 수준보다 낮았다.

학교는 학생을 금방 몰입시키는 짜임새 있는 활동을 개발하려는 노력을 많이 기울여야 한다. 학생에게 몰입 경험의 기회를 좀 더 많이 제공할 수 있는 방향으로 수업 내용을 체계화하는 것, 이것이 교육자에게 주어진 지상 과제라고 할 수 있다.

몰입을 비롯하여 여러 가지 심리적 특성에 대한 연구 분석을 통해, 미래를 낙관하고 스스로에 대한 자부심이 있고 실력 향상을 위해 어려운 일에 도전하는 인간을 길러내기 위해서는 청소년의 특정한 생활 영역을 조금 더 짜임새 있게 만들 필요가 있다는 점을 깨달았다.

사회적 지원으로 청소년의 직업 의식을 키울 수 있다

개인적 특질은 유전으로 물려받기도 하지만 가정, 친구, 지역 사회, 학교의 사회적 지원에 의해 가꾸어지기도 한다. 이런 모든 환경이 더해져서 청소년의 직업 의식 발달에 영향을 준다. 낙천적이고 자부심이 강하고 몰입을 유발하는 활동에 꾸준히 참여하는 학생도 가정이나 학교의 지원을 제대로 받지 못하면 자기가 기대했던 대학에 못 가는 수가 있다. 부모로부터 격려를 받고 재능이 있는 학생도 학교가 경쟁률이 치열한 대학에 들어가는 데 필요한 엄격한 수업 관리를 못 하거나 대학 입학에 필요한 시의적절한 정보를 제공하지 못하면 역시 원하는 대학에 못 들어갈 수 있다.

남녀, 계급, 인종의 극복

남자나 여자로 태어나는 것, 소수민 집단에 속하는 것, 부유하거나 가난한 부모 밑에서 자라는 것. 이 모든 것이 젊은이가 장래에 대해서 품는 생각에, 또 자신의 꿈을 현실로 만들기 위해서 가져야 한다고 생각하는 사회·경제적 자원의 성격에 영향을 미친다.

몇십 년 전만 하더라도 여자는 고등학교를 나오면 결혼을 해서 가정을 꾸리는 것이 정상이었고, 직업을 가지는 것은 예외적인 경우에 속했다(쿤츠 1992). 하지만 요즘 여학생의 의식은 예전과는 판이하게 달라졌다(슈나이더, 스티븐슨 1999). 취직을 할 것이냐 결혼을 할 것이냐로 고민하는 여학생은 찾아보기 어렵다. 남학생이든 여학생이든 배우자가 일을 하고 가사 분담을 하는 것을 당연시하는 풍조가 자리잡았다.

남녀, 인종, 계층을 막론하고 대부분의 청소년은 취직을 하고 결혼을 하고 아이를 낳고 예순다섯 정도가 되면 은퇴하는 그런 생활을 기대한다.

여학생은 남학생보다 일반적으로 학교 성적이 좋기 때문에 대학 진학도 한결 유리하다. 여자라고 해서 대학에 입학할 때 불이익을 당하는 일은 없다. 오히려 명문 대학에는 여학생의 수가 더 많다. 여학생도 남학생처럼 전문직을 가지고 싶어한다. 이들의 꿈이 모두 실현된다면 앞으로 우주 비행사도, 기업체 사장도, 대통령도 남녀가 골고루 하게 될 것이다.

또한 인종으로 말미암아 교육과 직업 선택에서 거듭되는 불이익을 당하지는 않는 것으로 보인다. 대부분의 청소년은 가정 환경과는 상관 없이 최소한 4년제 대학은 졸업하고 의사, 변호사, 기업인 같은 고소득 직종을 택하겠다는 꿈을 갖고 있다. 소수민 집단 학생의 꿈은 단순히 꿈으로 그치는 것이 아니다. 고등학교 성적과 집안 형편이 엇비슷할 경우 아프리카 아메리칸 학생이 백인 학생보다 4년제 대학에 더 많이 들어간다.

청소년의 장래 포부는 남녀, 인종, 계급과는 상관없이 엇비슷하게 나타나지만 고등학교를 졸업하고 막상 택하는 진로는 가정 형편이나 동네의 사회·경제적 지위에 따라 크게 달라지는 것으로 보인다. 집안 형편이 넉넉하지 못한 학생은 오히려 열심히 공부해서 대학에 들어가겠다는 생각을 더 많이 하지만 그런 의욕만 가지고 명문 대학에 들어갈 수 있는 것은 아니다. 형편이 어려운 학생은 2년제 대학을 더 많이 간다. 일단 2년제 대학에 들어가면 4년제 대학에서 학사 학위를 받을 가능성은 크게 줄어든다(애딜만 1994; 슈나이더, 스티븐슨 1999). 반면 유복한 환경에서 자란 학생은 명문 대학에 더 잘 들어간다.

가정 형편이 넉넉한 학생은 명문 대학에 더 많이 들어가지만 고등학교의 학과 수업에 대한 태도는 그리 긍정적이지 않다. 수업을 따분하다고 여기고 자신의 장래에 대해서도 별로 낙천적이지 않다. 학교 생활에 적극적으로 참여하지 않으며 활동 그 자체보다는 그것이 가져오는 결과에 더 큰 관심을 기울이는 경향을 보인다. 그런 학생일수록 학교 성적에 신경을 많이 쓰지만 그것은 학교 성적이 자신의 장래와 직결되어 있다고 믿고 있기 때문이다.

수험 과목은 거의 모든 학생이 따분해 하지만 좋은 성적을 받는 것은 부모의 학력이 높고 경제력이 있는 학생일수록 중요하게 여긴다. 부모가 경제적으로 뒷받침해 줄 수 있을 경우 성적만 좋으면—특히 같은 A라도 비중이 달라지는 상급반에서—명문 대학에 들어갈 가능성이 높아지기 때문이다. 학교 생활과 특정 과목에 대한 개인적 불만이 있더라도 집안 형편이 좋은 학생은 명문 대학에 들어가야 한다는 의식이 강하다. 그래서 상당한 심리적 부담을 감수하면서도 좋은 성적을 얻기 위해 노력한다.

부모의 직업이 하루 아침에 달라지는 것도 아니고 가난한 학생을 일일이 경제적으로 도울 수 있는 것도 아니다. 그러나 그렇다고 해서 사회·경제적 수준의 영향력이 절대적이라고 단정지어서는 안 된다. 열악한 환경에서 자란 학생의 명문대 진학률이 크게 떨어지는 것은 사실이지만 빈민가에서 자랐으면서도 명문대에 거뜬히 들어가는 학생도 있다. 사회·경제적 수준의 영향은 주로 가정 안에서 부모와 자식이 주고받는 대화, 그리고 고등학교가 학생의 형편과 재능을 고려하여 이끌고 조언하는 방향을 통해서 구체화되는 것으로 보인다.

가정에서 아이를 적극적으로 후원하고 자극하라

청소년이 성인으로 성장하는 과정에서 가정이 차지하는 역할은 미미하다는 연구가 얼마 전부터 주목을 끌고 있다(해리스 1998). 그러나 우리의 연구는 청소년의 직업 의식이 발달하는 과정에서 가정은 여전히 중요한 역할을 한다는 증거를 발견했다. 청소년은 가정에서 소외감을 느낀다는 통념이 퍼져 있음에도 불구하고 대부분의 청소년은 부모를 사랑하고 장래 진로를 선택할 때 부모의 격려와 후원에 의존한다.

우리가 조사한 학생은 거의 모두 부모가 자기를 사랑하고 보살펴준다고 생각했다. 하지만 책임 있는 행동을 할 수 있는 기회를 주지 않으면서, 최선을 다할 수 있도록 채찍질하지 않으면서, 성과를 올려도 알아주지 않으면서 단순히 보살피고 사랑하는 것만으로는 만족스러운 결과가 나오지 않는다. 가정에서 거는 기대가 크고 부모가 어엿한 어른처럼 대접해 주는 학생은 좋은 대학에 들어갈 확률이 높다.

종래의 사회학 이론에서는 부모가 공부에 거는 기대가 아이가 어른이 되어서 사회적으로, 경제적으로 성공을 거두는 데 중요한 역할을 한다고 보았다(블라우, 던컨 1967; 슈얼, 하우저 1975). 우리가 조사한 부모의 대부분은 형편이 넉넉하건 넉넉하지 않건 자식이 대학은 나오기를 바랐다. 학생처럼 부모도 최소한 4년제 대학은 졸업해야 한다고 믿었다. 이것은 미국 전국을 대상으로 실시한 조사 결과와 맞아떨어지는 내용이다(그린 등 1995). 그렇다면 부모가 자식의 장래를 설계하는 데 기여할 수 있는 다른 방법은 없을까?

학부모를 학교 프로그램에 끌어들여 학생의 교육에 참여시키는 방향으로 교육을 개혁하는 학교가 늘어나고 있는 추세지만(미국 교육부 1994) 우리가 한 조사에서는 부모가 자식과 집에서 대화를 많이 갖는 것이야말로 아이의 학업과 직업 선택을 진정으로 도울 수 있는 길로 드러났다.

직업, 장래, 대학을 놓고 부모와 나누는 대화는 모든 청소년에게 중요하다. 학교 생활에 대해서 자식과 대화를 나누는 부모는 어른으로서 터득한 값진 경험을 들려줄 수 있을 뿐 아니라 부모가 요즘 세대를 이해하려는 마음의 자세가 되어 있다는 사실을 자식에게 심어줄 수 있다.

자식이 운전 면허를 딸 때까지 키웠으면 부모의 도리는 다한 것이라고 생각하면 곤란하다. 우리의 연구는 젊은이가 진로를 정하는 데 가정이 지속적으로 중요한 역할을 한다는 사실을 보여준다. 부모는 자식의 생활에 덜 개입해야 하는 것이 아니라 더 개입해야 한다. 어른의 직업 세계에 대해서 자주 대화를 나누어야 한다. 부모는 자식의 재능과 관심이 무엇인지 알아내야 할 의무가 있다. 그리고 그런 관심이 실생활과 연결될 수 있는 길을 찾으려고 노력해야 한다.

부모의 가장 중요한 역할 가운데 하나는 학업과 직업의 기회에 대해서 자식이 접할 수 있는 기회를 만들어주는 것이다. 한 가지 방법은 자식이 흥미를 가진 분야에서 인턴이나 사원을 뽑는 회사가 부근에 없는지 알아보는 것이다. 자식이 사진에 흥미를 느낄 경우 사진 전시회를 데리고 가는 것만으로는 부족하다. 부모는 동네 사진점이나 지방 신문사에서 인턴으로 직접 현장 경험을 해볼 수 있는 기회를 주선하는 방법으로 자식의 관심을 살려주어야 한다.

지역 사회가 보유한 자원으로 '기회'를 제공하기

지역 사회는 청소년이 어른의 직업 세계를 체험할 수 있는 엄청난 자원을 제공한다. 사회·경제적 수준이 높은 지역에서 자라는 청소년에게는 돈을 받고 생산적인 일을 해볼 수 있는 기회가 많이 돌아온다. 학교는 지역 사회와 손을 잡고 병원, 데이터 처리 회사, 관공서에서 학생이 인턴으로 일할 수 있는 기회를 가급적 많이 주선하려고 노력한다. 책임이 많이 따르고 신경을 많이 써야 하는 일에 대해서는 돈을 지급하기도 한다.

부유한 동네에 사는 한 고등학교 졸업반 학생은 영화를 만드는 데 뛰어난 재질을 보였다. 학교는 이 학생이 관공서에서 이루어지는 중요한 회의를 모두 촬영할 수 있는 기회를 주선해 주었고, 학생이 찍은 필름은 지방 텔레비전 방송에 실제로 방영되었다.

하지만 못 사는 동네에서 살아가는 학생의 처지는 많이 다르다. 주변에 변변한 사업체가 없기 때문에 일자리를 주선하고 싶어도 마땅한 자리가 없다. 이런 동네에서 얻을 수 있는 일이라고는 호텔에서 청소를 한다든가 영안실에서 접수를 본다든가 패스트푸드점에서 종업원으로 일한다든가 하는 것이 고작이다.

직업을 가진 어른이 그리 많지 않은 동네에서는 취업 기회에 관한 정보도 지극히 제한되어 있다. 일자리를 얻으려면 어디에 어떤 방법으로 지원해야 하고 면접을 할 때는 자기를 어떻게 소개해야 하는지 등에 대한 정보가 턱없이 모자라서 그만큼 불리하다. 이런 학생은 자기가 사는 동네 바깥으로 지원 범위를 넓히는 것이 어른의 직업 세계에 대한 지식을 습득하고 정식 직장에서 어른과 함께 일하는 경험을 쌓고 건전한 노동 윤리를 체득하는 데 도움이 될 것이다.

지역 사회가 보유한 자원은 대학 선택에도 영향을 미친다. 잘 사는 동네에 있는 학교를 다니는 학생은 2년제 대학보다 4년제 대학에 들어갈 확률이 훨씬 높다. 2년제 대학을 선호하게 만드는 한 가지 요인은 가까운 거리에 그런 대학이 있느냐 하는 것이다. 예를 들어 커뮤니티 칼리지를 가까운 곳에서 쉽게 찾을 수 있는 경우, 고등학교는 학생에게 2년제 대학으로 진학할 것을 적극 권장한다.

학생의 성적, 태도, 과목 선택, 부모의 학력 등을 종합하면 여유 있는 환경에서 자라는 학생일수록 4년제 대학에 많이 들어간다고 점칠 수 있다. 또 부모가 4년제 대학 이상을 나온 학생은 명문 대학에 더 많이 들어간다.

저소득 계층의 생활 수준을 끌어올리기 위한 정책을 입안해야 할 위치에 있는 사람들은 지역 사회의 자원이 부모에게 직접적인 경제적 혜택을 제공할 뿐 아니라 자녀에게도 암암리에 중요한 영향을 미친다는 사실을 인식해야 한다. 지역 사회가 보유한 자원과 청소년의 취업 기회는 맞물려 있다.

또 지역 사회는 대학 선택에도 직접적인 영향을 미칠 수 있다. 이것은 간과해서는 안 될 중요한 사실이다. 2년제 대학에 우선 들어간 다음 나중에 4년제 대학으로 옮긴다는 것이 말처럼 쉬운 일은 아니기 때문이다 (슈나이더, 스티븐슨 1999).

또래 집단과는 생산적인 활동을

청소년은 당연히 끼리끼리 어울리기를 좋아한다. 노인은 가까운 한두 명의 친구와 지내기를 좋아하지만 청소년은 많은 친구와 어울리기를 좋아하는 경향이 있다. 친구들과 같이 즐겁게 지내다 보면 시간 가는 줄을 모른다고 말하는 학생이 많지만 이런 교우 관계가 장래 목표와 연결된 것처럼 보이지는 않는다. 쇼핑몰에서 노닥거리면서 피자를 먹거나 친구 집에서 음악을 들으면서 서로에 대해서 여러 가지 이야기를 나눌 수는 있겠지만 이런 대화를 통해서 장래에 대한 생각을 굳히는 것 같지는 않다.

친구들과 슬렁슬렁 보내는 시간은 즐겁기는 하지만 개인적 어려움을 극복하는 데 필요한 강한 사회적 결속력을 청소년에게 제공하는 것처럼 보이지는 않는다(슈미트 1998). 반면 학교 안이나 학교 바깥에서 좀 더 짜임새 있게 이루어지는 활동은 학생의 직업 목표에 확실히 긍정적인 영향을 미친다. 동아리 활동에 적극적으로 참여하면서 모임을 주도하는 학생은 고등학교를 졸업한 다음에 무엇을 하겠다는 목표 의식이 다른 학생에 비해 뚜렷한 편이다. 학교 안에서 이루어지는 동아리 활동은 장래에 대해서 생각할 수 있는 소중한 기회를 학생에게 준다.

미래에 도움이 되는 교과 내용과 새로운 수업 방식의 필요

고등학생은 학교 수업을 대체로 불만스럽게 여기는 것으로 나타났다. 선생님의 강의를 따분하게 여기면서 건성으로 듣는 학생이 많다는 것은 특히나 심각하다. 앞으로 사회가 점점 필요로 하는 것은 창조성과 독창성을 가진 똑똑한 젊은 일꾼인데 학교 현실은 그런 방향과는 동떨어진 쪽으로 나아가고 있기 때문이다. 교사의 강의를 따분하게 받아들이는 학생도 집단 과제가 주어졌을 때는 적극적으로 동참한다. 실제로 기업에서 요구하는 것도 이런 집단 과제 해결 능력이지만 고등학교 교과 과정에서는 집단 활동이 차지하는 비중이 미미하다.

학생이 선택하는 과목은 대학 진학에 직접적인 영향을 미치는 것으로 보인다. 과학과 수학의 고급 과정을 듣는 학생은 경쟁률이 높은 대학에 들어갈 가능성이 높다. 많은 학생이 4년제 대학에 들어가겠다는 목표를 가지고 있으면서도 정작 그런 목표를 달성하는 데 필요한 과목에 투자하는 시간은 너무나 적다. 일주일에 수학, 영어, 과학, 역사를 모두 합해서 평균 3시간도 채 공부하지 않는다.

학생 개인의 역량을 고려한 직업 상담

학생이 고등학교에서 받는 상담은 대부분 대학 진학에 초점이 맞춰져 있다고 해도 과언이 아니다. 학생의 학업 능력이 떨어지는 가난한 동네에 있는 고등학교도 대학 진학에 중점을 두고 학생을 지도한다. 직업 교육은 유명무실하다. 기계 제도, 전기, 보건 같은 응용 과목을 듣는 학생도 기본적으로 대학 진학에 관심이 있다. 직장과 고등학교의 연계를 강화해야 한다는 말은 고등학교를 나온 뒤에 바로 직장에 들어가는 학생을 염두에 두고 쓰이는 말이 아니라 대학을 나온 뒤에 가질 수 있는 다양한 직업의 가능성을 학생들이 많이 접할 수 있는 기회를 주어야 한다는 맥락에서 쓰이는 말이다.

많은 학생을 학교에 남아 있게 하는 것은 직업 교육이 있기 때문이라는 주장도 있다(애럼 1998). 하지만 직업 교육을 실제로 받는 학생의 수는 많지 않다. 가령 전교생이 3,500명인 한 고등학교에서 직업 교육을 받는 학생은 124명에 불과했다. 이 학교의 졸업생 대부분은 커뮤니티 칼리지나 전문 직업 학교에 진학했다. 학생들은 일반 수험 과목보다는 실업 과목이 재미있다고 생각하지만 지적 호기심을 불러일으킨다고는 생각하지 않았다.

낮은 참여율과 지적 자극의 결여라는 문제 말고도 직업 교육을 하는 교사 자체가 학생에게 커뮤니티 칼리지에 들어갈 것을 권장한다는 점 때문에 문제는 더욱 복잡해진다. 교사는 학생에게 학생이 원하는 직업을 가지는 데 필요한 훈련을 커뮤니티 칼리지에서 제대로 받을 수 있다고 말한다. 직업 교육을 받는 학생을 위해 고등학교와 커뮤니티 칼리지가 어떤 건설적인 관계를 맺어야 할지에 대해서는 앞으로 깊은 연구가 필요하다.

학교에서는 직업 교육을 받으면서 졸업하고 난 다음에는 커뮤니티 칼리지에 들어가도록 권장받는 학생이 커뮤니티 칼리지에 들어가서 과연 공부를 제대로 따라갈 수 있을까?

일 년 동안의 연구에서 우리가 얻은 자료는 젊은이의 미래에 대해서 무엇을 암시할까? 첫째, 자신의 미래에 대해서 능동적이고 유연한 생각을 가진 학생은 대학 생활에 적응하는 능력, 그리고 불확실하고 급변하는 노동 시장에 탄력적으로 대응하는 능력이 뛰어나다(빌 1995). 앞으로는 더 많은 교육을 받고 더 많은 자격증을 따고 더 많은 훈련을 받아야 일자리를 얻을 수 있다. 어렵게 일자리를 얻었다 하더라도 직업의 안정성은 누구도 보장하지 못한다. 따라서 같은 조건이라면 미래에 대해서 낙천적이고 도전 정신을 가진 사람이 불안한 세상을 남보다 잘 헤쳐 나갈 수 있을 것이다.

둘째, 사회적 지원도 중요하지만 사회적 지원의 결여가 반드시 굴레로 작용하는 것은 아니다. 개인의 관심과 기량을 끌어올릴 수 있는 길은 다른 쪽에서도 찾을 수 있다. 가령 가정은 청소년이 인생을 설계하는 데 지속적으로 영향을 미치며 그 영향력은 어른이 될 때까지 점점 커진다고 볼 수 있다. 고등학교에서 철저한 수업을 받고 공부 외의 활동에 활발하게 참여하며 의미 있는 아르바이트를 해본 경험은 나중에 직업을 갖는 데 필요한 지식과 실력을 닦아나가는 데 큰 도움이 된다.

젊은 세대는 지난 세대에 비해 지적 능력을 키우는 데 더 많은 투자를 해야 21세기가 요구하는 유능한 직업인이 될 수 있다. 전문직을 희망하는 학생이든 비전문직으로 나아가려는 학생이든 지적 소양은 똑같이 중요하다는 사실을 간과해서는 안 된다.

교육 정책에 반영되어야 할 것들

이런 결과가 교육 당국에 시사하는 바는 무엇일까? 교육 상담은 학생의 특성을 특정한 직업과 짝짓는 수준에 만족해서는 안 되고 급변하는 시대를 헤쳐나갈 수 있도록 유연한 태도, 창조적인 문제 해결 능력, 건전한 가치관을 육성하는 데 중점을 두어야 한다.

이런 목표는 상담 교사 혼자의 힘만으로는 달성할 수 없고, 학교는 물론 부모와 지역 사회가 다 같이 노력해야 한다. 상담 교사는 직장의 현실이 어떻고 직장이 요구하는 바가 무엇인지, 장래의 기회를 활용하기 위해서 청소년이 어떤 전략을 가지고 임해야 하는지 등에 관한 정보를 교장·교사·학부모·교재 개발 전문가에게 제공하는 역할을 맡아야 할 것이다.

우리는 다음과 같은 사항을 권고한다.

1. 창조성, 유연성, 감수성을 계발하는 데 역점을 두고 고등학교 과목을 개편한다. 앞으로는 여러 분야를 넘나들 수 있는 능력, 다양한 주제에서 공통성을 포착할 수 있는 능력, 분석할 수 있을 뿐 아니라 종합할 수 있는 능력이 중요해진다. 이런 능력을 가진 젊은이만이 시장 상황이 변하더라도 큰 탈 없이 자기 변신을 할 수 있을 것이다. 그렇지만 이런 공부는 어디까지나 개인적 책임과 사회적 책임을 강조하는 맥락 속에서 이루어져야 한다.

2. 수험 과목의 비중을 지금보다 늘리되 학생의 관심을 유발할 수 있는 수

업 기법을 개발하도록 일선 학교에 촉구한다. 다른 나라에 비해 미국 학교는 수험 과목에 배정된 시간이 너무 적다. 뿐만 아니라 수업 분위기도 산만하기 이를 데 없다. 교사의 일방적 설명이나 시청각 학습 같은 수동적 강의 형식에서 탈피하여 집단 과제를 제시하는 형태로 수업 방식을 개편하여 학생의 적극적 참여를 유도해야 한다. 학생들은 여럿이 모여서 하는 공부를 즐거워한다. 물론 시험이나 개인 과제에도 중점을 두어야 한다.

3. 고등학교의 산학 연계 프로그램을 개편하여 앞으로 유능한 직업인이 되려면 끊임없이 훈련하고 공부해야 한다는 사실을 학생 스스로 깨닫도록 만들어야 한다. 고등 교육은 평생에 걸쳐 이루어져야 한다. 이것은 전문직뿐 아니라 생산직에도 두루 적용되는 원칙이다. 앞으로의 노동 시장이 갖게 될 성격을 한마디로 정의한다면 그것은 안정이 아니라 변화다. 죽을 때까지 항상 배우며 살아갈 수 있는 열정을 청소년에게 불어넣어야 한다. 배움과 일은 오락이나 소비보다 유익하고 자극적이며 즐겁다는 인식을 심어주어야 한다.

4. 내재적 의욕을 북돋고 단순히 좋은 성적을 얻기 위해서가 아니라 하는 일 자체에서 즐거움을 얻도록 가르쳐야 한다. 도전을 극복하기 좋아하는 학생은 어른이 되어서도 어려운 상황을 잘 헤쳐나갈 것이다. 남보다 한 발 앞서 기회를 잡고 새로운 작업 방식을 찾고 불투명한 답을 가진 문제를 해결하기 위해 노력하고 그런 노력에 타인을 동참시키는 데 탁월한 능력을 발휘할 것이다. 이것은 미래의 직업인에게 각별히 요구되는 자질이다.

5. 시간을 보내는 방식이 장래의 직업과 어떤 관련이 있는지 명확히 한다. 요즘 청소년은 당장 보상이 오는 것도 아니고 그렇다고 해서 나중에 보상이 오는 것도 아닌, 해도 그만이고 안 해도 그만인 활동에 너무 많은 시간을 빼앗긴다. 절도 있는 생활 습관을 몸에 익힌 청소년은 기회가 왔을 때 그것을 잘 이용할 줄 알며 기회가 없을 때는 자기 스스로 그것을 만들어낼 줄 안다.

교사, 학부모, 상담 교사는 시간을 헛되이 보내는 것(텔레비전을 보거나 친구들과 노닥거리는 것)이 장래 직업 선택에 얼마나 불리한지를 기회 있을 때마다 강조해야 한다. 일 같지도 않고 놀이 같지도 않은 활동에 아이가 많은 시간을 빼앗김으로써 점차 무력감에 젖는 일이 없도록 미리 잘 이끌어야 한다. 이 점에서 부모의 모범과 주변 어른의 본보기는 무척 중요하다.

6. 불리한 환경에서 자라는 청소년에게는 놀이 같은 경험을 할 수 있는 활동의 기회를 자꾸 마련해 준다. 자기의 삶을 놀이에 가깝게 보는 학생은 좋은 대학에 갈 확률이 높다. 어른에게뿐 아니라 청소년에게도 놀이가 중요하다는 것은 세삼스러운 이야기가 아니지만 급변하는 미래의 노동 시장에서는 놀이 의식이 더욱 중요해진다. 아이는 놀이 감각을 통해 자발성과 창조성을 기를 수 있다. 이것은 자신감과 학력 증진에도 도움이 된다. 그렇지만 재정 부족으로 청소년에게 건전한 놀이 경험을 할 수 있는 기회를 충분히 제공하지 못하고 있는 것이 오늘의 현실이다.

7. 부모가 자녀의 생활에 적극적으로 개입한다. 부모는 자녀가 학교 밖에

서 보내는 시간이 지식과 실력 습득을 위한 다양한 기회를 제공한다는 점을 이해해야 한다. 그러기 위해서는 부모가 자식의 관심이 무엇인지를 파악하여 변함없는 격려를 하면서도 너에게 거는 기대가 크다는 것을 알려야 한다. 이런 식으로 관심을 유지하려면 많은 시간과 정성을 들여야 하지만 부모의 이런 노력이 없으면 청소년은 자기의 잠재력을 깨닫는 데 어려움을 느낄 것이다.

젊은이가 학교를 나와서 제몫을 하는 성인으로 자라나기까지의 과정에서 가장 중요한 것은 비단 공부에서뿐 아니라 인생 전반에서 호기심과 흥미를 잃지 않는 것이다. 이것은 결코 만만한 일이 아니다. 지금 학교는 학생을 그와 정반대의 길로 이끌고 있다. 호기심을 죽이고 냉소와 무관심으로 몰고간다. 자기가 하는 일이 시간 낭비라는 생각만은 절대로 갖지 말게 해야 한다. 청소년에게 가장 필요한 것은 추구할 만한 매력을 가진 목표와 거기에 도달할 수 있는 실력이다.

권태와 타성을 깨는 최선의 무기는 부지런함과 즐거움이다. 자발적으로 지식을 추구하고 동아리 활동에 참여하는 내재적 의욕을 개발한 학생은 일 그 자체를 즐기는 요령을 배운다. 열심히 일하고 열심히 놀 줄 아는 학생은 배움에 적극적이다. 그들은 도전을 극복하는 데서 희열을 느낀다. 시련이 닥쳐도 낙오자와 실업자의 대열에 합류하는 것이 아니라 당당히 이겨내어 더욱 높은 고지로 올라선다.

미래에 대비한 가장 확실한 보험은 실력 있고 열정적이며 목적 의식이 뚜렷한 젊은이로 지금의 세대를 키워나가는 것이다.

becoming
ADULT

부록

지역 설명

베이사이드는 인구 밀도가 높고 인종 분포가 다양한 중서부 지역의 한복판에 있는 대도시의 동네다. 베이사이드 고등학교의 학생 수는 약 1,200명이며 대다수는 히스패닉계다. 도심에 있는 학교가 보통 그렇지만 이 학교도 학교를 그만두는 학생이 많고 출석률도 좋지 않다. 베이사이드 고등학교는 도시 전 지역에서 학생을 받지만 우리가 조사한 두 곳의 베이사이드 지역 초등학교는 동일 학군에 거주하는 학생들만 받았다. 두 초등학교에는 6학년, 7학년, 8학년이 있었고 주로 히스패닉계 학생이 다녔다.

베턴은 미국 중서부의 제조업 중심지로 오래 전부터 알려진 도시다. 우리는 노던 힐스 학군에 있는 초등학교, 중학교, 고등학교를 한 곳씩 조사했다. 노던 힐스 학군은 거주 학생의 3분의 2가 아프리카 아메리칸이고 우리가 조사한 세 학교는 서로 2킬로미터도 떨어지지 않은 거리에 있었다. 노던 힐스 고등학교는 학생 수가 1,700명이며 대부분 중산층 자녀다.

퀴리 과학고등학교는 미국 북동부의 대도시에 있으며 우수한 학생들이 몰려드는 수학·과학 영재 학교다. 주변은 가난한 동네지만 학교는 격리되어 있으며, 이 도시에 거주하는 다양한 학생들을 받아들인다. 주변 동네에는 주로 아프리카 아메리칸과 히스패닉이 살지만 퀴리 고등학교 학생은 대개 아시아인이나 백인이다. 공립 학교이긴 하지만 입학 시험을 치러 학생을 선발한다. 퀴리는 미국에서 열 손가락 안에 드는 명문 학교다.

시더 학군은 중서부의 한 소도시와 인근 거주 구역을 통괄한다. 이 학군에는 블루칼라가 많이 사는데 최근 제조업이 침체되면서 지역 경제 사정이 안 좋아졌다. 시더 고등학교에는 모두 1,400명이 다니는데 백인이 압도적으로 많은 이 도시에서 아주 예외적으로 이 학교만큼은 인종 분포가 다양하다. 우리는 같은 학군 안에 있는 초등학교 한 곳과 시더 고등학교에 졸업생을 많이 보내는 중학교 한 곳도 조사했다.

센트럴 시티는 지난 10년 동안 경기가 약간 안 좋아진 중서부의 대도시다. 센트럴 시티 학군은 1970년대 중반 인종 통합 정책의 결과로 만들어진 학군이다. 오더본 아카데미는 전에는 아프리카 아메리칸이 주로 다니던 학교였지만 지금은 대학 예비 학교다. 학생들의 구성은 인종 통합의 원칙에서 벗어나지 않아야 한다. 학생 선발 기준은 성적, 시험, 교사의 추천이다. 우리는 센트럴 시티에 있는 세 곳의 공립 학교도 조사했다. 루스벨트 고등학교와 이 학교에 학생들을 많이 보내는 두 중학교였다. 루스벨트 고등학교의 학생 구성을 보면 약 50퍼센트가 아프리카 아메리칸이며 중산층 자녀가 압도적으로 많다.

미국의 20대 도시 안에 드는 동부의 **크리스털 포트**는 미국에서 아프리카 아메리칸의 비율이 가장 높은 도시 가운데 하나다. 크리스털 포트의 경제는 주로 서비스업 중심이며 1980년대 이후 인구가 점점 줄고 있다. 마셜 고등학교와 이 학교에 학생을 많이 보내는 한 중학교는 도심에 있다. 두 학교의 학생 구성을 보면 아프리카 아메리칸이 압도적으로 많다. 개교 당시에는 아프리카 아메리칸들 사이에서 명문으로 꼽혔지만 경기 침체 등 여러 가지 요인이 겹쳐 학교 주변 분위기가 안 좋아지면서 지금은 '크리스털 포트에서 가장 똥통 학교'로 지목되고 있다. 고등학교와 중학교 모두 출석률 저조와 학내 안전 문제로 골머리를 앓고 있다.

서부에 있는 인구 50만의 **델 비스타**는 지난 20년 동안 남아시아와 태평양 일원의 인구가 유입되면서 급성장했다. 정밀 제조 산업이 발전했지만 정부 발주 물량이 급격히 줄어들면서 이 지역의 경기는 침체되었다. 그러나 델 비스타는 미국의 75개 대도시 중에서 다섯 번째로 생활비가 비싼 곳이다. 델 비스타 고등학교의 학생 수는 약 3,600명이며 이 중 절반 이상이 도심에 살면서 버스 통학을 한다. 고등학교와 두 곳의 중학교 모두 학생 중 상당수가 영어를 능숙하게 구사하지 못한다.

그로브 고등학교와 자매 중학교는 미국 남동부의 **펠드노**라는 도시 부근에 있다. 중도시인 펠드노에는 여러 개의 가족 놀이 공원이 있다. 이 지역 경제의 견인차는 관광 산업이다. 펠드노는 1980년대부터 급성장했다. 펠드노 인구의 80퍼센트는 백인이다. 그로브 고등학교와 자매 중학교의 학생 수는 1980년대부터 늘어났으며 학생 구성은 도시 전체의 인구 구성과 비슷하다.

포리스트 블러프는 점점 커지는 도시 외곽의 백인 거주 지역이다. 주민은 거의 다 백인이고, 평균 소득은 보통 미국 가정의 두 배가 넘는다. 포리스트 블러프 고등학교는 이 지역 유일의 고등학교이며 규모나 시설면에서 작은 대학과 비슷하다. 두 곳의 자매 중학교도 깨끗하고 현대적이며 재학생들의 성적도 좋은 편이다.

메이플 우드는 미국 중서부 한 도시 외곽의 중상류층이 주로 사는 지역이다. 역사가 오래된 만큼 도시와의 거리도 가까워서 메이플 우드는 대부분의 교외 지역과는 달리 도회적 분위기를 물씬 풍긴다. 출퇴근 시간이 짧기 때문에 화이트컬러 직장인들이 이곳을 선호한다. 메이플 우드는 주민의 인종적, 민족적, 경제적 구성이 알맞게 조화를 이룬, 이 지역에서 몇 안 되는 동네의 하나다. 메이플 우드 학군은 미국 최고의 학군으로 손꼽힌다. 우리는 학생 수 3,000명의 메이플 우드 고등학교와 자매 중학교 한 곳, 같은 학군 안에 있는 초등학교 두 곳을 조사했다.

메타와는 1980년대부터 경제적으로 상당히 안정된 중서부의 농촌 지역에 있는 읍이다. 이곳 주민의 직업은 다양하다. 화이트컬러 전문직도 있고 기술직도 있다. 학생 수 1,300명의 메타와 고등학교는 225평방마일의 넓은 지역으로부터 학생을 받는다. 우리는 메타와의 유일한 공립 중학교와 6개 초등학교 가운데 한 곳도 조사했다.

미들 브룩은 미국 북동부 한 도시의 교외에 위치한 비교적 여유 있는 계층이 모여사는 동네다. 1980년대 후반부터 고학력 이민자들이 많이 이곳으로 유입되었는데 이들은 인접한 도시에서 대개 사무직으로 일한다. 우리가 조사한 미들 브룩 고등학교와 자매 중학교에는 주로 백인 학생이 다니지만 전체 학생의 약 3분의 1이 집에서 쓰는 말은 영어가 아니다.

EMS 조사지

날짜_____ 연락받은 시각____오전/오후   응답한 시각____오전/오후

연락을 받았을 때

어디 있었습니까?_____

무슨 생각을 했습니까?_____

주로 어떤 일을 하고 있었습니까?_____

그밖에 무슨 일을 하고 있었습니까?_____

당신이 주로 하던 일은

일 같았다( ) 놀이 같았다( ) 둘 다였다( ) 둘 다 아니었다( )

	전혀	매우
어느 정도 집중하고 있었습니까?		0 1 2 3 4 5 6 7 8 9
남들의 기대에 부응하고 있었습니까?		0 1 2 3 4 5 6 7 8 9
집중하기가 어려웠습니까?		0 1 2 3 4 5 6 7 8 9
남의 눈을 의식했습니까?		0 1 2 3 4 5 6 7 8 9
자기한테 좋은 감정을 느꼈습니까?		0 1 2 3 4 5 6 7 8 9
하던 일을 즐겁게 했습니까?		0 1 2 3 4 5 6 7 8 9
자신의 기대에 부응하고 있었습니까?		0 1 2 3 4 5 6 7 8 9
일이 당신 뜻대로 되었습니까?		0 1 2 3 4 5 6 7 8 9

당신이 주로 하던 일을 한 이유는

　하고 싶었기 때문이다 (　)

　해야만 했기 때문이다 (　)

　달리 할 게 없었기 때문이다 (　)

연락을 받았을 때 당신의 기분을 적어보세요.

	아주	꽤	약간	모두아님	약간	꽤	아주	
행복하다	○	○	○	○	○	○	○	우울하다
나약하다	○	○	○	○	○	○	○	강하다
수동적이다	○	○	○	○	○	○	○	능동적이다
외롭다	○	○	○	○	○	○	○	사회적이다
부끄럽다	○	○	○	○	○	○	○	자랑스럽다
어울리고 있다	○	○	○	○	○	○	○	한발 물러서 있다
들떴다	○	○	○	○	○	○	○	따분하다
머리가 맑다	○	○	○	○	○	○	○	어수선하다
걱정스럽다	○	○	○	○	○	○	○	편안하다
경쟁적이다	○	○	○	○	○	○	○	협동적이다

당신은 누구와 함께 있었습니까?

( ) 혼자　　　　( ) 선생님　　　　( ) 친구와 같이 있었다면

( ) 엄마　　　　( ) 급우, 또래　　　　친구 이름을 적어주세요.

( ) 아빠　　　　( ) 모르는 사람

( ) 형제　　　　( ) 친구 몇 명?

( ) 친척　　　　　남자 ( ) 여자 ( )

( ) 기타_____

주로 하던 활동에 대해서 가졌던 생각을 적어주세요.

	낮다　　　높다
활동의 난이도	1 2 3 4 5 6 7 8 9
당신의 실력	1 2 3 4 5 6 7 8 9

	전혀　　　매우
이 활동은 당신에게 중요했습니까?	1 2 3 4 5 6 7 8 9
이 활동이 어려웠습니까?	1 2 3 4 5 6 7 8 9
하던 일을 성공적으로 마쳤습니까?	1 2 3 4 5 6 7 8 9
다른 일을 하고 싶었습니까?	1 2 3 4 5 6 7 8 9
이 활동이 흥미로웠습니까?	1 2 3 4 5 6 7 8 9
미래의 목표를 이루는 데 중요했습니까?	1 2 3 4 5 6 7 8 9

당신이 선택할 수 있다면

누구와 함께 있겠습니까?_____

무엇을 하겠습니까?_____

마지막 연락을 받고 나서 다음 활동을 했습니까?(가장 가까운 시간에 동그라미)

(안 했으면 0에다 동그라미를 치세요.)

TV 시청	0	1/4	1/2	3/4	1	1 1/4	1 1/2	1 3/4	2시간
잡일, 심부름	0	1/4	1/2	3/4	1	1 1/4	1 1/2	1 3/4	2시간
유급 노동	0	1/4	1/2	3/4	1	1 1/4	1 1/2	1 3/4	2시간
친구들과 어울리기	0	1/4	1/2	3/4	1	1 1/4	1 1/2	1 3/4	2시간
숙제	0	1/4	1/2	3/4	1	1 1/4	1 1/2	1 3/4	2시간

당신의 기분에 영향을 미쳤을 수 있는 어떤 일을 당했거나 어떤 일을 했습니까?

하고 싶은 말은?_____

변수 목록과 설명

1. 종속 변수

운동 아닌 방과후 활동 체육이 아닌 학내의 9가지 활동 범주에 참여하는 정도를 토대로 0점에서 9점까지 평가.

학내 문제 학교가 요구하는 규율의 6가지 범주에서 학생이 경험하는 어려움의 정도를 바탕으로 0점에서 24점까지 평가.

직업 지식 점수 다양한 직업과 노동 관련 용어에 대한 지식을 묻는 OX 문항들을 토대로 환산한 래시 점수. 생산직과 기술직에 관한 주제(가령 "도제는 노련한 선배 사원 밑에서 업무를 배우는 신입 사원을 말한다")부터 전문직에 관한 주제(가령 "변호사는 주로 법정에서 시간을 많이 보낸다")까지 광범위한 분야를 건드린다. 비공식 경제 분야에 관한 질문은 항목에 포함시키지 않았다.

진학 예상 "지금 상황으로 보았을 때 앞으로 학교를 어디까지 다닐수 있을 것 같습니까?"라는 질문에 대해 다음과 같은 응답 범주를 제시했다. 1 = 고등학교를 못 마친다, 2 = 고등학교만 마친다, 3 = 2년제 직업·기술·상업 학교, 4 = 2년제 이상의 직업·기술·상업 학교, 5 = 2년제 대학을 못 마친다, 6 = 2년제 이상의 대학을 마친다, 7 = 학사, 8 = 석사에 준하는 학위, 9 = 박사에 준하는 학위.

직업 예상 응답자가 처음 가질 것으로 예상하는 직업의 던컨 사회경제 지수 점수. "(학교를 마치고) 앞으로 무슨 일을 할 것 같은가?"라는 질문에 대한 응답을 미국 인구 조사 정밀 직업 범주에 준하여 기록했다. 던컨 사회 경제 지수 점수를 인구 조사 직업 범주 안으로 집어넣었다. 경우에 따라서는 직업 범주 자체를 이용하기도 했다.

경험의 질을 측정하는 ESM 변수 원점수 말고도 모든 경험 변수의 질에 대해 개인 수준의 표준점수를 계산했다. 주어진 항목에 대한 개인의 일주일 평균치를 0으로 본다. 0 위아래의 점수는 그 사람의 개인 평균치에서 얼마나 벗어나 있는지를 보여준다.

집중력 "어느 정도 집중하고 있었습니까?"라는 질문을 던지고 응답은 0점에서 9점까지의 척도로 기록.

남들의 기대에 대한 부응 "남들의 기대에 부응하고 있었습니까?"라는 질문을 던지고 응답은 0점에서 9점까지의 척도로 기록.

집중의 용이도 "집중하기가 어려웠습니까?"라는 질문을 던지고 응답은 0점에서 9점까지의 척도로 기록.

자기에게 느끼는 감정 "자기한테 좋은 감정을 느꼈습니까?"라는 질문을 던지고 응답은 0점에서 9점까지의 척도로 기록.

즐거움 "하던 일을 즐겁게 했습니까?"라는 질문을 던지고 응답은 0점에서 9점까지의 척도로 기록.

자신의 기대에 대한 부응 "자신의 기대에 부응하고 있었습니까?"라는 질문을 던지고 응답은 0점에서 9점까지의 척도로 기록.

상황에 대한 통제 "일이 자기 뜻대로 되었습니까?"라는 질문을 던지고 응답은 0점에서 9점까지의 척도로 기록.

행복하다 행복을 평가하는 7점 척도 응답.

강하다 강인함을 평가하는 7점 척도 응답.

능동적이다 능동성을 평가하는 7점 척도 응답.

사회적이다   사회성을 평가하는 7점 척도 응답.

자랑스럽다   자부심을 평가하는 7점 척도 응답.

어울리고 있다   어울림을 평가하는 7점 척도 응답.

들떴다   흥분을 평가하는 7점 척도 응답.

머리가 맑다   맑음을 평가하는 7점 척도 응답.

편안하다   편안함을 평가하는 7점 척도 응답.

협동적이다   협동성을 평가하는 7점 척도 응답.

과제의 수준   활동의 난이도를 평가하는 9점 척도 응답.

기량의 수준   실력을 평가하는 9점 척도 응답.

개인적 중요성   "이 활동은 당신에게 중요했습니까?"라는 질문을 던지고 응답은 1점에서 9점까지의 척도로 기록.

난이도   "이 활동이 어려웠습니까?"라는 질문을 던지고 응답은 1점에서 9점까지의 척도로 기록.

성공 "하던 일을 성공적으로 마쳤습니까?"라는 질문을 던지고 응답은 1점에서 9점까지의 척도로 기록.

불만 "다른 일을 하고 싶었습니까?"라는 질문을 던지고 응답은 1점에서 9점까지의 척도로 기록.

흥미 "이 활동이 흥미로웠습니까?"라는 질문을 던지고 응답은 1점에서 9점까지의 척도로 기록.

장래에서 차지하는 비중 "미래의 목표를 이루는 데 중요했습니까?"라는 질문을 던지고 응답은 1점에서 9점까지의 척도로 기록.

활동의 이유 "(주로 하는 활동을) 왜 하고 있습니까?"에 대한 응답.

    1 = 하고 싶으니까

    2 = 해야만 하니까

    3 = 달리 할 게 없으니까

    4 = 해야만 하고, 하고 싶으니까

    5 = 하고 싶고, 달리 할 게 없으니까

    6 = 해야만 하고, 달리 할 게 없으니까

    7 = 전부

혼자 학생이 혼자였음을 나타내는 명목 변수.

ESM에서 얻은 혼합 변수 다음의 변수들 하나하나는 인자 분석을 통해 구성한 것이다. 각각의 변수는 앞에 적힌 요인에 해당하며 칙센트미하이 등이 수행한 여러 ESM 연구에서도 사용된 바 있다.

기분 '행복하다', '강인하다', '능동적이다', '사회적이다', '자랑스럽다' 같은 변수에서 나온 점수들의 평균값으로 계산한 신호 수준 측정치. 원점수와 표준점수에 대해 모두 계산했다.

비중 '과제의 난이도', '장래에서 차지하는 중요성', '나에게 있어서의 중요성' 같은 변수에서 나온 점수들의 평균값으로 계산한 신호 수준 측정치. 원점수와 표준점수에 대해 모두 계산했다.

자긍심 '남들의 기대에 대한 부응', '자신의 기대에 대한 부응', '나에게 느끼는 좋은 감정', '지금 하는 활동의 성공도', '상황에 대한 통제력' 같은 변수에서 나온 점수들의 평균값으로 계산한 신호 수준 측정치. 원점수와 표준점수에 대해 모두 계산했다.

잠재력 '강인하다', '능동적이다', '들떠 있다' 같은 변수에서 나온 점수들의 평균값으로 계산한 신호 수준 측정치. 원점수와 표준점수에 대해 모두 계산했다.

정서 '사회적이다', '자랑스럽다', '행복하다', '편안하다' 같은 변수에서 나온 점수들의 평균값으로 계산한 신호 수준 측정치. 원점수와 표준점수에 대해 모두 계산했다.

의욕 '즐겁다', '지금 하는 활동에 흥미가 있다', '지금 하는 일을 계속하고 싶다' 같은 변수에서 나온 점수들의 평균값으로 계산한 신호 수준 측정치. 원점수와 표준점수에 대해 모두 계산했다.

몰입, 불안, 이완, 무심 상태 과제와 기량의 측정치에 대한 표준점수를 토대로 구성한 신호 수준에서 계산한 명목 변수들. 각 변수마다 1은 신호가 갔을 때 그런 상태에 있었음을 가리키고, 0은 그런 상태에 있지 않았음을 가리킨다. 이런 상태들에 있었던 시간의 비율은 개인 수준에서 자료를 합산하여 계산할 수 있다.

몰입=1 과제와 실력의 표준점수가 모두 0을 넘을 때.

불안=1 과제의 표준점수가 0을 넘고 실력의 표준점수가 0 이하일 때.

이완=1 과세의 표준점수가 0 이하이고 실력의 표준점수가 0을 넘을 때.

무심=1 과제와 실력의 표준점수가 모두 0 이하일 때.

몰입의 강도 과제와 실력(원점수)의 기하 평균으로 구성된 연속 신호 수준 측정치. 몰입 점수의 강도는 주어진 신호에 대한 과제와 실력의 합의 제곱근이다.

내재적 의욕　각각 5점 척도로 이루어진 5개 측정치의 인자 분석으로 얻었다. 학생들에게 다음 질문을 던졌다. '숙제 같은 어려운 과제를 할 때 다음 범주는 얼마나 중요한가?' 내재적 의욕을 평가하는 범주는 '하는 일을 즐기는 것', '흥미를 갖는 것', '도전심을 갖는 것', '잘하는 것', '새로운 것을 배우는 것'이다.

외재적 의욕　위와 동일한 방식으로 얻었다. 외재적 의욕을 평가하는 범주는 '안정된 직업을 갖는 것', '나중에 돈을 벌기 위한 정보를 얻는 것', '낙오하지 않는 것', '나중에 써먹을 수 있는 것을 배우는 것', '부모의 기대에 부응하는 것'이다.

사회적 의욕　위와 동일한 방식으로 얻었다. 사회적 의욕을 평가하는 범주는 '친구들에게 깊은 인상을 주는 것', '남보다 잘 하는 것', '남들에게 존경받는 것'이다.

낙천성　"장래를 생각할 때 얼마나 힘과 자신감이 넘치는가"의 5점 척도에 대한 산술 평균.

경험에 대한 개방성　"장래를 생각할 때 얼마나 호기심과 열정이 넘치는가"의 5점 척도에 대한 산술 평균.

비관성　"장래를 생각할 때 얼마나 공허감과 분노와 회의가 드는가"의 5점 척도에 대한 산술 평균.

2. 독립 변수

부모의 학력 부모 어느 한쪽 중 더 높은 학력. 응답 범주는 1=고등학교를 안 나왔음, 2=고등학교 졸업이나 그에 준하는 검정고시, 3=직업학교, 전문대학, 기타 2년제 대학, 4=대학 중퇴, 5=학사, 6=석사나 그에 준하는 학력, 7=박사나 그에 준하는 학력.

던컨 사회 경제 지수 점수에 따른 부모의 직업적 지위(나카오/트리어스, 1994 참조) 부모가 다 있는 경우는 부모나 보호자 중에서 지위가 더 높은 쪽. 부모나 보호자가 1명뿐인 경우는 그 사람의 사회·경제 지수 점수.

부모의 직업 미국 교육 종적 연구(NELS) 설문지에 등장한 부모의 16가지 직업 범주를 통합한 6개의 가변수들이다. 이 가변수들은 가족 중 주수입원(아버지가 살아 있고 돈을 벌면 아버지, 그렇지 않으면 어머니)의 직업을 나타낸다.

전문직 I

전문식 II

경영자

일용직

블루컬러

하위직 화이트컬러

형제의 수 현재 함께 거주하고 있는 형제의 수.

정상 가정 '어머니', '아버지'와 함께 살고 있는 경우를 1로 기록한 가변수. 비교 범주는 다른 모든 경우의 가정 형태(가령 의붓아버지와 어머니, 남자 어른 보호자 등).

가정의 후원 청소년 생활 설문 조사에 실려 있는 다음 항목에 대해 그렇다고 답변한 것을 모두 더한 복합 변수.

긍정적 후원 항목

1. 내가 잠자코 있어도 다른 식구들이 내가 울적하다는 것을 알아차린다.

2. 나를 인격적으로 대접해 준다.

3. 나한테 문제가 생기면 각별한 관심을 갖고 도와준다.

4. 눈치 안 보고 내가 하고 싶은 일을 한다.

5. 생일이나 휴일에는 특별한 배려를 받는다.

6. 어떤 경우에도 가족은 나를 보듬고 품어줄 것이다.

7. 화기애애한 분위기에서 식사를 한다.

8. 계획이 어긋나면 서로 한 발짝씩 양보한다.

9. 필요하면 언제든지 서로 도울 수 있는 마음 자세가 되어 있다.

10. 서로의 감정을 상하지 않게 하려고 애쓴다.

11. 우리 집은 특별한 추억이 깃든 물건이 많다.

부정적 후원 항목

12. 나 혼자만의 휴식을 취하기 어렵다.

13. 문제가 생기면 그제서야 비로소 나한테 관심을 보인다.

14. 하루하루의 생활이 무질서하고 예측 불가능하다.

15. 식구끼리 자주 부딪히고 싸운다.

16. 식구라도 잘 믿지 못한다.

전체 후원도=(1부터 11까지의 합)−(12부터 16까지의 합)

가정의 자극   청소년 생활 설문 조사에 실려 있는 다음 항목에 대해 그렇다고 답변한 것을 모두 더한 복합 변수.

긍정적 자극 항목

1. 승부를 겨루는 놀이를 즐겨 한다.

2. 비록 생각은 다르더라도 사회 문제에 대한 각자의 의견을 숨김없이 밝힌다.

3. 중요한 결정을 하기 전에는 꼭 각자의 의견을 묻는다.

4. 남으로부터 존중받기 위해서는 자신감과 독립심을 갖는 것이 중요하다.

5. 유능함을 중시한다.

6. 개인적 성취를 강조한다.

7. 인생의 중요한 결정을 내릴 수 있는 책임이 나한테 있다.

8. 최선을 다하리라는 무언의 기대가 있다.

9. 다른 식구들이 자부심을 가질 수 있게끔 애쓴다.

10. 학과외 활동을 적극적으로 권장하는 분위기다.

11. 근면함을 알아준다.

12. 시간을 지혜롭고 써야 한다는 무언의 기대가 있다.

부정적 자극 항목

13. 집 밖에서 하는 취미 활동이나 여가 활동이 별로 없다.

14. 식구들의 야심이나 자기 절제가 부족하다.

15. 혼자 집중해서 일을 끝낼 수 있는 나만의 공간과 시간이 아쉽다.

16. 남이야 나를 게으르다고 보건 '물러터졌다'고 보건 개의치 않는다.

전체 자극도 = (1부터 12까지의 합) − (13부터 16까지의 합)

성적 0.5부터 4.0까지. 0.5는 '대부분 D 이하', 4.0은 '대부분 A'에 해당한다.

학교 조언자 교사나 상담가 등 응답자가 조언을 듣기 위해 찾아가는 학교 내 어른의 수.

지역 사회 등급 인구 조사 통계 자료에 바탕. 사회·경제적 수준에 따라 1점부터 5점까지 각 학교의 점수를 매겼다. 1점은 가장 못 사는 동네, 5점은 가장 잘 사는 동네다. 학교별로 얻은 점수는 다음과 같다.

지역 사회 등급 점수	학교
1	베이사이드, 크리스털 포트
2	메타와, 시더
3	펠드너, 델 비스타, 센트럴 시티, 베턴
4	메이플, 미들 브룩, 브리지웨이
5	포리스트 블러프

주활동　신호를 받았을 때 하고 있던 활동. 특정한 활동에 들인 시간을 모두 더했다. 활동 범주는 유지(청소, 식사), 일, 학업 등.

놀이 같은가, 일 같은가　하고 있던 활동이 놀이 같은가, 일 같은가, 둘 다인가, 아니면 이도 저도 아닌가.

장래 예상　고등학교를 졸업하겠는지, 대학에 가겠는지, 돈을 잘 벌겠는지, 마음에 드는 일을 하겠는지, 집을 갖겠는지, 부모보다 나은 생활을 하겠는지 등 6개의 질문에 대한 응답. 반응은 '아주 낮다'부터 '아주 높다'까지 5점 척도.

예상 직업　"앞으로 가질 것으로 예상되는 직업 5개를 적으시오"에 대한 응답.

희망 직업　"앞으로 갖고 싶은 직업 5개를 적으시오"에 대한 응답.

학습 점수　앞으로 예상하거나 희망하는 직업과 관련된 활동을 하는 동안 터득한 지식의 수준.

실천 점수　앞으로 예상하거나 희망하는 직업과 관련된 활동을 하는 동안 사용된 기술의 수준.

학습 실천 점수　학습 점수 + 실천 점수.

가족 관여도   응답자의 학습이나 실천이 가족과 함께 이루어지는 정도.

친구 관여도   응답자의 학습이나 실천이 학교에서 이루어지는 정도.

지역 사회 관여도   응답자의 학습이나 실천이 지역 사회에서 이루어지는 정도.

직업 덕목   "장래 가질 것으로 예상되는 직업에서 다음 항목이 얼마나 중요합니까?"라는 질문에 대한 응답.

> 남을 돕는다
>
> 사회 발전에 기여한다
>
> 자유 시간이 많다
>
> 남과 함께 일한다
>
> 무언가를 만들고 짓는다
>
> 돈을 번다
>
> 몸으로 하는 일이다
>
> 유명해진다
>
> 남을 가르친다
>
> 책임으로부터 자유롭다
>
> 밖에서 활동한다
>
> 새로운 것을 배운다
>
> 나를 표현한다

윤리적이다

동물과 벗한다

책상 앞에 붙어 있지 않는다

이 항목에 대한 응답은 '원래 전혀 중요하지 않다'부터 '아주 중요하다'까지 5점 척도였다. 이 응답을 개인별, 집단별로 표준 점수로 환산했다.

조화 점수 "경제학자, 은행원, 점원 중에서 가장 잘 어울리는 둘을 고르고 가장 어울리지 않는 하나를 지우시오" 같은 일련의 질문에 대한 응답을 토대로 계산한 직업 지식 척도.

숙제에 들이는 시간 학교 안과 학교 밖에서 숙제에 들이는 시간. 1(전혀 안 한다)부터 8(5시간 이상)까지.

인종 "당신은 다음 중 어디에 가장 가깝습니까?"

    1. 아시아, 태평양 지역인

    2. 히스패닉

    3. 아프리카 아메리칸(히스패닉계가 아닌)

    4. 백인(히스패닉계가 아닌)

    5. 아메리카 원주민

상급 과정 이수 학생이 선택한 학교 교과 과목의 난이도. 영어, 수학, 과학 중심.

과학과 수학 과목의 수준　고등학교에서 배우는 과학과 수학의 난이도를 세 단계로 나누었다. A 수준은 대학 합격 안정권, B 수준은 일반 대학에는 갈 수 있지만 명문 대학에 합격하기는 어려운 수준, C 수준은 상급 학교에 진학하지 않고 직장을 가지려고 하는 학생이 택하는 수준.

2장

1) 기준 연도의 연구에서 학생들은 일주일간 신호를 받았다. 모든 학교의 조사는 10월부터 12월까지 진행되었다.

2) 칙센트미하이, 라툰드, 훼일런이 사용한 ESM 형태(1993)는 응답자가 학교 일, 집안 일, 아르바이트 같은 다양한 종류의 일과 장래 목표에 대해서 어떤 느낌을 갖는지 알아보기 위해 약간 수정했다. 정서 상태와 인지 상태를 유도하는 항목들은 리커트 유형 반응 척도로 잰다(ESM 질문지의 예를 부록 B에 실었다. 부록 C의 변수 목록에는 모든 측정치의 기록 범주를 실었다).

3) ESM은 본인의 보고에 의존하므로 왜곡된 보고가 나올 가능성이 높다. 우리는 응답자들에게 개인의 ESM 자료는 연구원들 외에는 어느 누구도 볼 수 없으며, 수집한 모든 정보가 그렇지만 ESM 자료도 익명성을 철저히 보상할 것이라고 누누이 강조했다. 그래서인지 상당수의 응답자들이 ESM 조사에 협조하여 솔직하게 보고했다.

4) 각 지역에서 조장은 다음과 같은 정보가 실린 사례 보고서를 작성했다. (1) 학교와 주변 지역에 대한 개관, 초점 학생과 비교 기준 학생의 표본 숫자, 표본, 학교, 지역의 인종적·민족적 구성, 조사원의 인상 (2) 현장에서 일어난 절차나 방법상의 변화에 대한 자세한 설명 (3) 방법론, 도구, 현장 관리, 연구자와 학교의 관계, 그리고 다음 자료 수집 때 보완이 필요한 영역에 대한 건의.

5) 초점 표본 안에서 이 전화 면담은 95퍼센트에 달하는 응답률을 보였다. ESM에서는 초점 학생의 응답률이 겨우 71퍼센트였다. 다른 설문 도구들의 경우 초점 학생은

비교 기준 학생보다 응답률이 약간 낮은 경향을 보였다. 초점 학생이 가장 낮은 응답률을 보인 것은 친구 기록지였다. 직업 인식 척도, 청소년 생활 설문지, 친구 기록지에 대한 두 표본의 응답률은 87퍼센트였다.

6) 학생의 나이는 학년을 기준으로 잡았다. 조사 학생을 선정하기 위해서는 남녀, 인종, 성적에 대한 고려도 필요했다. 학생의 인종은 청소년 생활 설문지에 나오는 다음 질문을 바탕으로 정했다. 당신에게 가장 가까운 설명은 다음 중 어느 것입니까? (1) 아시아인 또는 태평양 섬 거주자 (2) 인종을 불문하고 히스패닉 (3) 히스패닉계가 아닌 아프리카 아메리칸 (4) 히스패닉계가 아닌 백인 (5) 아메리칸 인디언이나 알래스카 원주민. 부모의 학력은 청소년 생활 설문지에 나오는 다음 질문에 대한 응답을 토대로 정했다. 당신의 부모님은 학교를 어디까지 다녔습니까? (1) 고등학교를 마치지 못했다 (2) 고등학교만 졸업했다 (3) 대학을 졸업했다 (4) 석사에 준하는 학위가 있다 (5) 박사에 준하는 학위가 있다. 학생들에게는 이와는 별도로 부모의 최종 학력을 따로 적어내도록 요구했다. 분석을 위해 엄마와 아빠의 학력을 결합했다. 따라서 엄마나 아빠 중 학력이 더 높은 쪽으로 입력을 했다.

7) 교육 기대치를 평가하기 위해 학생들에게 "지금의 상황이 유지된다면 앞으로 학교를 어디까지 다닐 것 같습니까?"(청소년 생활 설문지)라고 물었다. 10학년과 12학년이 선택할 수 있는 응답은 다음과 같았다. 고등학교 중퇴, 고등학교 졸업, 2년제 대학(전문 대학, 기술 및 직업 훈련 과정 포함), 4년제 대학, 석사에 준하는 학위, 박사에 준하는 학위. 6학년생과 8학년생은 응답을 쉽게 할 수 있도록 범주를 조금 더 단순하게 만들었다. 고등학교 중퇴 이하, 고등학교 졸업, 대학 졸업, 석사나 박사(법대나 의대). 학년이 다른 학생들의 응답을 비교하기 위해 우리는 나중에 응답 범주를 다음 세 가지 범주로 통폐합했다. 4년제 대학 미졸업, 4년제 대학 졸업, 대학원 졸업(석사나 박사). 표 2.2에는 이 범주들이 실려 있다.

3장

1) 인종과 민족에 따른 교육 기대치의 차이를 변량 분석했다($F=8.44$, $p<.001$).

2) 남녀별 직업 포부에 대한 카이 스퀘어 분석은 대단히 의미 있었다.
  $x^2(15, 3883)=607.5$, $p<.001$.

3) 이 통계 전환법은 러스틴 울프가 고안했다. 각각의 가치가 피험자 안에서, 또 피험자들 사이에서 얼마나 중요한 비중을 차지하는가를 정상 분포로 나타내어, 가치를

묻는 설문에서 흔히 사용되는 강제 선택 측정법과 아주 흡사한 분포로 전환시킨다. 이 방법의 기본 전제는, 하나의 가치가 갖는 중요도가 추상적 차원보다는 다른 가치들과의 관계 속에서, 다른 피험자들과의 관계 속에서 더 큰 의미를 갖는다는 것이다. 두 번에 걸쳐 표준점수로 환산되면서 각 항목의 원점수는 한 피험자가 다른 항목들에 매긴 점수의 상대값으로 표시되며 다시 특정한 항목에 대해 다른 피험자들이 매긴 점수의 상대값으로 표시된다. 이 점수를 계산하는 방법은 다음과 같다. 각 피험자에 대해 각각의 가치점수로부터 16개에 이르는 모든 가치점수의 평균을 뺀다. 이 값을 16개 가치점수의 표준편차로 나눈다. 다음에는, 각 가치에 대해 특정한 피험자의 점수로부터 모든 피험자의 점수의 평균을 뺀다. 이 값을 모든 피험자 점수의 표준편차로 나눈다. 여기서 나온 최종 가치점수는 한 피험자에게 특정한 가치가 다른 가치들보다 얼마나 더 중요한지, 이 가치가 다른 피험자들의 상대적 가치들에 비해 그 피험자에게 얼마나 중요한지를 나타낸다.

4) 학년별 경험 개방성 점수의 평균치를 비교한 변량 분석 결과는 다음과 같다. $F=11.02$, $p<.001$. 학년별 비관성 점수의 평균치에 대한 변량 분석에서도 상당히 의미 있는 결과가 나왔다. $F=7.12$, $p<.001$.

5) 변량 분석을 통해 인종/민족의 낙관성 평균치($F=9.01$, $p<.001$)와 지역 사회의 경제력($F=7.19$, $p<.001$)을 비교했다. 그런 다음 후속 검사로 다양한 인종/민족 집단(백인, 아시아인, 아프리카 아메리칸, 히스패닉) 학생들의 낙관성 점수와 다양한 계층에 속한 학생들의 낙관주의 점수를 비교했다. 아프리카 아메리칸, 저소득층 학생들이 가장 높은 낙관성 점수를 기록했다.

6) 인종/민족에 따른 경험 개방성 평균치($F=4.14$, $p<.01$)와 부모의 교육 수준에 따른 경험 개방싱 평균지($F=4.38$, $p<.01$)를 변량 분식으로 비교했나.

4장

1) 남학생과 여학생이 각각 '놀이 같은' 활동에 투자한 시간의 비율(퍼센트) 평균을 비교한 변량 분석 결과는 $F=5.5$, $p<.05$.

2) 남학생과 여학생이 '일도 아니고 놀이도 아닌' 활동에 쏟아부은 시간의 비율(퍼센트) 평균치를 변량 분석한 결과는 $F=4.6$, $p<.05$.

3) 학생들이 인종별로 '놀이 같은' 활동에 쏟아부은 시간의 비율(퍼센트) 평균치를 변량 분석한 결과는 $F=13.01$, $p<.001$.

4) 인종별로 학생들이 '일도 아니고 놀이도 아닌' 활동에 들인 시간의 비율(퍼센트)의 평균에 대한 변량 분석도 의미 있는 결과를 낳았다. F=9.81, p<.001.

5) 부모의 교육 수준에 따른 '놀이 같은' 활동에 투자하는 시간 비율(퍼센트)의 평균치에 대한 변량 분석도 의미가 있었다. F=9.05, p<.001.

6) 일 같기도 하고 놀이 같기도 한 활동에서는 연령별, 성별, 인종별, 계층별 차이가 거의 나타나지 않았다. 이런 평준화 현상은 일과 놀이에 대한 선입견이 6학년 정도면 이미 굳어지며, 이런 선입견은 인구 전체가 폭넓게 공유한다는 사실을 암시한다.

7) 자부심과 비중의 경우 10점 척도에 대한 응답자들 반응의 평균으로 혼합 측정했다.

8) 긍정적 감정은 7점 척도에서 이 항목 하나하나의 평균으로 계산했다.

9) 이 항목은 10점 척도로 쟀다.

10) 활동 유형별로 자부심의 표준화 점수 평균을 비교했더니 매우 의미 있는 결과가 나왔다. F=78.27, p<.001.

11) '일 같은' 활동에 대한 자부심의 표준화 점수 평균을 학년별로 비교한 변량 분석 결과도 유의미했다. F=3.65, p<.05.

12) 놀이 같은 활동에서 성별 경험의 질을 비교하기 위해 변량 분석했다. 여학생은 다음 항목에서 평균 표준점수가 낮았다. 집중력(F=5.91, p<.05), 경쟁심(F=11.73, p<.001), 도전 의욕(F=9.39, p<.01).

13) 일도 아니고 놀이도 아닌 활동에서 성별 경험의 질을 비교하기 위해 변량 분석했다. 여학생은 남학생보다 행복감(F=4.40, p<.05), 협동심(F=11.9, p<.001)의 평균 표준점수는 낮았고, 집중력(F=8.25, p<.01), 도전 의욕(F=9.21, p<.01)의 평균 표준점수는 높았다.

14) 일 같기도 하고 놀이 같기도 한 활동에서 그 활동을 '하고 싶은 욕망'의 평균 표준점수는 여학생이 남학생보다 낮았다(F=3.90, p<.05).

15) 일 같은 활동에서 느끼는 자부심의 평균 표준점수를 인종/민족별로 비교했더니 통계적으로 의미가 있었다. F=11.09, p<.001.

16) 일 같은 활동에서 느끼는 자부심의 평균 표준점수를 부모의 학력으로 비교했더니 통계적으로 의미가 있었다. F=5.74, p<.001.

17) 척도에 점수를 기록할 때 나타나는 개인적 성향의 차이를 감안했는데도 우리의 조사에 따르면 경제적 여건이 좋지 않은 지역에서 사는 청소년이 일반적으로 더 행복하게 사는 것으로 나왔다. 빈곤층과 서민층이 모여 사는 지역에 사는 청소년의 평

균 행복 점수는 5.4인 반면 부자촌에 사는 청소년은 4.9였다(F=13.1, p<.001).

18) 백인 학생은 히스패닉 학생보다 일 같기도 하고 놀이 같기도 한 활동에 대한 도전 심이 높았다. '일 같기도 하고 놀이 같기도 한 활동'에서 평균 표준점수를 인종별로 비교했더니 통계적으로 의미가 있었다(F=3.89, p<.01). 고학년으로 올라갈수록 당 연히 도전 의욕은 높아진다. '일 같기도 하고 놀이 같기도 한 활동'에서 도전 의욕의 평균 표준점수를 학년별로 비교해도 통계적으로 의미가 있었다(F=3.73, p<.01). '일 같기도 하고 놀이 같기도 한 활동'에 대한 청소년의 도전 의욕이 높아지는 것은 이 런 활동이 기량을 향상시킬 수 있는 기회라는 사실을 입증한다.

19) 이 차이는 작았지만 통계적으로는 의미가 있었다. 주2 참조.

20) '일 같지 놀이 같지도 않은 활동'에 투자하는 평균 시간을 인종별로 비교했더니 통 계적으로 의미가 있었다. 주4 참조.

21) '일 같지도 놀이 같지도 않은 활동'에서 느끼는 '부정적 정서'의 평균 표준점수를 성별로 비교했더니 통계적으로 의미가 있었다. 여학생이 남학생보다 부정적 느낌을 많이 가졌다. F=6.61, p<.01.

22) 개인이 놀이 같은 활동, 일 같은 활동에 들이는 시간의 비율을 표준점수로 계산했 다. 일꾼은 일의 표준점수가 1 이상인 학생이다. 놀이꾼은 놀이의 표준점수가 1 이 상인 학생이다.

23) 학년별로 일하는 시간을 카이 스퀘어 분석했더니 통계적으로 의미가 있었다. X^2=48. 2, p<.001.

24) 인종/민족별로 일하는 시간을 카이 스퀘어 분석했더니 통계적으로 의미가 있었 다. X^2=24.4, p<.05.

25) 지역 사회 등급으로 일하는 시간을 가이 스퀘이 분석했디니 통계적으로 의미가 있었다. X^2=59.1, p<.001.

26) 유급 노동으로 분류된 활동에서 '집중할 수 있는 능력'의 평균 표준점수를 성별로 비교했더니 통계적으로 의미가 있었다. F=4.19, p<.05.

27) 유급 노동으로 분류된 활동에서 맛보는 '즐거움'의 평균 표준점수를 학년별로 비 교했더니 통계적으로 의미가 있었다. F=5.43, p<.05.

5장

1) 이런 측정 방법을 변형한 것도 여러 가지 있다. 모네타/칙스미하이(1996)가 최근의

측정 방법들을 정리했다.

2) 먼저 각 반응의 ESM 과제 난이도 점수와 실력 점수의 곱의 제곱근을 구하여(이것을 기하 평균이라고 부른다) 몰입의 연속 측정치를 도출한다. 이 값은 난이도와 실력이 올라가면 커지고 떨어지면 작아진다. 이렇게 계산한 기하 평균은 과제 난이도와 실력 사이에 있을 것이라고 이론적으로 예측했고 경험적으로 입증된 관계의 다양한 측면을 포착하는 측정치를 제공한다. 이렇게 개별 반응 수준에서 잰 몰입의 측정치는 개인별로 평균을 낼 수 있고, 그러면 몰입 경험의 빈도와 강도를 섬세하게 반영하는 개인 수준의 몰입 측정치가 나온다. 몰입 경험에 초점을 맞춘 분석에서는 이 측정치를 직접 쓴다. 값은 1점에서 9점까지다. 자기 목적적 성격에 초점을 맞춘 분석에서는 개인들을 평균 몰입 수준에 따라서 서열을 매긴 다음 상위 25퍼센트와 하위 25퍼센트를 활동과 경험의 질이라는 측면에서 비교한다.

3) '기타' 범주를 제외하면 모든 비교는 p<.01 수준에서 유의미했다.

4) 그러나 집중력과 장래 중요성은 생산 활동을 할 때가 더 높고 자부심의 정도는 엇비슷하다.

5) 이들 요인 하나하나에 담겨 있는 구체적 항목들에 대한 자세한 논의는 4장을 참조할 것.

6) 의욕의 세 가지 원천—내재적, 외재적, 사회적—에 대한 상세한 논의는 4장에 있다.

7) 이 변수들에 대한 자세한 설명은 부록 C를 참조하라. 학습 실천 점수에 대한 자세한 설명은 3장에 나와 있다.

6장

1) 다양한 인구 집단에서 이 문제를 조사한 결과도 이런 결론을 뒷받침한다. 가령 바움린드(1987, 1989)와 권위주의적 부모에 대한 연구로 널리 인정받은 그녀의 이론을 확대한 연구자들(램본 등 1991; 스타인버그 등 1992)은 격려와 자극을 모두 주는 부모 밑에서 자란 청소년은 학업 성적을 포함하여 더 순조롭게 발달한다는 사실을 보고한다.

2) 설문지 중에서 16개 항목을 가정의 후원도를 측정하는 지표로 삼았다(평균=5.2, 표준편차=3.8). 또다른 16개 항목은 자극의 정도를 측정하는 데 썼다(평균=5.9, 표준편차=3.4). 이 지표를 정리한 결과 후원과 자극이라는 요인의 신뢰도는 각각 알파 .81, .74로 나타났다. 후원 지표와 자극 지표의 상관계수는 .65였다. 이렇게 비교

적 상관도가 높게 나타난 것은 가정의 한 가지 차원만을 측정했기 때문일 수도 있다. 하지만 좀더 깊이 들어가보면 그 때문만은 아니라는 것을 알 수 있다. 가령 중학생은 고등학생에 비해 가정이 자기를 후원한다고 느끼는 비율은 높은 반면(t=4.92, p<.001), 자극을 준다고 느끼는 비율은 높지 않았다(t=.90, 미흡). 이것은 청소년이 커가면서 부모의 정서적 뒷받침은 줄어드는 반면 도전에 대한 기대 수준은 그대로 유지된다고 받아들이고 있음을 시사한다. 따라서 후원과 자극의 지표는 가족 관계의 상이한 측면을 짚어내고 있다고 말할 수 있다.

자극과 후원의 수준을 각각 고저로 이분하여 모두 네 가지 범주를 만든 다음 사전 요인 분석을 한 결과에서도 자극과 후원을 측정하기 위해 우리가 사용한 항목들은 의미 있는 것으로 밝혀졌다. 그러나 원래 이 요인 분석에서는 명확하게 구분되는 두 개의 요인이 아니라 세 개의 요인이 드러났다. 긍정적으로 적힌 후원과 자극 항목이 아니라 부정적으로 묘사된 항목은 내용에 관계 없이 하나의 독립된 요인을 이루는 것으로 드러났다. 이런 결과는 양자택일을 요구한 질문 방식에서 비롯된 것이라고 우리는 결론내렸다(자기네 집을 부정적으로 묘사하는 항목에 청소년이 '전적으로' 동의하기는 어려웠을 것이다. 반면 '부분적으로' 동의한다는 좀 더 덜 위협적이지만 자료로서의 이용 가치는 떨어지는 반응에는 거부감을 덜 느꼈을 것이다). 결국 우리는 항목 내용과 선험적인 이론적 기대를 토대로 부정적으로 기술된 항목을 후원 또는 자극 요인 중의 하나로 재정리했다.

3) 경험 추출법으로 알아낸 다음 수치에서 1퍼센트는 대략 일주일 중에서 1시간과 엇비슷하다. 네 가지 유형의 가정에서 가족들이 함께 보낸 시간은 대체로 다음과 같다.

높은 후원/높은 자극: 평균 25.9퍼센트

높은 후원/낮은 자극: 평균 29.0퍼센트

낮은 후원/높은 자극: 평균 25.1퍼센트

낮은 후원/낮은 자극: 평균 24.8퍼센트

학년과 성별을 감안하여 가정을 유형별로 비교했더니 이와 같이 의미 있는 결과가 나왔다(단측 검증).

높은 후원/낮은 자극 대 높은 후원/높은 자극: t=-1.51, p<.10

높은 후원/낮은 자극 대 낮은 후원/높은 자극: t=-1.67, p<.05

높은 후원/낮은 자극 대 낮은 후원/낮은 자극: t=-1.92, p<.05

결국 후원은 하되 부담을 주지 않는 가정이 다른 가정보다 식구들끼리 보내는 시간이 일주일에 서너 시간 더 많았다.

4) 다음 백분율은 청소년이 혼자서 보낸 시간이다.

높은 후원/높은 자극: 평균 22.2퍼센트

높은 후원/낮은 자극: 평균 21.1퍼센트

낮은 후원/높은 자극: 평균 24.7퍼센트

낮은 후원/낮은 자극: 평균 22.3퍼센트

학년과 성별을 감안하여 가정을 유형별로 비교했더니 다음 결과가 나왔다(단측 검증).

낮은 후원/높은 자극 대 높은 후원/높은 자극: t=-1.84, p<.05

낮은 후원/높은 자극 대 높은 후원/낮은 자극: t=-1.69, p<.05

낮은 후원/높은 자극 대 낮은 후원/낮은 자극: t=-1.57, p<.06

결국 자극은 주되 후원은 덜 하는 가정에서 자라는 청소년은 다른 가정에서 자라는 청소년에 비해 혼자서 보내는 시간이 일주일에 두세 시간 더 많았다.

전체적으로 보았을 때 높은 후원/낮은 자극 가정에서 자라는 청소년이 식구들과 지내는 시간이 가장 많았고, 낮은 후원/높은 자극 가정에서 자라는 청소년이 혼자서 보내는 시간이 가장 많았다.

5) 이 표와 이어지는 분석들의 요약된 결과는 후원 또는 자극 점수와 관련이 있는 응답자 및 응답자 가정의 신상을 일정하게 유지한 상태에서 얻은 것이다. 그런 신상에는 나이, 남녀, 인종, 성적, 부모 학력이 포함된다. 이런 요인들을 통제해야만 학생의 태도가 일차적으로 가정 내부의 역동적 구조에서 비롯된 것이라고 믿을 수 있기 때문이다.

6) 이런 요인들의 알파 값은 다음과 같다. (1) 교사에 대한 긍정적 태도(알파=.82) (2) 학우에 대한 긍정적 태도(알파=.58) (3) 안정감(알파=.58) (4) 학교에 대한 일체감(알파=.46). 나중 세 가지 요인의 알파 값이 비교적 낮게 나온 것은 항목의 수가 적었기 때문이다. 세 척도에 나오는 항목들의 평균 척도-항목 상관계수를 보면 r=.35이다.

7) 가정의 후원과 자극은 태도 점수에서 나타나는 분산의 극히 일부분만을 설명하지만, Eta 통계 처리 결과 일반적으로 후원이 자극보다 분산을 약 3~4배 더 잘 설명하는 것으로 드러났다.

8) 대부분의 통제 변수는 태도의 측정치와 유의미한 관계가 있었다. 학교 성적이 좋으면 안정감은 높아지는 반면(p<.01) 학교에 대한 일체감은 줄어든다(p<.001). 부

모 학력이 높으면 교사에 대해서 긍정적인 태도를 가지며(p<.001), 다른 학우에 대해서도 긍정적인 태도를 가진다(p<.01). 반면에 학교에 대한 일체감은 떨어진다(p<.001). 끝으로 백인 학생을 비교 집단으로 했을 때 인종에 따라서 복잡한 양상이 나타났다. 아시아 학생은 교사에 대해서(p<.001), 학우에 대해서(p<.01) 긍정적 태도를 보여주었고 안정감도 높았다(p<.05). 아프리카 아메리칸 학생은 교사에 대해서 덜 긍정적인 태도를 보여주었고(p<.01) 히스패닉 학생은 백인 학생보다 긍정적인 태도를 보여주었다(p<.001).

9) 학교에서 하는 숙제의 경우 인종적 배경만이 공변수로서 의미 있는 영향을 미쳤다. 백인 학생은 아프리카 아메리칸 학생보다 숙제를 많이 했다(p<.05). 학교 밖에서 하는 숙제의 경우는 대부분의 공변수들이 유의미했다. 고학년일수록 숙제를 많이 했고(p<.001), 여학생이 숙제를 많이 했다(p<.05). 아시아 학생은 백인 학생보다 숙제를 많이 했고(p<.001), 아프리카 아메리칸 학생은 백인 학생보다 덜 했다(p<.001). 부모 학력이 높을수록 숙제에 들이는 시간이 많았다(p<.001).

10) 흥미로운 것은 경험추출법으로 추정한 숙제 시간과 청소년 생활 설문지로 추정한 숙제 시간이 적잖이 다르다는 사실이다. 경험추출법으로 추정한 숙제 시간은 약 12시간, 설문지로 추정한 숙제 시간은 6~9시간이다. 이런 차이는 설문지나 경험 추출법으로 얻은 추정치의 분산에서 생긴 오차일 가능성이 높다.

11) 최근 성적의 경우 고학년생일수록 성적이 낮았고(p<.001), 여학생이 남학생보다 성적이 좋았으며(p<.001), 부모의 학력이 높을수록 학생의 성적도 좋았다(p<.001). 아시아 학생은 백인 학생보다 최근 성적이 좋았고(p<.001), 히스패닉 학생과 아프리카 아메리칸 학생은 최근 성적이 낮았다(p<.001). 누적 성적의 경우 여학생이 좋았고(p<.05), 부모의 학력이 높을수록 학생의 성적도 좋았다(p<.001). 백인 학생보다 아시아 학생의 누적 성적이 좋았고(p<.001), 히스패닉 학생과 아프리카 아메리칸 학생은 누적 성적이 낮았다(p<.001).

12) 이 항목들의 크론바흐 알파 값은 a=.90이다.

13) 이 항목들('자아와 관련된 중요성'과 '미래와 관련된 중요성')의 상관도는 r=.69이다.

14) 학교에서 지내는 동안 학생이 느끼는 기분과 가정 유형의 관계를 알아보기 위해 2×2 다중 공변량 분석(고후원/저후원, 고자극/저자극)을 하고 공변수를 조정했더니 다음과 같은 결과가 나왔다. 가정의 후원은 학교에서 학생이 느끼는 기분과 유의미한 관계가 있는 반면(F(1,599)=6.51, p<.02), 가정의 자극은 그렇지 못하

다(F(1,599)=1.76, 관련성 미약). 학교에서 느끼는 기분과 가정의 후원, 자극 사이에는 상호 작용이 없었다(F(1,599)=0.0, 관련성 미약). 성적이 좋은 학생은 기분에서 낮은 점수를 받았고(p<.001), 부모의 학력이 높은 학생도 비슷한 경향을 보였다(p<.001). 아프리카 아메리칸 학생은 백인 학생보다 높은 점수를 받았다(p<.05).

15) 학생이 활동에서 느끼는 비중과 가정 유형의 관계를 알아보기 위해 2×2 다중 공변량 분석(고후원/저후원, 고자극/저자극)을 하고 공변수를 조정했더니 다음과 같은 결과가 나왔다. 비중은 가정의 자극과 관련이 깊은 반면(F(1,599)=9.01, p<.01) 가정의 후원은 그렇지 않다(F(1,599)=1.76, 관련성 미흡). 후원과 자극의 상호 작용도 나타나지 않았다(F(1,599)=1.25, 관련성 미흡). 여학생은 생산적 활동을 더 비중 있게 여겼고(p<.01), 히스패닉 학생과 아프리카 아메리칸 학생은 백인 학생보다 비중을 더 강하게 의식했다(p<.01).

16) 공변수를 감안하여 기분을 비교한 결과 고후원/고자극 집단은 저후원/고자극 집단(p<.05), 저후원/저자극 집단(p<.001)과 달랐다. 비중의 경우는 고후원/고자극 집단이 저후원/저자극 집단과 달랐다(p<.001).

7장

1) 분류가 너무 복잡해지는 것을 막기 위해 비슷한 범주는 하나로 묶었다. 영어에는 영어, 영작, 영문학, 독서가 포함된다. 과학에는 일반 과학, 생물, 화학, 물리, 지구과학이 포함된다. 사회에는 정치, 국민 윤리, 지리, 세계 문화, 심리학, 사회, 사회학, 인류학, 문화 다원주의학이 포함된다. 컴퓨터에는 컴퓨터 프로그래밍이 포함된다. 예술에는 음악, 미술, 사진, 제도, 그래픽, 응용 미술, 연극이 포함된다. 실업에는 농업, 상업, 기술, 가정, 가정 경제, 공업, 직업 상담이 포함된다.

2) 해당 학교 학생들의 평균점수를 비교한 변량 분석에서 다음과 같은 결과가 나왔다. 난이도: F=13.14, p<.001, 장래 목표에서 차지하는 비중: F=13.80, p<.001. 학생들은 수학을 가장 부담스럽게 받아들이면서도 수학이 가장 중요하다고 생각했다. 난이도와 중요성이라는 두 변수에서 수학은 p<.001 수준으로 다른 과목들과 뚜렷한 차이를 보였다.

3) 해당 학교 학생들의 평균점수를 비교한 변량 분석에서 다음과 같은 결과가 나왔다. 욕구: F=10.82, p<.001, 재미: F=18.41, p<.001. 재미의 경우, 수학은 다른 과목들과 p<.001 수준에서 의미 있는 차이가 있었고, 욕구의 경우 다른 과목들과 p<.05 수

준에서 의미 있는 차이가 있었다.

4) 학생들은 예체능 과목을 할 때 지금 하는 활동을 계속 하고 싶다는 반응을 가장 많이 보였고. 욕구라는 변수의 평균점수를 비교한 변량 분석의 F값은 주 3에 나와 있다. 이 변수에서 가장 높은 점수는 예체능 과목에서 보고되었다. 나머지 과목들을 합쳐서 비교했을 때 p.001 수준에서 현저한 차이가 있었다.

5) 재미라는 변수의 평균점수를 비교한 변량 분석의 F값은 주3에 나와 있다. 긍정적 감정이라는 변수의 변량 분석에서 다음과 같은 결과를 얻었다. F=6.93, p<.001. 예술 과목은 다른 모든 과목들과 재미 면에서는 p<.001 수준에서, 긍정적 감정 면에서는 p<.01 수준에서 의미 있는 차이를 보였다.

6) 장래 목표에서 차지하는 비중이라는 변수에서 평균점수를 비교한 변량 분석의 F값은 주2에 나와 있다. 이 변수에서 가장 낮은 평균점수는 예술 과목에서 나왔다. 나머지 모든 과목들과 p<.001 수준에서 뚜렷한 차이를 보였다.

7) 이 변수들의 변량 분석 F값들은 위에 나와 있다. 재미, 장래 목표에서 차지하는 비중, 성취 의욕에서 가장 낮은 평균점수는 역사에서 나왔다. 역사 과목은 재미의 경우 p<.001 수준에서, 성취 의욕의 경우 p<.01 수준에서 다른 과목들과 의미 있는 차이를 보였다.

8) 실업과 컴퓨터 과목에서 느끼는 욕구와 재미라는 변수의 평균점수는 예능 과목에 이어 두 번째, 세 번째로 각각 높게 나왔다. 다른 과목들과 비교하면 모두 높았다. 실업 과목의 평균점수는 다른 과목들을 모두 합산한 평균점수와 비교할 때 재미에서는 p<.001 수준에서, 욕구에서는 p<.01 수준에서 의미 있는 차이를 보였다. 컴퓨터 과목도 재미에서는 p<.01 수준에서, 욕구에서는 p<.05 수준에서 의미 있는 차이를 보였다.

9) 장래 목표에서 차지하는 중요성이라는 변수의 평균점수는 모든 과목 중에서 예능이 가장 낮았다. 다른 과목들을 모두 합산한 평균점수와 비교해도 p<.001 수준에서 현저한 차이를 보였다. 하지만 컴퓨터와 실업의 경우 이 변수의 평균점수는 다른 과목을 모두 합산한 평균점수와 이렇다 할 차이를 보이지 않았다. 외국어나 역사보다는 오히려 점수가 높았다.

10) 욕구라는 변수의 평균점수는 예능, 실업, 컴퓨터 과목에서 나머지 주요 과목들보다 높았다. 예능의 경우 p<.001, 실업의 경우 p<.01, 컴퓨터의 경우 p<.05에서 의미 있는 차이를 보였다.

11) 몰입이라는 변수에 대한 해당 학교 학생들의 평균점수를 변량 분석했더니 다음과 같은 결과가 나왔다. F=7.66, p<.001. 이 변수에서 가장 높은 평균점수는 실업, 컴퓨터, 예능 순으로 높았다. 나머지 수험 과목들의 평균점수는 낮았다. 나머지 과목을 모두 합산한 평균점수와 비교했을 때, 실업은 p<.001 수준에서, 컴퓨터는 p<.05 수준에서, 예능은 p<.05 수준에서 현저하게 낮았다.

12) 나머지 과목들과 몰입의 수준을 비교할 때 사회는 p<.01 수준에서, 과학은 p<.01 수준에서, 영어는 p<.05 수준에서 의미 있는 차이를 보였다.

13) 몰입이라는 변수의 가장 낮은 평균점수는 역사에서 나왔다. 나머지 과목을 합산한 평균점수와 비교할 때 p<.001 수준에서 의미 있는 차이를 보였다.

14) 수험 과목과 비수험 과목의 평균점수를 t검사했더니 다음 결과가 나왔다. 수험 과목의 과제 난이도는 아주 높게 나타나서 t=2.43, p<.05였다. 또 장래 목표와 관련된 비중도 높아서 t=5.05, p<.001이었다. 비수험 과목의 경우는 다음 변수들에서 평균점수가 높았다. 몰입: t=-3.66, p<.001, 재미: t=-.9.91, p<.001, 긍정적 감정: t=-6.73, p<.001, 자부심: t=-3.93, p<.001.

15) 몰입이라는 변수의 평균점수를 과목별로 순위 매긴 결과는 다음과 같다. (1) 실업 (2) 컴퓨터 (3) 예능 (4) 수학 (5) 외국어 (6) 영어 (7) 과학 (8) 사회 (9) 역사. 개인 공부를 많이 요구하는 과목의 순위는 표 7.1에 나와 있다. 이것을 보면 컴퓨터가 1위고 실업이 2위라는 점만 다를 뿐 결과가 거의 같다는 것을 알 수 있다.

16) 스티븐슨, 실러, 슈나이더(1994)가 개발한 방법론을 써서 개인의 과목 수강 패턴을 세 가지 범주로 나누었다. 과목 패턴은 10학년과 12학년을 구분하여 조사했으며 학년별로 수학 수강 집단을 세분했다. 상급 단계는 명문 대학에 지망하는 학생이 배우는 대학 수준의 과정이다. 중급 단계는 일반 대학에 지원할 수 있는 수준의 과정이다. 하급 단계는 대학에 진학하지 않는 학생을 위한 과정이다. 수학을 예로 들면 10학년의 경우 세 단계는 각각 다음과 같이 정의된다. 상급 단계는 삼각함수, 기초 미적분, 미적분 같은 고급 수학 중에서 적어도 하나 이상을 공부한 학생에게 해당된다. 중급 단계는 대수와 기하는 배웠지만 그 이상은 다루지 않은 학생에게 해당되고, 하급 단계는 대수와 기하 중에서 어느 하나만 배웠고 고등 수학은 다루지 않은 학생에게 해당된다. 대수, 기하, 삼각함수, 미적분 말고 일반 수학, 기초 대수, 실용 수학을 배운 학생도 여기에 포함된다. 12학년의 경우 구분 기준은 다음과 같다. 상급 단계는 미적분을 배운 모든 학생이 포함된다. 중급 단계는 대수, 기하, 삼각함

수의 전부나 일부를 배운 학생에게 해당된다. 하급 단계는 대수, 기하, 삼각함수, 미적분, 기초 미적분을 배우지 않은 모든 학생이 포함된다.

17) 수학과 과학 상급, 중급, 하급 단계의 평균점수를 변량 분석한 결과는 다음과 같다. 긍정적 감정 $F=6.37$, $p<.01$, 자부심 $F=7.29$, $p<.001$. 두 변수에서 모두 평균점수는 상급 단계가 중급, 하급 단계보다 상당히 낮다($p<.01$ 수준). 또 두 변수에서 모두 중급 단계의 평균점수는 상급, 하급 단계를 합쳐서 계산한 점수보다 상당히 높다(긍정적 감정은 $p<.05$ 수준, 자부심은 $p<.01$ 수준).

18) 이 가설을 검증하기 위해 우리는 5장처럼 자기의 활동을 일처럼 생각하는 학생과 놀이처럼 생각하는 학생을 구분하는 방법을 사용했다. 지금 하는 활동이 일 같기도 하고 놀이 같기도 하다고 응답한 학생도 상당수에 이르렀다. 우리는 이런 학생을 '균형' 집단의 범주에 넣었다. 그 반대편에는 자기가 하는 활동이 일 같지도 않고 놀이 같지도 않다고 응답한 학생이 있었다. 이들은 '유리' 집단이다. 변량 분석에서 우리는 수업 중에 일, 놀이, 균형, 유리 집단에 각각 속한 학생이 체험하는 경험의 질을 비교했다. 일 집단에 속한 학생은 몰입($F=15.84$, $p<.001$), 자부심($F=4.18$, $p<.01$), 미래 목표에서 차지하는 중요성($F=25.59$, $p<.001$)에서 상당히 높은 수치를 보였다. 놀이 집단에 속한 학생은 신통치 않은 반응을 보였다. 가장 부정적인 결과는 유리 집단에서 나왔다. 이 세 가지 변수에서 다른 집단들보다 크게 낮은 점수를 보였다. 과학과 수학의 상급반에 있는 학생의 감정과 자부심이 일에 대한 태도와 관련이 있다는 가설을 검증하기 위해 우리는 과학과 수학의 다양한 난이도에서 일, 놀이, 균형, 유리 집단별로 이 변수들에서 어떤 차이가 나타나는지를 다시 조사했다. 결과를 보면 난이도가 높은 공부를 하는 놀이 집단과 균형 집단의 학생이 난이도가 낮은 공부를 하는 놀이 집단과 균형 집단의 학생보나 긍정적인 감정을 갖고 있었나. 일 집단에서는 정반대 현상이 나타났다. 난이도가 높은 공부를 하는 일 집단은 난이도가 낮은 공부를 하는 일 집단보다 긍정적 감정을 덜 느꼈다. 뿐만 아니라 난이도가 높은 공부를 하는 나머지 모든 학생과 비교해도 자기 경험을 긍정적으로 받아들이는 비율이 떨어졌다. 이 두 차이는 통계학적으로 상당히 의미 있는 차이였다($p<.001$). 자부심에서도 비슷한 경향을 확인할 수 있었다. 다만, 일 집단에 속한 학생은 다른 집단들보다 대부분의 상황에서 자부심이 높았다. 따라서 난이도가 높은 공부를 하는 모든 학생의 감정과 자부심이 낮았다고 결론지을 수는 없다. 하지만 자기가 하는 활동을 지나치게 일처럼 생각하기 때문에 자발성과 여유가 부족한 학생

이 두 가지 변수에서 모두 낮은 점수를 얻은 것은 분명하다.

19) 6학년, 8학년, 10학년, 12학년을 대상으로 아시아계 미국 학생과 백인 학생을 비교한 아사카와 칙센트미하이의 연구(1998)에서는 아시아 학생이 백인 학생보다 공부를 하는 동안 긍정적 경험을 많이 하는 것으로 나타났다. 아시아 학생은 백인 학생보다 공부를 즐거운 마음으로 했고, 지금 하는 공부가 장래와 직결되어 있다고 생각하는 비율도 높았다. 우리는 선행 연구 결과가 우리의 연구 결과와 모순된다고는 생각하지 않는다. 개인 학습 시간만이 아니라 모든 수업 시간을 조사했고, 백인 학생만이 아니라 모든 소수 인종 학생을 포함시킨 집단과 아시아 학생을 비교했기 때문이다.

20) 일련의 t 검증을 통해 우리는 장래를 낙관하는 학생이 주관적으로 생각하는 실력과 자부심, 장래를 비관하는 학생이 주관적으로 생각하는 실력과 자부심을 우리가 선택한 교실 활동 하나하나를 놓고 비교했다. 집단 과제를 제외한 모든 활동에서 낙관적 학생은 비관적 학생보다 높은 평균점수를 얻었다. 이 차이는 강의를 듣거나 개인 과제를 푸는 활동에서는 $p < .001$ 수준에서 의미 있었고, 시험이나 퀴즈 같은 활동에서는 $p < .01$ 수준에서 의미 있었다. 학생 각자가 얻은 평균점수와의 상대 점수로 환산한 표준점수를 비교했을 때는 이런 두드러진 차이가 나타나지 않았으므로 낙관적인 학생은 교실 안에서뿐 아니라 대부분의 활동에서도 자부심과 실력에 대한 자신감이 훨씬 높으리라는 사실을 유추할 수 있다. 그렇지만 집단 활동을 하는 동안에는 이렇다 할 차이가 두 부류의 학생 사이에서 나타나지 않았다. 비관적인 학생의 자부심과 실력에 대한 자신감이 낙관적인 학생보다 오히려 약간 높게 나타났다. 집단 활동은 활동의 종류가 무엇이냐에 따라 다르게 파악되기 마련인 주관적 실력의 차이를 감소시키기 때문에 학생이 스스로에게 느끼는 감정의 차이도 줄어드는 결과가 나타난 것이라고 믿는다.

21) 우리가 고른 교실 활동들에 대해서 각 집단으로부터 보고받은 몰입의 수준을 변량 분석한 결과는 다음과 같다. 남학생: $F=8.50$, $p < .00$, 여학생: $F=12.19$, $p < .001$, 아시아계: $F=3.45$, $p < .01$, 히스패닉: $F=2.44$, $p < .01$, 아프리카 아메리칸: $F=6.09$, $p < .001$, 백인: $F=12.37$, $p < .001$, 노동층: $F=6.18$, $p < .001$, 중산층: $F=6.78$, $p < .001$, 상류층: $F=11.14$, $p < .001$, 대부분 A학점: $F=7.00$, $p < .001$, A와 B: $F=7.57$, $p < .001$, C 이하: $F=4.12$, $p < .01$, 장래에 대해 낙관적: $F=12.31$, $p < .001$, 장래에 대해 비관적: $F=7.12$, $p < .001$, 내재적 동기: $F=8.21$, $p < .001$, 외재적 동기: $F=11.46$, $p < .001$.

8장

1) 경험 추출법에 대해서는 2장에서 논의했다.

2) 장래 목표를 달성하는 데 얼마나 중요한지의 평균점수를 변량 분석했더니, F=6.2, p<.01에서 의미가 있었다.

3) 사회적 친교 관계의 측정은 3장에서 자세히 논한다.

4) 조언을 구할 수 있는 사람의 평균 숫자를 변량 분석한 결과는 의미 있었다. : F=3.4, p<.05.

9장

1) 학교를 졸업하고 학원에 다니는 두 학생도 2년제 대학의 범주에 집어넣었다.

2) 배런 미국 대학 일람은 가장 경쟁률이 치열한 대학부터 비경쟁 대학까지 대학을 모두 6개 층으로 구분한다. 우리는 위의 네 층을 아주 선별적인 범주로, 아래 두 층을 덜 선별적인 범주로 분류했다.

참고 문헌

Adelman, C. 1994. *Lessons of a Generation: Education and Work in the Lives of the High School Class of 1972*. San Francisco: Jossey-Bass.

Adlai-Gail, W. S. 1994. Exploring the Autotelic Personality. Ph.D. diss., University of Chicago.

Amabile, T. M. 1983. *The Social Psychology of Creativity*. New York: Springer-Verlag.

Arum, R. 1998. Invested Dollars or Diverted Dreams: The Effect of Resources on Vocational Students' Educational Outcomes. *Sociology of Education* 71 (2): 130–51.

Asakawa, K., and M. Csikszentmihalyi. 1998. The Quality of Experience of Asian American Adolescents in Academic Activities: An Exploration of Educational Achievement. *Journal of Research on Adolescence* 8 (2): 241–62.

Astin, A. 1997. *The American Freshman: Thirty Year Trends, 1966–1996*. Los Angeles: Higher Education Research Institute, University of California Los Angeles.

Bachman, J., and J. Schulenberg. 1992. *Part-time Work by High School Seniors: Sorting Out Correlates and Possible Consequences*. Monitoring the Future Occasional Paper 32. Ann Arbor: Institute for Social Research, The University of Michigan.

Barron's Profiles of American Colleges. 1994. New York: Barron's Educational Services.

Baumrind, D. 1987. A Developmental Perspective on Adolescent Risk Taking Behavior in Contemporary America. In *Adolescent Social Behavior and Health*, edited by C. E. Irwin. San Francisco: Jossey-Bass.

Baumrind, D. 1989. Rearing Competent Children. In *Child Development Today and Tomorrow*, edited by W. Damon. San Francisco: Jossey-Bass.

Bills, D. 1995. *The New Modern Times Factors: Reshaping the World of Work*. New York: State University of New York Press.

Blau, P., and O. Duncan. 1967. *The American Occupational Structure*. New York: Wiley.

Bordin, E. S. 1943. A Theory of Interests as Dynamic Phenomena. *Educational and Psychological Measurement* 3:49–66.

Bordin, E. S. 1990. Psychodynamic Model of Career Choice and Satisfaction. In *Career Choice and Development*, edited by D. Brown and L. Brooks. San Francisco: Jossey-Bass: 102–44.

Brandstätter, H. 1991. Emotions in Everyday Life Situations: Time Sampling of Subjective Experience. In *Subjective Well-Being*, edited by F. Strack, M. Argyle, and N. Schwartz. Oxford, U.K.: Pergamon.

Bronfenbrenner, U. 1961. The Changing American Child. *Journal of Social Issues* 17:1–15.

Bumpass, L., and J. Sweet. 1989. Children's Experience in Single-Parent Families: Implications of Cohabitation and Marital Transitions. *Family Planning Perspectives* 21:256–60.

Cameron, S., and J. Heckman. 1993. Nonequivalence of High School Equivalents. *Journal of Labor Economics* 11:1–47.

Cicourel, A. V., and J. I. Kitsuse. 1963. *The Educational Decision-Makers*. Indianapolis: Bobbs–Merrill.

Coleman, J. S. 1988. Social Capital in the Creation of Human Capital. *American Journal of Sociology* 94:S95–S120.

Coleman, J. S. 1990. *Foundations of Social Theory*. Cambridge: Belknap Press of Harvard University Press.

Coleman, J. S., et al. 1974. *Relationships in Adolescence*. Boston: Routledge & Kegan Paul.

Coleman, L. J. 1994. Being a Teacher: Emotions and Optimal Experience While Teaching Gifted Children. *Gifted Child Quarterly* 38:146–52.

Cookson, P. W., Jr., and C. H. Persell. 1985. *Preparing for Power: America's Elite Boarding Schools*. New York: Basic Books.

Coontz, S. 1992. *The Way We Never Were: American Families and the Nostalgia Trap*. New York: Basic Books.

Cooper, C. R., H. D. Grotevant, and S. M. Condon. 1983. Individuality and Connectedness in the Family as a Context for Adolescent Identity Formation and Role-taking Skill. In *Adolescent Development in the Family*, edited by H. D. Grotevant and C. R. Cooper. San Francisco: Jossey-Bass.

Csikszentmihalyi, M. 1975. *Beyond Boredom and Anxiety: The Experience of Play in Work and Games*. San Francisco: Jossey-Bass.

Csikszentmihalyi, M. 1990. *Flow: The Psychology of Optimal Experience*. New York: Harper & Row.

Csikszentmihalyi, M. 1993. *The Evolving Self: A Psychology for the Third Millennium*. New York: HarperCollins.

Csikszentmihalyi, M. 1996. *Creativity: Flow and the Psychology of Discovery and Invention*. New York: HarperCollins.

Csikszentmihalyi, M. 1997. *Finding Flow: The Psychology of Engagement with Everyday Life*. New York: Basic Books.

Csikszentmihalyi, M., and I. S. Csikszentmihalyi. 1988. *Optimal Experience: Studies of Flow in Consciousness*. New York: Cambridge University Press.

Csikszentmihalyi, M., and J. LeFevre. 1989. Optimal Experience in Work and Leisure. *Journal of Personality and Social Psychology* 56:815–22.

Csikszentmihalyi, M., and R. Larson. 1984. *Being Adolescent: Conflict and Growth in the Teenage Years*. New York: Basic Books

Csikszentmihalyi, M., and R. Larson. 1987. Validity and Reliability of the Experience Sampling Method. *Journal of Nervous and Mental Disease* 175:525–36.

Csikszentmihalyi, M., and K. Rathunde. 1993. The Measurement of Flow in Everyday Life: Towards a Theory of Emergent Motivation. In *Developmental Perspectives on Motivation*, edited by J. E. Jacobs. Vol. 40 of *Nebraska Symposium on Motivation*. Lincoln: University of Nebraska Press.

Csikszentmihalyi, M., K. Rathunde, and S. Whalen. 1993. *Talented Teenagers: The Roots of Success and Failure*. New York: Cambridge University Press.

Damon, W. 1983. *Social and Personality Development*. New York: Norton.

Darling-Hammond, L. 1995. Restructuring Schools for Students' Success. *Daedalus* 124 (2): 153–62.

Deci, E. L., and R. M. Ryan. 1985. *Intrinsic Motivation and Self-determination in Human Behavior*. New York: Plenum.

Delle Fave, A., and F. Massimini. 1992. Experience Sampling Method and the Measuring of Clinical Change: A Case of Anxiety Syndrome. In *The Experience of Psychopathology*, edited by M. W. deVries. Cambridge, U.K.: Cambridge University Press.

Diener, E. In press. Subjective Well-being: The Science of Happiness and Some Policy Implications. *American Psychologist*.

Dunne, F., R. Elliott, and D. Carlsen. 1981. Sex Differences in the Educational and Occupational Aspirations of Rural Youth. *Journal of Vocational Behavior* 18:55–56.

Eccles, J. S. D., and B. L. Barber. In press. Student Council, Volunteering, Basketball or Marching Band: What Kind of Extracurricular Involvement Matters? *Journal of Adolescent Research*.

Featherman, D. 1980. *Social Stratification and Mobility: Two Decades of Cumulative Social Science*. Madison: Institute for Research on Poverty, University of Wisconsin.

Fraser, J. 1962. *Industrial Psychology*. Oxford, U.K.: Pergamon.

Furnham, A. 1991. Work and Leisure Satisfaction. In *Subjective Well-Being*, edited by F. Strack, M. Argyle, and N. Schwartz. Oxford, U.K.: Pergamon.

Gamoran, A., and R. Mare. 1989. Secondary School Tracking and Educational Inequality: Compensation, Reinforcement, or Neutrality? *American Journal of Sociology* 94:1146–83.

Garrison, H. H. 1979. Gender Differences in the Career Aspirations of Recent Cohorts of High School Seniors. *Social Problems* 27:170–85.

Green, P., B. Dugoni, S. Ingels, and E. Camburn. 1995. *A Profile of the American High School Senior in 1992*. Washington, D.C.: U.S. Department of Education, National Center for Education Statistics.

Green, P. J., B. L. Dugoni, S. J. Ingels, and P. Quinn. 1995. *Trends Among High School Seniors, 1972–1992*. Washington, D.C.: U.S. Department of Education, Office of Educational Research and Improvement. NCES 95–380.

Greenberger, E., and L. D. Steinberg. 1981. The Workplace as a Context for the Socialization of Youth. *Journal of Youth and Adolescence* 10:185–210.

Greenberger, E., and L. D. Steinberg. 1986. *When Teenagers Work: The Psychological and Social Costs of Adolescent Employment*. New York: Basic Books.

Hafner, A., S. Ingels, B. Schneider, and D. Stevenson. 1990. *A Profile of the American Eighth Grader*. Washington, D.C.: U.S. Department of Education.

Hahn, S. 1988. The Relationship Between Life Satisfaction and Flow in Elderly Korean Immigrants. In *Optimal Experience: Psychological Studies of Flow in Consciousness*, edited by M. Csikszentmihalyi and I. S. Csikszentmihalyi. New York: Cambridge University Press.

Hallinan, M. T., ed. 1995. *Restructuring Schools: Promising Practices and Policies*. New York: Plenum.

Hallinan, M. T., and A. Sorensen. 1986. Student Characteristics and Assignment to Ability Groups: Two Conceptual Formulations. *Sociological Quarterly* 27 (1):1–13.

Hallinan, M. T., and R. A. Williams. 1989. Interracial Friendship Choices in Secondary Schools. *American Sociological Review* 54:67–78.

Hannah, J. S., and S. E. Kahn. 1989. The Relationship of Socioeconomic Status to the Occupational Choice of Grade 12 Students. *Journal of Vocational Behavior* 34:161–78.

Hauser, S. 1991. *Adolescents and Their Families*. New York: Free Press.

Havighurst, R. J. 1982. The World of Work. In *Handbook of Developmental Psychology*, edited by B. B. Wolman. Englewood Cliffs, N.J.: Prentice-Hall.

Hektner, J. M. 1996. Exploring Optimal Personality Development: A Longitudinal Study of Adolescents. Ph.D. diss., University of Chicago.

Herr, E. L., and T. Enderlein. 1976. Vocational Maturity: The Effects of School Grade, Curriculum, and Sex. *Journal of Vocational Behavior* 8:227–38.

Hormuth, W. E. 1986. The Sampling of Experience in Situation. *Journal of Personality* 54 (1): 262–93.

Hotchkiss, L., and L. Dorsten. 1987. Curriculum Effects on Early Post–High School Outcomes. *Research in Sociology of Education and Socialization* 7:191–219.

Inghilleri, P. 1999. *From Subjective Experience to Cultural Change*. New York: Cambridge University Press.

Irwin, C. E., ed. 1987. *Adolescent Social Behavior and Health*. San Francisco: Jossey-Bass.

Jackson, S. A. 1992. Athletes in Flow: A Qualitative Investigation of Flow States in Elite Figure Skaters. *Journal of Applied Sports Psychology* 4:161–80.

James, S. A., D. S. Strogatz, S. B. Wing, and D. L. Ramsey. 1987. Socioeconomic Status, John Henryism, and Hypertension in Blacks and Whites. *American Journal of Epidemiology* 126:664–73.

James, W. 1890. *Principles of Psychology*. New York: Holt.

Jepsen, D. 1984. The Developmental Perspective on Vocational Behavior: A Review of Theory and Research. In *Handbook of Counseling Psychology*, edited by S. D. Brown and R. W. Lent. New York: Wiley.

Kegan, R. 1982. *The Evolving Self*. Cambridge: Harvard University Press.

Konner, M. 1990. Human Nature and Culture: Biology and the Residue of Uniqueness. In *The Boundaries of Humanity*, edited by J. J. Sheehan and M. Sosna. Berkeley: University of California Press.

Kubey, R. W., and M. Csikszentmihalyi. 1990. *Television and the Quality of Life: How Viewing Shapes Everyday Experience*. Hillsdale, N.J.: Erlbaum.

Lamborn, S. N. Mounts, L. Steinberg, and S. Dornbusch. 1991. Patterns of Competence and

Adjustment Among Adolescents from Authoritative, Authoritarian, Indulgent, and Neglectful Families. *Child Development* 62:1049–65.

Larson, R., and M. H. Richards. 1994. *Divergent Realities: The Emotional Lives of Mothers, Fathers, and Adolescents*. New York: Basic Books.

Lee, R. B., and I. DeVore. 1975. *Man the Hunter*. Chicago: Aldine.

Loevinger, J. 1982. *Ego Development*. San Francisco: Jossey-Bass.

Maccoby, E. E., and J. A. Martin. 1983. Socialization in the Context of the Family: Parent-child Interaction. In *Socialization, Personality, and Social Development*, edited by E. M. Heatherington. Vol. 4 of *Handbook of Child Psychology*, edited by P. H. Mussen. New York: Wiley.

Mannell, R. C., J. Zuzanek, and R. W. Larson. 1988. Leisure States and Flow Experiences: Testing Perceived Freedom and Intrinsic Motivation Hypotheses. *Journal of Leisure Research* 20:289–304.

Marcia, J. 1980. Identity in Adolescence. In *Handbook of Adolescent Psychology*, edited by J. Adelson. New York: Wiley.

Marsh, H. W. 1992. Extracurricular Activities: Beneficial Extension of the Traditional Curriculum or Subversion of Academic Goals? *Journal of Educational Psychology* 84 (4): 553–62.

Maslow, A. 1971. *The Farther Reaches of Human Nature*. New York: Penguin.

Massimini, F., and M. Carli. 1988. The Systematic Assessment of Flow in Daily Experience. In *Optimal Experience: Psychological Studies of Flow in Consciousness*, edited by M. Csikszentmihalyi and I. S. Csikszentmihalyi. New York: Cambridge University Press.

Massimini, F., M. Csikszentmihalyi, and M. Carli. 1987. The Monitoring of Optimal Experience: A Tool for Psychiatric Rehabilitation. *Journal of Nervous and Mental Disease* 175:545–49.

McClelland, D. C. 1961. *The Achieving Society*. Princeton, N.J.: Van Nostrand.

Mead, G. H. [1934] 1974. *Mind, Self, and Society from the Standpoint of a Social Behaviorist*. Chicago: University of Chicago Press.

Mickelson, R. 1990. The Attitude-Achievement Paradox Among Black Adolescents. *Sociology of Education* 63: 44–61.

Moneta, G. B., and M. Csikszentmihalyi. 1996. The Effect of Perceived Challenges and Skills on the Quality of Subjective Experience. *Journal of Personality* 64 (2): 275–310.

Morrison, B. 1994. Letter from Liverpool. *New Yorker*, February 14, 48–60.

Mortimer, J. T., and K. M. Borman. 1988. *Work Experience and Psychological Development Through the Lifespan: AAS Selected Symposium*. Boulder: Westview.

Mortimer, J. T., M. D. Finch, T. J. Owens, and M. Shanahan. 1990. Gender and Work in Adolescence. *Youth and Society* 22:201–24.

Mortimer, J. T., M. D. Finch, K. Dennehy, C. Lee, and T. Beebe. 1995. Work Experience in Adolescence. Paper Presented at the biennial meeting of the Society for Research in Child Development.

Murnane, R., and F. Levy. 1996. *Teaching the New Basic Skills: Principles for Educating Children to Thrive in a Changing Economy*. New York: Free Press.

Myers, D. 1992. *The Pursuit of Happiness*. New York: Morrow.

National Center for Education Statistics. 1995. *Digest of Educational Statistics of 1995*.

Washington, D.C.: U.S. Department of Education, Office of Educational Research and Improvement. NCES 95-029.

National Center for Education Statistics. 1994. *National Education Longitudinal Study of 1988: Second Follow-Up: Student Component Data File User's Manual*. Washington, D.C.: U.S. Department of Education, Office of Educational Research and Improvement.

National Research Council. 1998. *Protecting Youth at Work: Health, Safety and Development of Working Children and Adolescents in the United States*. Washington, D.C.: National Academy Press.

Oakes, J. 1985. *Keeping Track: How Schools Structure Inequality*. New Haven: Yale University Press.

Parsons, T. 1952. The Superego and the Theory of Social Systems. *Psychiatry* 15:15-25.

Powell, A. G., E. Farrar, and D. K. Cohen. 1985. *The Shopping Mall High School: Winners and Losers in the Educational Marketplace*. Boston: Houghton Mifflin.

Rathunde, K. 1996. Family Context and Talented Adolescents' Optimal Experience in School-Related Activities. *Journal of Research on Adolescence* 6 (4): 603-26.

Reiss, D. 1981. *The Family's Construction of Reality*. Cambridge: Harvard University Press.

Rheinberg, F. 1995. Flow-Erleben, Freude an Riskantem Sport und andere "unvernünftige" Motivationen. In *Motivation, Volition, und Handlung: Enzyklopädie der Psychologie*, edited by J. Kuhl und H. Heckhausen. Göttingen: Hogrefe.

Rohlen, T. P. 1983. *Japan's High Schools*. Berkeley: University of California Press.

Rosenbaum, J., S. Miller, and M. Krei. 1996. Gatekeeping in an Era of More Open Gates: High School Counselors' Views of Their Influence on Students' College Plans. *American Journal of Education* 4:257-79.

Ryan, R. R. 1992. Agency and Organization: Intrinsic Motivation, Autonomy, and the Self in Psychological Development. *Nebraska Symposium on Motivation* 40:1-56.

Sato, I. 1988. Bosozoku: Flow in Japanese Motorcycle Gangs. In *Optimal Experience*, edited by M. Csikszentmihalyi and I. S. Csikszentmihalyi. New York: Cambridge University Press.

Savickas, M. 1995. Current Theoretical Issues in Vocational Psychology: Convergence, Divergence, and Schism. In *Handbook of Vocational Psychology*, edited by W. B. Walsh and S. H. Osipow. 2d ed. Mahwah, N.J.: Erlbaum.

Savickas, M., amd R. W. Lent, eds. 1994. *Convergence in Career Development Theories: Implications for Scienec and Practice*. Palo Alto: CPP Books.

Scheier, M. F., and C. S. Carver. 1992. Effects of Optimism on Psychological and Physical Well-being: Theoretical Overview and Empirical Update. *Cognitive Therapy and Research* 16:201-28.

Schmidt, J. 1998. Overcoming Challenges: Exploring the Role of Action, Experience, and Opportunity in Fostering Resilience Among Adolescents. Ph.D. diss., University of Chicago.

Schneider, B., S. Knauth, and E. Makris. 1995. The Influence of Guidance Counselors: School Patterns. Paper presented at the annual meeting of the American Educational Research Association, San Francisco.

Schneider, B., and J. Schmidt. 1996. Young Women at Work: A Life-Course Perspective. In *Women and Work: A Handbook*, edited by K. Borman and P. Dubeck. New York: Garland.

Schneider, B., and D. Stevenson. 1999. *The Ambitious Generation: America's Teenagers Motivated but Directionless.* New Haven: Yale University Press.

Schneider, B., C. Swanson, and C. Riegle-Crumb. 1998. Opportunities for Learning: Course Sequences and Positional Advantages. *Social Psychology of Education* 2:25–53.

Schneider, B., and J. S. Coleman, eds. 1993. *Parents, Their Children, and Schools.* Boulder: Westview.

Schorr, E. 1988. *Within Our Reach: Breaking the Cycle of Disadvantage.* New York: Anchor Press/Doubleday.

Secretary's Commission on Achieving Necessary Skills. 1992. *Learning a Living: A Blueprint for High Performance.* Washington, D.C.: U.S. Department of Labor.

Seligman, M. E. P. 1991. *Learned Optimism.* New York: Knopf.

Sewell, W., and R. Hauser. 1975. *Education, Occupation, and Earnings.* New York: Academic Press.

Slavin, R. E. 1983. *Cooperative Learning.* New York: Longmans.

Stein, G. L., J. C. Kimiecik, J. Daniels, and S. A. Jackson. 1995. Psychological Antecedents of Flow in Recreational Sport. *Personality and Social Psychology Bulletin* 21:125–35.

Steinberg, L., S. Fegley, and S. M. Dornbusch. 1993. Negative Impact of Part-time Work on Adolescent Adjustment: Evidence from a Longitudinal Study. *Developmental Psychology* 29:171–80.

Steinberg, L., S. Lamborn, S. Dornbusch, and N. Darling. 1992. Impact of Parenting Practices on Adolescent Achievement: Authoritative Parenting, School Involvement, and Encouragement to Succeed. *Child Development* 63:1266–81.

Stevenson, D. L., K. S. Schiller, and B. Schneider. 1994. Sequences of Opportunities for Learning. *Sociology of Education* 67:184–98.

Super, D. 1976. *Career Education and the Meanings of Work.* Monographs on Career Education. Washington, D.C.: Office of Career Education, U.S. Office of Education.

Super, D., et al. 1957. *Vocational Development: A Framework of Research.* New York: Bureau of Publication, Teachers College, Columbia University.

Third International Mathematics and Science Study (TIMSS). 1996. *A Splintered Vision: An Investigation of U.S. Science and Mathematics Education.* Dordrecht: Kluwer Academic Publishers.

Third Mathematics and Science Study. 1998. *Mathematics and Science Achievement in the Final Year of Secondary School.* Boston: Kluwer Academic Publishers.

Thompson, E. P. 1963. *The Making of the English Working Class.* New York: Viking.

Trevino, L. K., and J. Webster. 1992. Flow in Computer-mediated Communication. *Communication Research* 19:539–73.

Turnbull, C. M. 1972. *The Mountain People.* New York: Simon & Schuster.

U.S. Department of Commerce. 1991. *Statistical Abstract of the United States.* Washington, D.C.: Bureau of the Census.

U.S. Department of Commerce. 1993. *Statistical Abstract of the United States.* Washington, D.C.: Bureau of the Census.

U.S. Department of Commerce. 1997. *Statistical Abstract of the United States.* 117th ed. Washington, D.C.: Bureau of the Census.

U.S. Department of Education. 1991. *Youth Indicators.* Washington, D.C.: Office of Educational Research and Improvement.

U.S. Department of Education. 1994. *Strong Families, Strong Schools.* Washington, D.C.: U.S. Government Printing Office.

U.S. Department of Labor. 1986. *Youth Unemployment.* Washington, D.C.: Bureau of Labor Statistics.

U.S. Department of Labor. 1993. *Geographic Profile of Employment and Unemployment, 1992.* Bulletin 2428. Washington, D.C.: Bureau of Labor Statistics.

U.S. Department of Labor. 1994. *Occupational Outlook Handbook.* Washington, D.C.: Bureau of Labor Statistics.

U.S. Department of Labor. 1995. *Occupational Outlook Handbook.* Washington, D.C.: Bureau of Labor Statistics.

U.S. General Accounting Office. 1991. *Characteristics of Working Children.* GAO/HRD-91-83BR, June. Washington, D.C.: U.S. Government Printing Office.

Vondracek, F. 1995. Vocational Identity Across the Life Span: A Developmental-Contextual Perspective on Achieving Self-Recognition Through Vocational Careers. *Man and Work* 6:85-93.

Vygotsky, L. S. 1978. *Mind in Society: The Development of Higher Psychological Processes.* Cambridge: Harvard University Press.

W. E. Upjohn Institute for Employment Research. 1973. *Work in America; Report of a Special Task Force to the Secretary of Health, Education, and Welfare. Subcommittee on Employment, Manpower, and Poverty of the Committee on Labor and Public Welfare, United States Senate.* Washington, D.C.: U.S. Government Printing Office.

Washburn, S. L., and C. S. Lancaster. 1975. The Evolution of Hunting. In *Man the Hunter,* edited by R. B. Lee and I. DeVore. Chicago: Aldine.

Weber, M. [1922] 1930. *The Protestant Ethic and the Spirit of Capitalism.* London: Allen & Unwin.

Webster, J., and Martocchio, J. J. 1993. Turning Work into Play: Implications for Microcomputer Software Training. *Journal of Management* 19:127-46.

Webster, J., L. K. Trevino, and L. Ryan. 1993. The Dimensionality and Correlates of Flow in Human-computer Interactions. *Computers in Human Behavior* 9:411-26.

Wells, A. J. 1988. Self-esteem and Optimal Experience. In *Optimal Experience: Psychological Studies of Flow in Consciousness,* edited by M. Csikszentmihalyi and I. S. Csikszentmihalyi. New York: Cambridge University Press.

White, R. W. 1959. Motivation Reconsidered: The Concept of Competence. *Psychological Review* 66:297-333.

Won, H. J. 1989. The Daily Leisure of Korean Adolescents and Its Relationship to Subjective Well-Being. Ph.D. diss., University of Oregon.

Yankelovich, D. 1981. *New Rules: Searching for Self-fulfillment in a World Turned Upside Down.* New York: Random House.

Youniss, J., and M. Yates. 1997. *Community Service and Social Responsibility in Youth.* Chicago: University of Chicago Press.

불과 한두 세기 전까지만 하더라도 사람들은 직업 선택으로 별다른 고민을 하지 않았다. 대부분은 농부가 되었고, 그 자식도 농부가 되었다. 삶의 행로는 아주 간단했고 예측 가능했다. 아이는 어릴 때부터 부모가 일하는 것을 보면서 흉내내면서 놀았고, 직접 거들기도 했다. 하지만 요즘 아이들은 학교에서 오랜 시간을 보낸다. 현실은 복잡해졌는데 아이들은 오히려 현실 세계에서 격리된다.

직업의 종류는 예전과 비교할 수도 없을 만큼 다양해졌지만, 직업의 안정도는 떨어졌다. 과학 기술의 눈부신 발전과 사회의 급격한 변화 앞에서 어느 누구도 이것이 안정된 직업이라고 장담할 수 없게 되었다. 첨단 지식으로 무장한 컴퓨터 프로그래머도 자신이 주전공으로 삼았던 소프트웨어가 주류에서 밀려나면 그동안 연마해 온 지식이 하루 아침에 무용지물이 된다.

지금은 너도나도 의사나 변호사가 되려고 하지만, 지식 산업이 지금과 같은 추세로 발전하면 언젠가는 아주 복잡하고 까다로운 내용이 아닌 한 웬만한 진단이나 소송은 컴퓨터가 더 정확하고 안정되게 처리할지도 모른다. 아무도 앞날을 장담하지 못한다. 세상 물정에 밝거나 똑똑한 부모도 자식에게 선뜻 이런 직업을 가지라고 권하기 어려운 세상을 우리는 살고 있다.

한치 앞을 내다볼 수 없는 어지러운 현실로 던져지기 전에 아이들에게 유예 기간으로 주어진 학교 생활은 그래서 더욱 의미가 각별할 수밖에 없다. 안정된 직업을 누구도 보장할 수 없다면 평생 배움에 의욕을 갖고 생산적인 삶을 살아갈 수 있는 기본 자세를 학교에서 배우는 것이 중요하기 때문이다. 아이들은 저마다 자기의 인생을 설계하고 미래를 꿈꾸지만 정작 아이들이 미래를 설계하는 데 어떤 요인이 가장 큰 영향을 미치는지 어른들은 구체적으로 아는 것이 없다.

『칙센트미하이의 몰입과 진로』는 초등학교 6학년에서 고등학교 3학년까지의 미국 학생 1,000명을 대상으로 몇 년 동안에 걸친 장기 심층 면접 조사를 통해 청소년이 학교 생활을 하면서 어떻게 자기의 미래를 그려나가는지를 파악한 일종의 종합 실태 보고서다. 어른이 되기 선의 청소년이라는 과도기에 그들의 내면에서 어떤 일이 벌어지고 있는지를 본격적으로 탐구한 기념비적 연구라 할 수 있다.

보다 생생한 자료를 얻어내기 위해, 조사자들은 학생들에게 호출기를 하나씩 지급하고 이른 아침부터 밤 늦게까지 불규칙한 시간 간격을 두고 신호를 보내 학생으로 하여금 기록지에다 자기가 있는 곳이 어디인지, 무슨 행동을 하고 있는지, 무슨 생각을 하고 있는지, 즐거운지 우울한지, 지금 하는 활동이 일인지 놀이인지 등을 꼼꼼히 적게 했다.

이렇게 수집한 자료를 학생들의 인종, 부모의 학력, 경제 수준, 가정 환경, 거주 환경 같은 다양한 변인들과 결부시키고 다시 심층 면접을 덧붙여서 어른으로 성장하는 가장 바람직하고 안정된 길을 청소년이 걸어갈 수 있게 하는 데 중요한 요인이 무엇인지를 파악하는 것이 연구의 가장 큰 목적 가운데 하나였다.

자기가 하는 활동이 일 같기도 하고 놀이 같기도 하다고 자주 응답한 청소년일수록 성공적으로 대학 생활과 사회 생활을 하는 것으로 드러났다. 바꿔 말하면 그들은 어딘가에 몰입하는 경험을 가장 많이 한 아이들이었다. 그런 몰입 경험을 통해서 아이들은 자신감을 쌓고 탐구심을 키워나간다.

어떻게 하면 몰입을 경험할 수 있을까? 가장 중요한 점은 과제의 난이도와 기량이 엇비슷해야 한다는 것이다. 자기 기량에 비해서 너무 어렵거나 쉬운 과제를 받으면 몰입을 경험할 수 없다. 몰입은 행동과 다음 행동 사이의 팽팽한 긴장이 유지되어야 경험할 수 있다.

부모의 자극과 격려도 중요한 것으로 밝혀졌다. 자극이라는 것은 높은 기대 수준을 갖고, 새로운 기회 앞에 아이를 자꾸만 노출시키는 것을 의미한다. 부모의 기대 수준이 너무 낮으면, 즉 부모로부터 자극이 없으면, 아이는 포부나 야심도 없이 그냥 편하게 자족하면서 살아가기 쉽다. 과도한 기대는 금물이지만 부모는 끊임없이 아이에게 좀 더 높은 목표를 제시하고 아이가 그것을 추구할 때 격려를 아끼지 말아야 한다.

아이가 가진 내부의 자질과 외부의 기회가 접촉할 수 있는 기회를 자꾸만 만들어주는 것이 부모와 교사, 지역 사회 모두의 가장 큰 책임이라고 이 책은 결론짓는다.

『몰입의 즐거움』으로 국내에도 알려진 심리학자 미하이 칙센트미하이는 창조력, 윤리 의식, 몰입, 청소년의 직업관처럼 현실과 밀접하게 결부되어 있으면서도 기존의 심리학이 제대로 다루지 않았던 연구 주제와 영역을 독창적으로 개척해 왔다. 문헌이나 실험에 의존하기보다는 조사 대상자와 직접 만나 깊이 있는 대화를 나누는 면접 방식을 선호하는 현장 연구자로서의 면모는 이 책에서도 유감없이 나타나 있다.

나라는 달라도 청소년이 고민하는 내용, 그들이 맞닥뜨리는 문제는 이질성보다는 공통성이 많다. 이 책은 그런 청소년 일반의 내면으로 다가서는 작은 창의 역할을 충분히 해주리라 믿는다.

칙센트미하이의 몰입과 진로

초판 1쇄 2003년 3월 5일
제2판 3쇄 2020년 1월 5일

지은이 | 미하이 칙센트미하이 · 바버라 슈나이더
옮긴이 | 이희재
펴낸이 | 송영석

주간 | 이혜진
기획편집 | 박신애 · 정다움 · 김단비 · 심슬기
외서기획편집 | 정혜경
디자인 | 박윤정
마케팅 | 이종우 · 김유종 · 한승민
관리 | 송우석 · 황규성 · 전지연 · 채경민

펴낸곳 | (株)해냄출판사
등록번호 | 제10-229호
등록일자 | 1988년 5월 11일(설립일자 | 1983년 6월 24일)

04042 서울시 마포구 잔다리로 30 해냄빌딩 5 · 6층
대표전화 | 326-1600 **팩스** | 326-1624
홈페이지 | www.hainaim.com

ISBN 978-89-6574-665-2

파본은 본사나 구입하신 서점에서 교환하여 드립니다.

이 도서의 국립중앙도서관 출판예정도서목록(CIP)은 서지정보유통지원시스템 홈페이지(http://seoji.nl.go.kr)와
국가자료공동목록시스템(http://www.nl.go.kr/kolisnet)에서 이용하실 수 있습니다.(CIP제어번호:CIP2018025908)